南昌大学社会科学学术著作出版资助项目
（项目批准号：NCU2017P003）

教育部人文社科项目“教师网络研修社区中团队认知涌现的干预策略研究”成果
（项目批准号：14YJC880099）

信息化时代的教师专业学习

教师行动学习模式研究

杨彦军 / 著

中国社会科学出版社

图书在版编目（CIP）数据

信息化时代的教师专业学习：教师行动学习模式研究/
杨彦军著. —北京：中国社会科学出版社，2018.9
ISBN 978－7－5203－2637－7

Ⅰ.①信… Ⅱ.①杨… Ⅲ.①师资培养—研究—中国
Ⅳ.①G451.2

中国版本图书馆 CIP 数据核字(2018)第 124965 号

出 版 人 赵剑英
责任编辑 刘晓红
责任校对 周晓东
责任印制 戴 宽

出 版 中国社会科学出版社
社 址 北京鼓楼西大街甲 158 号
邮 编 100720
网 址 http://www.csspw.cn
发 行 部 010－84083685
门 市 部 010－84029450
经 销 新华书店及其他书店

印 刷 北京明恒达印务有限公司
装 订 廊坊市广阳区广增装订厂
版 次 2018 年 9 月第 1 版
印 次 2018 年 9 月第 1 次印刷

开 本 710×1000 1/16
印 张 16.75
插 页 2
字 数 258 千字
定 价 76.00 元

前　言

传统技术理性的教师教育方式造成了教师学习中理论与实践的割裂，致使教师在各种专业学习活动中所学的理论知识难以转化为其实践技能。现代信息技术作为活跃的变革性因素融入教师教育领域，但至今并没有在促进教师学习方面取得突破性进展。已有研究显示，有效的在职教师教育策略应当具有以校为本、基于实践共同体、深入学科教学、重视实践反思、有效依托外部资源、实现教研训有机结合等特点。在整体把握教师教育发展趋势和总结自身多年实践经验的基础上，笔者提出，信息技术赋能的教师行动学习是化解教师教育中理论学习与教学实践相脱离困境的出路，也是探索信息技术促进教师学习有效途径的切入点。

本书以网络环境下教师课例研究的过程和相关学习资源为研究对象，旨在探索信息化时代教师学习的有效模式及信息技术促进教师学习的有效途径。研究分两大部分展开，首先，通过文献分析对在职教师教育相关问题展开理论研究，阐明信息技术支持教师行动学习模式的基本内涵；其次，基于该模式展开实证研究，通过实地观察、问卷调查、内容分析等方法深入了解该模式的内在运行机制。基于以上研究思路，综合理论研究和实证研究的结果，本书形成如下主要观点和结论：

（1）提出行动学习是一种生态取向的在职教师教育模式。在职教师教育实践经历了从理智取向、实践—反思取向到生态取向的发展历程，所采取的主要培训模式经历了从“先知后行”“先行后知”到“知行合一”的发展历程。行动学习围绕实际问题的解决展开团队研讨或结构化知识学习，能实现教师“实践”与“学习”的有机结合和相互创生，是一种生态取向的在职教师教育模式。

（2）提出信息技术支持教师专业学习的方式是创建教师学习支持服务体系。信息技术对教师学习的影响不只是个别技术产品对局部学习活动的影响，而是对教师生活方式、学习方式的革命性变革和浸入性影响，应将教师学习置于各项现代信息技术形成的“技术场域”内考察。技术场域是由技术系统内各类技术构成的技术实践空间。技术支持的教师学习就是在现有技术场域下创建教师学习的技术情境。其中，网络学习共同体、教育性课程材料和专家指导等是成功教师学习技术情境中的核心要素。

（3）阐明了教师行动学习模式的内涵。教师行动学习是以课例研究为载体，以实践共同体为依托，以面向信息化的教师实践性知识发展为目标，以系统的学习支持服务体系为支撑的在职教师教育模式。课例研究过程包括教学准备、教学实施、互动评课和总结反思四个阶段和若干个具体环节。教师行动学习的方式包括行动中学习、反思中学习、研讨中学习、观摩中学习和行动后学习等。

（4）提出了教师学习支持服务体系的内涵。网络学习资源、远程互动指导、实地互动指导和传统继续教育共同构成了教师学习的技术场域，为教师的行动学习提供灵活多样的支持服务。网络学习资源类以微型网络课程和优秀教学案例为主，远程互动指导类包括专家远程指导、网络名师工作室和网络研修社区等多种形式，实地互动指导包括专家巡回指导、送研送培进校等形式，传统继续教育类包括短期集中培训、外出访问交流、自主学习等形式。

（5）教师行动学习中的实践性知识生成与共享机制。教师实践性知识的生成要经历从公共知识到信奉的理论、成熟概念、实践性知识和个人理论转化的发展历程，符合“维果斯基学习圈”（Vygotsky's Cycle）关于有效学习发生必须经历的四个心理过程的分析，即通过“内化”“转化”“外显化”和“社会化”的过程实现教师理论知识学习、教学观念转变、教师行为模式改变和角色身份转换的综合过程。教师行动学习中知识共享与生成的促进策略包括通过公开表露缩小隐藏区、通过回应反馈缩小盲目区、通过概念输入缩小未知区和通过实践反思拓展开放区。

目　录

第一章　在职教师教育现状及转型

在职教师是一切教育改革理念的重构者和践行者，他们的素质在很大程度上决定着教育改革的成效。因此，近年来国内外实施的大部分教育改革项目，都将对在职教师的教育问题作为重要方面加以综合考虑，给予优先部署。当前，在职教师教育的主要困境是教师在各种专业学习活动中所学的理论知识难以转化为其教学实践技能。现代信息与传播技术（ICT）的发展似乎为应对在职教师教育的种种困境提供了持续的希望，逐渐成为近年来各类在职教师教育项目提升其质量不可或缺的变革性要素，但实践表明 ICT 的广泛应用并未为在职教师专业学习质量的提高产生实质性影响。信息时代需要对在职教师专业学习的诸多本质性问题进行重新思考。

第一节　在职教师教育现状的反思

一　教师教育及其相关概念界定

（一）教师教育发展历程

1681 年，法国天主教神父拉萨尔创（Lasalle）建了训练小学教师的教师讲习所，由此拉开了人类历史上对教师进行专门培养的序幕，教师职业开始从众多职业中分化出来，“师范教育”随后成为指称这一实践和研究领域的学术用语。20 世纪初，美国教育家杜威（John Dewey）曾提议成立新的教育学院，应该像培养建筑师、工程师、医生和律师一样来培养教师，30 年代，教师专业化已经成为一个“充满希望的信号”。[①] 1955 年，世界教师专业组织在土耳其伊斯坦布尔召开会议强调建立完善的教师专业组织，为教师争取更多的权利和更高的社会地位。1966 年联合国教科文组织和国际劳工组织在《关于教师地位的建议》中首次以官方文件形式提出教师专业化的概念以来，由此引发的教师专业化运动进入了一个增速发展的历史时期，成为世界教师教育的潮流和趋势。[②] 受终身教育理念的影响，1975 年，联合国教科文组织第 35 届国际教育会议通过决议，强调教师职前培养和在职培训相统一的必要性，教师职前培养与在职培训“一体化”理念深入人心，将之前重点指向在校职前教师教育的“师范教育”和指向在职教师培养的“教师培训”逐渐融合并延伸为关注教师一生专业发展的“教师教育”。20 世纪 80 年代以来，教师专业化由对教师“量”的急需向对教师“质”的提高转变，要求教师不仅具有深厚的学科知识，还要有丰富的一般教学法和学科教学法知识。[③] 1980 年 6 月 16 日，一篇题为《救命！教师不会教!》的文章在美国引起了公众对教师质量的担忧和关注，拉开了世界范围内以提高教师素质、促进教师专业发展为核心的教育改革序幕，教师专业发展成为人们关注的焦点。尽管国内外众多学者对教师专业发展有各自的界定，但它一般被理解为教师由非专业人员成为专业人员的过程，即“教师的专业成长或教师内在专业结构不断更新、演进和丰富的过程”。[④] Day（1999）综合众多学者的观点提出一个颇具包容性的界定：教师专业发展包含所有自然的学习经验和有意识组织的各种活动，这些经验和活动直接或者间接地让个体、团体或学校得益，进而提高课堂的教育质量。[⑤] 教师专业化路径可以从两个层面来分析：①社会学视角的群体专业化策略，强调教师群体的、外在的专业地位提升的专业

① 陈永明：《现代教师论》，上海教育出版社 1991 年版，第 170 页。

② 刘旭东、吴银银：《我国教师实践性知识研究十年：回顾与反思》，《教师教育研究》2011 年第 5 期。

③ 王卫军：《教师信息化教学能力发展研究》，博士学位论文，西北师范大学，2009 年，第 19 页。

④ 叶澜、白益民：《教育角色与教师发展新探》，教育科学出版社 1996 年版，第 226 页。

⑤ Day, C., *Developing Teachers: The Challenges of Life Long Learning*, London: Falmer, 1999, p. 4.

化。该层面的教师专业发展存在两种不同的取向：第一，谋求整个专业社会地位提升的工会主义（Trade unionism）取向，它以罢工为主要形式谋求社会对教师专业的认可和教师经济地位、工作条件的改善；第二，强调教师入职高标准的专业主义（Professionalism）取向，通过制定专业标准和规范，要求专业人员改善对社会的专业服务水平。②注重个体的、内在的、主动的、终身的教师专业发展①，强调教师能力的发展和学校教学质量的提高，也称为"教师专业学习"。它可以被理解为教师增长专业知识、形成专业技能、提高专业能力，实现角色与身份转变的过程。20 世纪 90 年代初，伴随着对教师专业发展概念隐含教师主体地位被忽略、脱离教学实践等方面的批判，教师学习的概念逐渐凸显并成为一个逐步取代前面概念的专业术语。② 教师学习这一研究领域最早兴起于美国，1985 年由美国教育部教育研究与改进办公室资助，在密执根州立大学教育学院成立"美国教师教育研究中心"，该中心为期五年的研究发现，教师发展的研究必须重视教师学习的研究。因而于 1991 年用"美国教师学习研究中心"取代原来的机构名称，由此拉开了教师学习这一研究领域的序幕。③

（二）教师教育相关概念辨析

教师教育和教师专业发展、教师培训、教师学习等概念之间的关系比较复杂，大多数研究者在实践中一般不加以严格区分。通过前面的梳理可以看出，作为指代这一实践和研究领域的学术用语，自 17 世纪培养教师的专门活动出现以来，"师范教育"成为这一领域的主流称谓；20 世纪五六十年代，随着国际上将教师职业推向专业化运动的兴起，注重教师个体内在能力发展的专业化运动者推动了针对在职人员的"教师培训"的发展；70 年代中期随着终身教育理念的提出，教师职前培养与在职培训"一体化"理念深入人心，重点指向职前教师培养的"师范教育"和在职教师专业化的"教师培训"逐渐融合并延伸为关注

---

① 单中惠：《教师专业发展的国际比较》，教育科学出版社 2010 年版，第 5 页。

② 王凯：《教师学习：专业发展的替代性概念》，《教育发展研究》2011 年第 2 期。

③ 肖正德、张素琪：《近年来国内教师学习研究：盘点与梳理》，《全球教育展望》2011 年第 7 期。

教师一生专业发展的“教师教育”；80年代前后，随着美国国际竞争力和经济地位受到严重威胁，美国政府和公众将矛头指向了对教师素质的担忧，教师专业化的内在矛盾由对教师“量”的急需向对教师“质”的提高转变，“教师专业发展”作为一个涵盖促进教师专业能力成长和教师职业地位提升的综合性概念被广泛使用；90年代伴随着对教师专业发展概念隐含教师主体地位被忽略、脱离教学实践等方面的批判，教师学习的概念逐渐凸显并成为一个逐步取代前面概念的专业术语。[①] 目前，在国内这些概念几乎在不加以严格区分地并行使用，并且由于研究者关注的教师群体不同（职前教师或在职教师），其概念所指的内涵也存在较大差异。本书中关涉的只是在职中小学教师，对职前教师（师范生）教育的相关问题并无涉及，因而以下所称“教师”专指中小学在职教师。并且为了行文的规范，本书中将对这些概念作如下界定：①教师专业发展：是指教师在各种因素影响下内在专业结构不断更新、教师专业角色不断演进和职业地位不断提升的过程。这些影响因素可以包括教师自然成长引起、不可预期的外部环境等方面的自在因素，也可以是教师主动获得或外部环境有目的施加的自为因素；发展的内涵既包括教师个体专业结构和专业角色的发展，也包括教师群体智慧的丰富和教师职业社会地位的提升。②教师教育：是指有目的、有计划、有组织地对教师专业发展施加干预措施的过程，即由外部自为因素引发的教师专业发展的过程。这些干预措施既可以是一项具体的培训活动，也可以是一项与教师发展相关的政策措施或改革项目；产生的效果既可以是教师个体的发展，也可以是教师群体或教师职业的发展。③教师（专业）学习：是指教师获得专业知识、专业技能和专业能力更新和演进以及教师个体专业角色和专业身份转变的过程。这种转变可以是自在因素引发的，也可以是自为因素促成的；所产生的效果主要是教师个体内在专业结构的更新、教师群体智慧的丰富和教师群体成员关系的改变。

可以说教师培训是教师教育的一种形式，教师教育是促进教师学习的一种方式，教师学习是实现教师专业发展的一种途径。一般情

① 王凯：《教师学习：专业发展的替代性概念》，《教育发展研究》2011年第2期。

况，本书中在称谓涉及通过外部干预来促进教师发展的实践和研究活动时统一用“教师教育”，在侧重描述教师内在专业结构发展问题时统一使用“教师（专业）学习”来指代。当然，由于不同时期的研究成果在称谓上不同甚至存在混用的情况，但为了客观反映原作者思路，因而在引文等部分对称谓不作统一处理。

二　我国在职教师教育的发展历程

（一）我国在职教师教育发展的历史

1972 年，英国著名的《詹姆斯报告》（又称为《师范教育和师资培训调查委员会的报告》）第一次将教师培养的过程划分为个人教育与职前教育、入门训练、在职教育与培训三个连续的阶段，由此确立了教师教育的连续化与终身化的发展方向。该报告引发了世界各国对在职教师教育的关注。1978 年以来，我国的在职教师教育经历了以下三个发展时期。①

（1）学历补偿教育时期（“文化大革命”后到 20 世纪 80 年代末）。由于“文化大革命”期间我国基础教育教师队伍受到了严重的破坏，原本业务强的教师或受到批判或因政治因素的影响放弃了对学业的追求；“文化大革命”后新组建的教师队伍，有大部分为“文化大革命”期间的“工农兵学员”，专业水平普遍不高。因此，“文化大革命”结束后的头十年我国在职教师教育的目标，主要是针对师资队伍的短缺以及低质量、低水平教师素质的现状，致力于提高教师的教育教学能力，并对广大在职教师进行学历型的补偿教育。当时采取的主要策略是：恢复师范院校的师范生教育，恢复或重建各级各类市区教育学院、教师进修学校以及高等师范院校的函授教育，使其形成三级教师培训网络。1978 年 10 月，教育部在《关于加强和发展师范教育的意见》中进一步指出，要力争在三五年内，经过有计划的培训，使现有文化业务水平较低的小学教师大多数达到中师毕业程度，初中教师在所教学科方面大多数达到师专毕业程度，高中教师在所教学科方面达到师范学院毕业程度。到 1989 年年底，

① 吴遵民、秦洁、张松龄：《我国教师继续教育的回顾与展望》，《教师教育研究》2010 年第 2 期。

我国初中教师达到高师专科学历的比率已从 1977 年的 9.8% 上升到 41.3%，高中教师达到本科学历的比率已达到 43.5%；同时全国更有 30 万左右的中小学教师取得了教师专业合格证书。

（2）素质提升培训时期（20 世纪 80 年代末至 90 年代末）。随着教师学历补偿任务的逐渐完成以及教师文化水平的提高，在职教师培训的工作重心亦随之发生转移，如何进一步提高教师思想政治水平以及业务水平已成为新的发展目标。而传统上的教师在职培训也开始转向教师继续教育的方向发展。其主要标志是 1990 年 12 月召开的全国中小学教师继续教育工作座谈会。会议特别对教师继续教育概念进行了明确的界定，指出："教师继续教育是指对已达到国家规定学历的教师进行以提高政治思想素质和教育教学能力为主要目标的培训，主要包括新教师见习培训，骨干教师培训和对部分骨干教师提高学历层次的培训。"此后，国家教委又在 1991 年 12 月《关于开展小学教师继续教育的意见》及 1999 年出台的《中小学教师继续教育规定》中，相继对中小学教师继续教育的类型、教育教学机构与形式、教学时间及条件保障、行政管理和奖惩措施等作了具体规定，全国性的中小学在职教师教育工程由此拉开了帷幕。

（3）专业能力全面提升时期（20 世纪 90 年代末至今）。20 世纪末，在全面推进素质教育和基础教育改革的大背景之下，我国在职教师教育又迈入了一个新的发展时期。这一阶段的主要特征是：从宏观的层面来看，我国已开始从国家战略的高度来关注继续教育，同时将在职教师教育与构建终身教育体系紧密地联系在一起。从微观的角度看，在职教师教育的内容更加关注于教师的专业化发展，关注于探索在职教师教育的多元模式，以及关注教师能力与素质的全面提升。2002 年 11 月，党的十六大报告中再次强调，要"加强职业教育和培训，发展继续教育，构建终身教育体系"。2004 年，教育部又颁布了《关于支持"全国中小学教师继续教育网"开展远程中小学教师非学历培训试点工作的通知》，提倡通过利用互联网而使中小学教师的继续教育更加便利、对象范围更加广泛，并着力探索新形势下教师继续教育的多种有效模式。2010 年我国教育部、财政部开始实施旨在提高中小学教师整体素质的"中小学教师国家级培训计划"（以下简称"国培计划"），不但掀起了新一轮在职教师教育的高潮，还探索出了多种培训在职教师教育新形式。①

（二）当前我国在职教师教育的主要形式

我国在职教师教育走过了学习补偿和素质提高两个阶段，目前正处在全面提升教师能力素质的专业发展时期。在长期的实践中探索出了多元化的在职教师教育形式。从教师参与专业学习的组织方式是“个体”还是“群体”、教师专业学习的场所是“在场（校本）”还是“离场（校外）”两个维度，可将在职教师教育的主要形式分为自主学习、脱产进修、骨干培训和校本研修四大类。每种类型的特点各不相同，具体实现方式也各异，如图 1－1 所示。

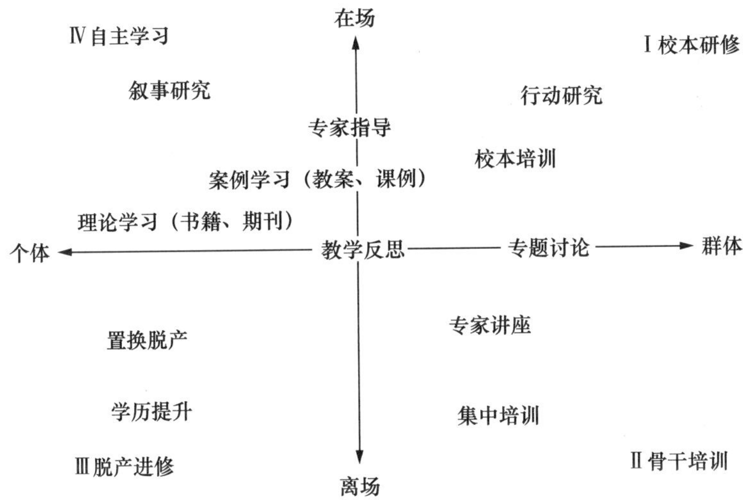

图 1－1　在职教师专业学习的主要形式

（1）自主学习。即教师在工作场所主要依托自身开展的专业学习活动。教师作为学习者对学习的进程、内容、方式等能进行有效的自我计划、调控，是具备自主性特征的自我导向学习。② 实现形式有理论学习（阅读书籍、阅读期刊）、案例学习（教学方案、名师课堂、同伴案例、自身案例、教育故事）、教育叙事研究、请教远程专家等。

---

① 龚宝成、胡志琦、贡恩喜：《“国培计划”有效路径：网络远程培训》，《山西广播电视大学学报》2012 年第 1 期。

② 刘君源、时俊卿：《教师专业化发展策略》，首都师范大学出版社 2006 年版，第 83 页。

（2）脱产进修。即教师较长时间（往往在半年以上）地脱离教学岗位，通过在教师教育机构接受系统的课程学习来实现自身专业能力发展的专业成长活动。常见的有学历提升教育和脱产学习等。

（3）骨干培训。即部分教师利用课余时间接受的短期性专业学习活动。常见的形式有外出参加短期集中培训、听专家讲座、参加实地考察、接受网络远程培训等。

（4）校本研修。即以教师学校为基本单位开展的专业学习活动。常见的形式有校本培训、校本教研、行动研究等。

我国教师教育形态的变革史实际上是一个从自主学习到脱产进修，从脱产进修到骨干培训，再从骨干培训到校本研修的演进过程。①

三　我国在职教师教育存在的问题

（一）在职教师教育的问题：理论知识难以转化为教学实践技能

目前促进在职教师专业发展的主要形式多种多样，主要包括在职学历进修、短期集中培训、校本研修等。随着研究和实践的不断深入，研究发现各种方式均有自己的优势和不足。② 正如国际教育变革权威专家迈克尔·弗兰（Michael Fullan）认为："这种单纯依靠外部知识来影响课堂和学校变革的观念是这种行动理论（工作坊、课程、项目）的根本毛病……这些活动不是没有作用，而是不够有力，不够具体，不够持久，以至于无法改变课堂和学校的文化。"③ "强调人力资源的自我更新和支持发展潜能的教师教育，将是我国教师教育乃至教师专业发展的核心目标。"④ 当前在职教师教育的主要问题在于教师在短期培训等各种专业发展活动中所学得的知识难以转化为教师的教学实践能力，教师的学习无法支持教师实际教学能力的提升。如何才能促进教师将培训所学

---

① 孟引变：《历史的演进与现实的走向》，《课程教材教法》2009 年第 3 期。

② 郭绍青、杨彦军：《城乡互动教师信息化教学能力协同发展模式研究》，《中国教师》2010 年第 15 期。

③ Fullan, M., *The New Meaning of Educational Change*（4th edition）, New York: Teachers College Press, 2007, p. 283.

④ 丁钢：《全球化背景下的教师专业发展创新计划》，北京师范大学出版社 2009 年版，第 1 页。

知识有效地应用于教学实践成为20世纪90年代以来教师教育领域关注的焦点问题。“目前以知识传授为主的专家讲授式的培训能多大程度地改变教师的教学行为，是值得我们大家深思的。在这种培训中，教师往往努力学习了很多新知识、新的教学理念后，不能改变自己的教学行为，仍然沿袭了自己习惯的教学行为。”① 1995年，美国学者乔伊斯和肖沃斯（Bruce Joyce 和 Beverly Showers）等的研究认为，专业发展项目的培训迁移效果很大程度上受项目所采用的培训策略的影响，即理论学习、示范、实践、反馈和指导等的不同组合会对受训者的知识学习、技能形成和应用迁移效果产生重要影响，如表1－1所示。②

表1－1　　培训向实践迁移效果③

培训策略要素	知识	技能	转移
理论	0.15	0.50	0.00
理论＋示范	0.66	0.86	0.00
理论＋示范＋实践	1.15	0.72	0.00
理论＋示范＋实践＋反馈	1.31	1.18	0.39
理论＋示范＋实践＋反馈＋指导	2.71	1.25	1.68

资料来源：Walker, J. S., Schutte, K. S. and Grosz, D., 2003。

2004年10月，以上海教科院顾泠沅教授为负责人的全国教育科学“十五”规划重点课题“面向未来的基础学校研究”课题组在全国15个省、自治区、直辖市，67所中小学、幼儿园对2914名教师和校长实施了关于新课程改革的大样本问卷调查。通过对调查结果的深

① 曾兰芳、王艳、黄荣怀：《行动学习法在教师教育技术培训中的应用》，《中国电化教育》2007年第2期。

② Joyce, B. R. and Showers, B., *Student Achievement through Staff Development: Fundamentals of School Renewal* (2nd ed), White Plains, N. Y.: Longman, 1995.

③ Walker, J. S., Schutte, K. S. and Grosz, D., Strategies for increasing the effectiveness of Individualized Service Planning (Wraparound) Teams. In L. Gordon (ed.), Building on Family strengths: Research and services for children and their families. 2002 conference proceedings. Portland, OR: Portland State University, Research and Training Center on Family Support and Children's Mental Health, 2003, pp. 193－197.

入分析发现：在课程改革与课程发展的大趋势之下，教师在职教育如何帮助教师实现从理念到行为的转移，是一个至关重要的问题，也成为教师在职教育的“瓶颈”。① 笔者也曾经参与过一个大样本的相关调查研究，教师认为，曾经接受过的培训在“转变教学观念”和“丰富理论知识”两方面的效果较好，态度系数分别达到 0.644 和 0.499，在“提高教学技能”和“提高管理能力”两方面的效果较弱，态度系数分别达到 0.465 和 0.321，如表 1－2 所示。

表 1－2　　调查对象所接受培训的效果分析②

		很大	较大	一般	较小	没有	态度系数
转变教学观念	频数（份）	423	320	98	17	12	0.644
	比重（%）	48.6%	36.8%	11.3%	2.0%	1.4%	
丰富理论知识	频数（份）	305	331	191	29	14	0.499
	比重（%）	35.1	38.0	22.0	3.3	1.6	
提高教学技能	频数（份）	236	433	148	43	10	0.465
	比重（%）	27.1	49.8	17.0	4.9	1.1	
提高管理能力	频数（份）	182	295	334	42	17	0.321
	比重（%）	20.9	33.9	38.4	4.8	2.0	

注：因四舍五入，表中各分项之和不等于 100%。下同。

（二）教师教育的变革措施：技术是答案，但问题是什么

在人们对教师培训效果提出质疑、越来越不满足于传统教师教育方式的同时，以网络技术为主的现代信息技术的快速发展受到了教师教育者的极大关注。关于信息技术与教师的关系似乎很快在业界达成共识：现代信息技术不但逐渐成为教师专业发展的重要内容，也正在变革着教师专业发展与成长的方式和手段；信息技术引入教育领域不仅给教师专业发展带来了诸多机遇，而且也使其面临全新挑战。因

① 王洁、顾泠沅：《行动教育——教师在职学习的范式革新》，华东师范大学出版社 2007 年版，第 9 页。

② 郭绍青、李瑾瑜、杨彦军等：《“灾区教师培训项目”基线调研报告》，中央电化教育馆研究报告，2010 年。

此，教师信息技术能力培训成为教师教育的重要内容，现代信息技术在各类教师教育项目中成为不可或缺的变革性要素。20 世纪八九十年代，幻灯、电视、录像、VCD/DVD 等电子媒体相继被引入到教师教育领域，它们在教师在职学习中扮演了“教材”的角色，或承载着教育教学理论的名家讲座，或承载着优秀课堂教学实录，或承载着教学培训内容。21 世纪初，随着网络技术不断成熟和普及，网络服务模式进入了 Web2.0 时代，网络远程教育平台、在线论坛（BBS）、博客（BLOG）、维客（WIKI）、社交网络软件（SNS）等成为教师教育的活跃变革因素。现代信息技术为教师搭建了远程学习与交流的平台，在职教师能够获得前所未有的丰富学习资源，甚至针对全国大范围教师的系统培训也变成现实，各类技术支持的教师混合式培训模式层出不穷。然而，现代信息技术为教师提供的学习便利却并未为教师的发展带来切实的福音，教师“被培训”和“培训过载”的问题日渐严重。近年来，随着对移动技术、云计算技术等新兴技术的发展，研究者似乎又看到了教师教育改革的新希望，各类具有“泛在性”“移动性”的教师教育模式及其附属制品正在被不断提出。现代信息技术的不断发展似乎为应对教师教育的“困境”提供了持续的“希望”，信息技术成为应对教师教育领域不断出现问题的“万能”答案，这就不禁使人要问：技术是答案，但问题是什么？教师教育领域引入技术到底想要干什么？教师专业发展到底要发展什么？正如美国教育技术学著名学者唐纳德·保罗·伊利（Donald P. Ely）1995 年在《技术是答案，但问题是什么?》讲演中指出，“我们生活在一个技术控制的社会中，想摆脱技术的影响是不现实的。实际上，技术完全可以为我们很好地服务。问题在于我们必须明白我们想用技术来实现什么目的，解决什么问题”。[①] 然而，在技术支持教师学习的研究中对这个问题却依然没有深入的思考。现代信息技术逐渐成为教育领域的一个

① Ely, Donald P. *Technology Is the Answer! But What Was the Question?*, The James P. Curtis Distinguished Lecture, Capstone College of Education Society, University of Alabama, 1995 - 04 - 14.

活跃要素，以致转移了大部分教师教育者的视线，将对教师教育本身问题的思考转向了对技术与教师教育关系的思考，技术一直盲目地与教师教育纠缠在一起，但却未能从根本上解决教师教育的关键问题。

（三）在职教师教育的困境：教师实践与学习的张力平衡

1998—2002 年的四年师范教育，2002—2006 年的四年师范大学本科教育，使笔者有幸有一大批优秀的同学从事农村中小学教育。他们地处偏远农村，期望通过提高自身能力及教学质量来改变自己的处境和社会地位，有着发自内心的强烈学习愿望和职业发展诉求。有些同学每当在学习和工作中遇到困难时，特别是在信息技术应用方面有困难时，都毫不吝惜昂贵的长途电话费用向我“咨询”，经常需要通话好几次才能解决一个小问题。但是，在与他们不同场合的交流中让我感到了他们对各类教师培训活动的失望与反感。这些教师需要学习和提高，然而，他们却对自己所接受的培训不以为然，什么样的培训对他们来说才是最有效的呢？

从 2007 年开始，笔者有幸参与了导师承担的系列在职教师培训项目，使自己从一个教师教育旁观者变成了实践者。多次参与教师培训项目的方案设计、资源开发和培训活动的组织实施工作。作为培训者的自己及所在团队，为了给中小学教师提供最为优质的培训，大家似乎已经使出了浑身的解数，然而，实践中却依然众口难调。同样的培训内容，有些老师觉得“非常有用”，有些老师却觉得一无是处，甚至当面质问“这些培训有什么用”，这样的问题每每使我无言以对并陷入深深的疑惑：我们这样一厢情愿到底为了什么？在后期的实践工作中又有机会参与了三次全国性的教师培训项目评估工作。在评估设计中，首先令人头疼的问题是“如何证明项目是否有效”“如何证明项目促进了教师的发展”。即便有可靠的方法能够反映教师确实得到了发展，教师在项目周期内同时接受了多个其他项目培训，并且自身也经历了自然的专业成长，又该如何证明这些发展是培训项目本身带来的效果呢？另外，在评估过程中无论是出于何种缘由，教师往往会说“项目很成功”“效果很显著”，项目使他们从观念到行为都发生了彻底的改变。然而，使作者始终不解的是，如果每个培训项目都这么成功，这么多年大量的教师培训工作应该足以使每个教师都变得很优秀了，但现实情况却并非如此。因此，我产生了一个基本的认识，即与其把自己的研究囿于“干预措施—效果验证”的怪圈中，还不如打开教师学习的过程这个“黑箱”，从中深入研究教师有效学习的内在机制以便更好地改变自己的实践方式。在近几年的实地调研中，又有一个现象引起了我的注意：前些年，教师接受培训的机会很少，外出参加培训被视为给教师的一种福利；然而近年来，随着国家对在职教师教育的重视，各种类型和主题的教师培训不断涌向中小学校，占据了教师几乎所有的业余时间，甚至挤占了教师的正常上课时间。“被培训”和“培训过载”令教师产生了一定程度的焦虑和不安，本应为教学服务的“教师培训”却出现了与“教学工作”相冲突的紧张关系，“工作”与“学习”之间产生了一种似乎不可调和的张力，如何才能消解这种张力或实现张力的平衡？在教师对各种培训活动的批评中，最令他们诟病的是当前大量进行的网络培训，网络似乎在解决教师学习问题上没有产生多大益处，反而更便于增加教师的负担。作为一名自称以运用信息技术变革教育为己任的教育技术工作者，这种“刺痛”与“压力”几乎令人窒息。教师教育如何才能为教师的发展提供切实有效的帮助？如何才能实现教师学习与教学工作的协调和统一？信息技术究竟能从哪些方面为教师的学习和发展提供支持？这些问题始终萦绕在我的心头，也成为我经常与同伴、老师讨论的主要话题。

四　对我国在职教师教育的反思

（一）教育改革：由“课程”转向“教师”

自 2001 年以来，我国出现了三大重要教育改革，即基础教育新课程改革、新基础教育和新教育实验。新课程改革的逻辑起点是课程，它以行政推动为主要特征，通过课程的变革来改变教育；以叶澜教授为首的新基础教育改革的逻辑起点是课堂，提出让课堂焕发出生命的活力，关注学生的生活质量和生命价值；以朱永新为首的新教育实验的逻辑起点是教师，以共同体参与为主要特征、以教师的专业发展为基点促进教育改革。[①] 教育改革，改到难处是“课程”，改到深处是“课堂”，改到痛处是“教师”。[②] 工作在一线的教师是教育改革理念的重构者和执行者，教师素质决定着教育改革的成败和学生成绩的提高。“新的基础教育课程改革已经认识到教师在改革中的地位和作用，强调教师对新课程的理解和参与是推行新课程的前提，因为他们最终决定着课程实施的走向”。[③] 当前课程改革与教师教育研究的主要弊病在于对教师日常教学实践的忽视。“亲手创造日常教育实践的教师，受制于理论专家‘思想的统辖’，在生产理论的专家面前患上了‘失语症’，教师质朴的教学智慧失落了，被专家的理论知识淹没了”。[④] 对教师日常教学的忽视与对教师话语权的漠视导致教育理论与教育实践的严重脱节。[⑤] 杜威曾经指出理论与实践的二元对立正是教师职业的主要恶弊之一，他说：“这种二元论可以说是无意识的、前后矛盾的，却是教师职业的主要恶弊之一。一方面，是对于抽象的自我活动、自我控制的原理与知性道德原理的崇高理论原理的狂热崇拜，另一方面是作为前提的教学论信条中的索然无味的学校教育实践。理论与实践之间倘若不是相互一体，基于教师个人的经验求得成长，那么，教师的个人经验终究也不可能成长。”[⑥] 杜威认为理论与实践的割裂将难以实现教师个体的成长，为此，他提出了基于“实验理想”的“知性方法”（Intellectual method）的教师教育，求诸形成“知性方法”的教育——“实践性学习”（Practical work），力求克服“理论”与“实践”的二元对立。他所寻求的“实践性学习”是教师更直接、更自发的实践经验，倡导在教育实践和课堂教学中展开“观

---

① 朱永新：《基础教育：静悄悄的革命》，《光明日报》2012 年 11 月 2 日第 13 版。

② 林静、黄茂群：《我国西部基础教育改革中的瓶颈》，《教育理论与实践》2011 年第 8 期。

③ 肖正德、张素琪：《近年来国内教师学习研究：盘点与梳理》，《全球教育展望》2011 年第 7 期。

④ 姜美玲：《教师实践性知识研究》，博士学位论文，华东师范大学，2006 年，第 1 页。

⑤ 同上书，第 9 页。

⑥ Dewey, J. , The Relation of Theory to Practice in Education，转引自佐藤学《课程与教师》，教育科学出版社 2003 年版，第 281 页。

察”（Observation）、“洞察”（Insight）、“反思”（Reflection），凭借这种“观察”“洞察”“反思”，实现教师的教育实践与教育学理论的融合。[①] 为了弥合教育理论与实践鸿沟，教师的实践性知识研究近年来成为研究者关注的热点。教师实践性知识的提出，既源于寻求跨越教育理论与教育实践的“二元应用”模式的教师研究范式，也昭示课程改革运动对于教师专业发展的期待，并正在日益成为促进教师专业发展的突破口。[②]

（二）实践理性：从“技术理性”转向“交往理性”

20 世纪 70 年代以前，在行为主义思想影响下，基于社会学视角的群体教师专业发展从工会主义转向了专业主义，“教师应该具备什么样的知识”成为这一阶段教师学习研究的主要问题。研究集中在对专家型教师的个人品格方面，通过分析他们的个人品质，抽出一些可供模仿、学习的要素，让新教师进行模仿或利用微格教学进行训练。20 世纪 70 年代以后，认知主义（主要是客观认知主义）成为教育心理学领域的主导思想。教师学习研究的问题聚焦在“教师具备什么知识才是有效的”“教师如何应用已经知道的知识”等问题。教师学习被看作教师接受相关知识的过程，教师学习研究侧重于对教师知识基础的探讨。这一时代的教师专业发展体现出技术理性的特点，重视教师对专业知识和教育理论的学习。然而，希望教师利用习得的特定知识开展特定教学行动，进而实现学生发展的“过程—效果”教师教育实践最终以失败告终。20 世纪 80 年代以后，认知主义一统天下的局面被打破，人类学家莱夫等提出情境学习理论，舍恩（Donald Schon）倡导一种有关教师学习的实践认识论。这两股新观念合流，成为抵制纯粹客观知识学习，走向以经验为本、从实践中学习的理论后盾。这一阶段的研究是“教师实际具有哪些知识”，“这些知识具备哪些性质和特征”。这一时代教师的专业发展体现出“实践—反思取向”的

① ［日］佐藤学：《课程与教师》，钟启泉译，教育科学出版社 2003 年版，第 280—295 页。

② Dewey, J., The Relation of Theory to Practice in Education，转引自佐藤学《课程与教师》，钟启泉译，教育科学出版社 2003 年版，第 281 页。

理念。与实践参与、经验反思相关的校本研修、教师叙事研究、行动研究、课例研究成为被推崇的最适合人的、最有效的教师学习途径。但由于对客观认知主义批判的“矫枉过正”，甚至出现否定系统理论学习的“去理论化”思潮。这种轻视理论知识获得的实践取向可能带来诸多不可忽视的问题，例如过于排斥理论知识，不能从外部引入新的思想，教师学习往往时间长而见效差；轻视理论知识的学习，不利于整体提升教师的思维品质。20 世纪 90 年代中后期以来，建构主义（特别是社会建构主义）逐渐成为统整教师发展研究的主要理论，教师学习研究的问题聚焦在“如何发展教师的教学实践能力（实践性知识、实践智慧）”。在对行为主义（模仿优秀教师教学行为）、客观认知主义（获取既定理论知识）、情境学习理论（经验学习主义）批判的基础上，基于“交往理性”的以实践共同体为核心的教师学习成为人们所倡导的教师发展模式。[①②③]

（三）在职教师教育的趋势：以校为本的教研训一体化趋势

在人们对传统教师教育的方法、策略和模式提出质疑和批判的同时，不少研究者对在职教师教育发展的趋势展开了研究和思考。最早的研究成果当推贝克尔的同伴互助（Peer Coaching）原则。贝克尔（Becker，1997）认为，同伴的指导能够满足教师持续学习、终身学习的需要，对新的技能的迁移具有积极的影响。通过引用乔伊斯在 1987 年的一份研究结果，贝克尔指出，来自同伴的实践指导是保证教师发展项目效果的重要因素，他指出[④]，以理论学习的方式，5% 的学习者将会将新的技能迁移到实践中；以理论和演示的方式，10% 的学习者将会将新的技能迁移到实践中；以理论、演示和练习的方式，20% 的学习者将会将新的技能迁移到实践中；以理论、演示、练习及

① 孟宪乐：《教师专业化发展与策略》，中国文史出版社 2005 年版，第 7—10 页。

② 王凯：《教师学习的生态转向及其特征》，《教育研究》2010 年第 11 期。

③ 徐晓东等：《教师学习和学习方法研究进展与课题》，《远程教育杂志》2011 年第 5 期。

④ Becker, J. M. , *Peer Coaching for Improvement of Teaching and Learning*, Teachers Network（http：//teachersnetwork. org/tnli/research/growth/becker. htm）.

练习反馈的方式，25%的学习者会将新的技能迁移到实践中；以理论、演示、实践、反馈和实践指导的方式，90%的学习者会将新的技能迁移到实践中。还有研究者认为成功和完善的教师专业发展体系一般包括五大要素[①]：①了解教师需要并树立专业发展目标；②以专业发展的参与者为中心；③追求教师专业水平的持续增长和发展；④吸纳更多合适的资源和力量对专业发展给予支持；⑤运用数据来分析和评估专业发展对学生的表现和能力方面所产生的作用和冲击力。华东师范大学丁钢教授在比较和总结国际与我国自身文化处境下的教师教育理论与实践的基础上，提出了教师教育及其专业发展的创新观念，认为推进教师专业化发展的有效途径应具有如下特征：①构建教学的学习共同体，并形成组织内的学习循环，以分享和精加工组织内已有的教学经验；②采用案例教学法，以焦点或问题为导向，关注解释课堂现实生活的经验，促进专业知识和行为技能的发展；③情境学习，通过模拟和观课体验专家型教师的教学专业知识；④同伴互助，包括教师团队之间进行动态合作与对话；⑤叙事探究，通过叙事，教师彼此敞开心扉，分享专业经验，促进共同反思；⑥建立专业发展区域合作方式，推动教师教育的区域化发展。[②] 我国教育技术学者顾小清教授认为，作为支持教师开展创新的信息化教学实践的专业发展项目，应该具有以下特征[③]：与教师的日常教学实践密切相关；教师能够持续地进行尝试、探索、创新，将他们新的想法整合到教学实践中去；注重学习材料的可模仿性（比如教学范例、学生作品范例）；通过让教师建立自己的学习经验以促进深入理解；以学习共同体为核心，通过讨论、反思、论证获得对问题更深入的理解；纳入不同背景和经验的参与以实现多视角认识问题。巴里·J. 菲什曼（Barry J. Fishman）

---

① Speck, M., Knipe, C., *Why can't We Get it Right? Professional Development in Our Schools*, New York: Corwin Press, Inc., 2001, p. 9，转引自单中惠《教师专业发展的国际比较》，教育科学出版社 2010 年版，第 21 页。

② 丁钢：《全球化背景下的教师专业发展创新计划：新理念及其变革实践》，北京师范大学出版社 2009 年版，第 1—22 页。

③ 顾小清：《面向信息化的教师专业发展研究》，博士学位论文，华东师范大学，2004 年，第 98 页。

和伊丽莎白·A. 戴维斯（Elizabeth A. Davis）等从学习科学的视角对教师学习进行了研究，发现：最有效的专业发展是可持续性的过程，强调内容知识的学习与其他形式学习活动的结合；最有效的专业发展通常要求教师检视自身实践、促进反思、获得外部支持，并与课堂教学密切联系起来。因此，他们认为有效的教师专业发展项目应具备如下特征：强调社会支持与分布式专业技能，主要包括建立在线实践共同体，重视对教师的辅导与指导（Mentoring and Coaching）等；通过关注实践强调情境活动，包括使用录像作为教师学习的媒介，使用教育性课程材料支持教师学习等。①

基于以上分析可以发现，有效的在职教师专业学习项目应该具备如下基本特征：①以校为本，即教师的学习与成长不能脱离他们赖以生存的实践场所，应该是以其所在的学校和课堂为主阵地的“在场”学习；②基于实践共同体，在职教师教育的目标不应该是培养数量有限的“骨干教师”，也不应该是个别教师独立地寻求自身的发展，而应当是基于实践共同体的以教研组或学校为单位的整体性发展，在职教师专业发展的过程是教师个人发展和组织发展的统一；③深入学科教学，在职教师专业学习的内容应当与教师所教的学科密切相关，应尽量减少大而全的“适合”于所有学科教师的培训；④教研训有机结合，教师的发展不能凭空进行，更不能依靠纯粹的理论知识灌输，而应当与教师的日常教学实践相结合，以教学实践为统整教师科研、教师培训的依托，实现教研训的有机统一；⑤注重教师实践反思，优秀教师的成长是实践与反思的结合，在实践基础上开展个别或群体形式的反思，在反思中实现知识的共享与生成；⑥有效依托外部资源，教师专业发展要以校为本，但不能是故步自封地盲目探索，而应当有效地依托外部资源，这些资源可以是期刊论文、网络课程、集中培训、校外专家等。

① Fishman, B. J. and Davis, E. A., *Teacher learning research and the learning sciences.* In R. K. Sawyer (ed.), *The Cambridge Handbook of the Learning Sciences*, Cambridge: Cambridge University Press, 2006, pp. 535 –550.

第一节 在职教师教育的范式转型

教师教育作为培养专门师资的实践活动，自教育作为一项独立的活动以来就以“兼职”的身份存在。随着近代科学知识的快速增长和工业社会的到来，需要高效地培养大批各级各类专业人才，专门教育实践活动的繁荣对教师的数量与质量提出了刚性需求。自教师教育诞生以来，特别是自20世纪二三十年代教师教育成为一门显学以来，其实践内涵和研究重点不断地发生着转移，各国学者敏感地意识到这种变化是值得深入研究并会对实践改革产生深刻影响的，教师教育领域遂出现了诸多以“范式转型”为主要内容的研究，但关于教师教育“转型”究竟“转”了什么，人们并没有达成统一的共识，只是形成了诸多的“范式”。这种莫衷一是的“范式”研究不禁使人要问，所谓的“范式”会转得如此之快吗？教师教育领域是否真的存在“范式”转型？难道这种转型真是只可意会不可言传吗？

一 教师教育范式转型研究现状

对教师教育范式的研究最早可追溯到美国教师教育学者泽兹纳（Zeichner，K. M.），他于1983年在《教师教育的另类范式》（*Alternative Paradigms of Teacher Education*）一文中通过对教师教育发展历史的梳理，总结出了行为主义、人格主义、传统工艺和探究取向四种教师教育范式。[①] 此后，Schuber（1989）、Doyle（1990）、Feim an－Nemser（1990）、Elliott（1993）、Korthagen（2001）等国外学者对此问题继续进行了深入研究。我国港台学者郭玉霞（1992）、陈丽华（1992）、王秋绒（1997）、杨深坑（1997）、饶见维（1997）、但昭伟（1997）、郭丁荧（1998）、吴清山（2006）、卢乃桂（2007）等自20世纪90年代开始也关注教师教育范式转型问题，大陆学者朱小

① Zeichner，K. M.，“Alternative Paradigms of Teacher Education”，*Journal of Teacher Education*，Vol. 34，No. 3，1983，pp. 3－9.

蔓（2002）、杨慧文（2005）、周均（2005）、周成海（2007）、何菊玲（2008）等也于21世纪初逐渐开始关注教师教育范式转型问题。他们分别从不同的视角，明确或隐含地按照一定的分类标准对教师教育的范式转型问题提出了自己的观点，具体的范式分类标准及分类结果见表1－3。

表1－3　　　　教师教育范式分类研究概览

学者	年代	分类依据	范式类型
Zeichner①	1983	知识论/理论	行为主义；人格主义；传统工艺范式；探究取向
Schubert②	1989	认识论/时序	经验分析取向；诠释取向；批判探究取向
Doyle③	1990	能力观/时序	实务/技巧取向；技术取向；个人取向；学术取向；批判社会取向
Feiman－Nemser④	1990	能力观/手段	学术取向；实务取向；技术取向；个人取向；批判/社会取向
Elliott⑤	1993	认识论	理性主义；行为主义；诊释主义
Korthagen⑥	2001	认识论/手段	技术理性主义模式；现实主义教师教育
郭玉霞⑦	1992	能力观/时序	学术训练取向；社会效能取向；发展主义取向；社会重建主义取向
陈丽华⑧	1992	能力观/时序	学识取向；实务取向；教学效能取向；发展论取向；社会重建取向

① Zeichner, K. M., "Alternative Paradigms of Teacher Education", *Journal of Teacher Education*, Vol. 34, No. 3, 1983, pp. 3－9.

② Schubert, W. H., "Reconceptualizing and the matter of paradigms", *Journal of Teacher Education*, 1989, Vol. 40No. 1, pp. 27－32.

③ Doyle W., *Themes in teacher education research*, *Handbook of Research on Teacher Education*, New York: Macmillan Publishing Company, 1990, pp. 3－24.

④ Feiman－Nemser S., *Teacher preparation Structural and conceptual alternative*, *Handbook of Research on Teacher Education*, New York: Macmillan Publishing Company, 1990, pp. 212－233.

⑤ Elliott, *Reconstructing teacher education－teacher development*, London: The Falmer Press, 1993.

⑥ Fred A. J. Korthagen, *Linking Practice and Theory－The Pedagogy of Realistic Teacher Education*, Lawrence Erlbaum Associates, Inc., 2001.

⑦ 郭玉霞：《简介美国师范教育发展的主要取向》，《台湾教育》1992年第496期。

⑧ 陈丽华：《美国师资教育的概念趋向分析》，《台湾教育》1992年第496期。

续表

学者	年代	分类依据	范式类型
王秋绒①	1997	能力观/时序	能力本位理论取向；学术训练取向；人文涵育取向；个人建构取向；反思批判取向
杨深坑②	1997	认识论/能力	知识基础的教师教育理论；建构论的教师教育理论；能力本位的教师教育理论；重建主义的教师教育理论；批判理论的教师教育理论
饶见维③	1997	能力观	师范取向；学术取向；实务取向；技术取向；省思取向；人本取向；博通取向；社会取向
但昭伟④	1997	时序/手段	理性主义模式；社会市场模式；实践理性模式
郭丁荧⑤	1998	认识论/时序	能力本位取向；学术训练取向；人文取向；建构取向；反思批判取向；女性主义取向；后现代主义取向
朱小蔓等⑥	2002	能力观/时序	知识范式；能力范式；情感范式；建构论范式；批判论范式；反思论范式
刘宇⑦	2003	手段/时序	训练指导模式；教师专业发展新模式
杨慧文⑧	2003	能力观	能力本位范式；实务/实际范式；研究/探究范式；反思/批判范式；社会重建范式
蒋茵⑨	2005	手段/时序	训练模式；开发模式；校本模式；合作模式
吴清山⑩	2006	能力观/时序	能力本位；知识本位；省思实务；标准能力；建构主义取向的教师教育

① 王秋绒：《我国国中教师教育学程之建构》，台北师大书苑出版社 1997 年版。

② 杨深坑：《当代师资培育理论的发展》，载黄政杰：《当代师资培育的发展与趋势》，师大书苑有限公司，1997 年版，第 1－18 页。（论文导析出文献）

③ 饶见维：《教师教育的理念取向与典范之评析》，《教育集刊》1997 年第 22 期。

④ 但昭伟：《教师教育应走的方向及关心的课题》，《教育集刊》1997 年第 22 期。

⑤ 郭丁荧：《教师进修教育的理论与实践》，载中华民国师范教育学会主编《教师专业成长：理论与实际》，台北师大书苑出版社 1998 年版，第 89—114 页。

⑥ 朱小蔓、笪佐领：《走向综合发展之路——培养自主成长型教师》，《课程·教材·教法》2002 年第 1 期。

⑦ 刘宇：《美国教师专业发展的范式转换及其启示》，《比较教育研究》2003 年第 4 期。

⑧ 杨慧文：《变革中的教师教育范式：海峡两岸之比较研究》，博士学位论文，华东师范大学，2003 年，第 24 页。

⑨ 蒋茵：《国外教师专业发展的新范式及其对中国的启示》，《全球教育展望》2005 年第 9 期。

⑩ 吴清山：《教师教育的理念与实践》，《教育研究与发展期刊》2006 年第 1 期。

续表

学者	年代	分类依据	范式类型
卢乃桂等①	2007	认识论	工具理性教师教育；交往理性教师教育
周成海②	2007	本体论	客观主义教师教育范式；主观主义教师教育范式
何菊玲③	2008	知识观	工具理性教师教育范式；交往理性教师教育范式
余进利等④	2009	能力观/理论	行为主义教师教育；注重个性的教师教育；传统技艺式教师教育；探究取向教师教育
周钧⑤	2010	认识论/手段	技术理性取向；探究合作取向

通过对已有研究的系统梳理发现，目前关于教师教育范式的研究存在以下一些问题：对于“范式”的理解较为模糊和混乱，在结论表述上有的使用“范式”、有的使用“取向”、有的使用“模式”、有的使用“理论”、有的甚至是两种以上的混用；采取的分类依据存在很大差异，有的以对教师能力需求变化——“能力观”为分类依据、有的以教师教育实际发展历程——“时序”为分类依据、有的以教师教育的方式途径——“手段”为分类依据、有的以教师教育信奉的哲学理论——“本体论”或“认识论”为依据分类、有的以教师教育所依循的学习理论——“理论”为依据分类，有的因没有明确的分类标准而表现出多种分类标准的综合或交叉；分类结果在数量上差异很大，少则两三种，多则七八种。但同时可以发现研究中存在的一些简单规律：从分类标准来看，“本体论”“认识论”“能力观”和“时序”是在范式研究中普遍受研究者重视的分类脉络，并且大陆学者近

① 卢乃桂、钟亚妮：《教师专业发展理论基础的探讨》，《教育研究》2007 年第 3 期。

② 周成海：《客观主义—主观主义连续统观点下的教师教育范式：理论基础与结构特征》，博士学位论文，东北师范大学，2007 年。

③ 何菊玲：《教师教育范式研究》，博士学位论文，陕西师范大学，2008 年。

④ 余进利、张雪：《关于教师教育范式的思考》，《浙江师范大学学报》（社会科学版）2009 年第 3 期。

⑤ 周钧：《美国教师专业发展范式的变迁》，《比较教育研究》2010 年第 2 期。

年来的研究更加注重从本体论、认识论的哲学高度展开研究；从分类结果来看，用“范式”所表述的分类其结果数量普遍相对较少，而以“取向”“模式”等表述的分类结果数量相对较多。“范式”作为一个表述教师教育研究共同体基本信念和行为规范的范畴，它在科学发展历程中的变化频率应当是相当低的，也就是其分类结果数量应当是很少且较为一致的，为何不同学者研究结果有如此大的差异。这就不禁使人要问，所谓的“范式”会转得如此之快吗？教师教育领域是否真的存在“范式”转型？难道这种转型真的只可直觉感知、不可理性分析吗？

二　教师教育转型研究相关问题分析

（一）“范式”引发的科学发展之争

社会科学研究中关于“范式”转型的研究在很大程度上受库恩“范式”理论的影响。1962 年美国科学哲学家托马斯·库恩（Thomas Kuhn）在其《科学革命的结构》（*The Structure of Scientific Revolutions*）一书中提出了“范式”（Paradigm）这一科学哲学理论的核心概念。他通过对科学史的研究发现科学的发展并不是以“渐进”或“积累”的方式进行的，而是“通过革命进步的”[①]，表现为“常规科学—反常规科学—危机（创新）—革命—新常规科学”的进化模式，他把这种“常规科学”之间的更替称为“范式转换”（Paradigm shift）或“科学革命”。自库恩提出“范式”理论以来，便迅速引发了科学哲学领域对两个相关问题的激烈争论：①关于科学发展模式之争，即科学发展是“渐进积累式”的还是“阶段革命式”的？②社会科学的发展是否存在格式塔转换型的“范式”变更？

（二）关于科学发展模式的争论及述评

以科学史奠基人乔治·萨顿（G. Sarton）为代表的科学哲学研究者认为，“科学主要是以一种渐进的方式发展的，或者说，科学是通过积累的过程而发展的”，“在萨顿看来，科学就像一组巨大的楼梯，其中的每一级巨型台阶都代表一个必不可少的重要发现，……而且这

---

① ［美］托马斯·库恩：《科学革命的结构》，北京大学出版社 2003 年版，第 144 页。

些大的进步都可以划分成较小的进步，较小的进步还可以划分成另外一些更小的进步，直到最后，这些进步完全消失为止”。[①]“科学与其他人类创造性活动的区别就在于科学知识的累积性，而科学的历史就是‘全部知识的综合史’。”[②]“科学中的革命，倘若确实发生的话，那么一定像社会政治领域中那些伟大的革命一样，是一些并不常见的事，它们只是偶尔打断一下在其他方面均为‘常态的’有规律的或渐进式的发展。”[③]以库恩为代表的科学哲学家认为科学史上科学发展的真实状况不是科学事实或理论的堆积，而是一种与之不相容的理论结构代替另一种之前被大家普遍接受的理论结构的过程，表现为“常规科学—科学革命—新常规科学”不断演进的新范式不断战胜旧范式的阶段性发展的科学发展模式。当“旧的范式出现了持续的严重的危机，不能很好地解释和解决科学研究中一连串新事实和新问题时，科学家开始丧失对原有范式的信任，考虑其他的选择；原有范式强加于科学工作的限制在各个具体研究领域里被突破，新的范式开始形成；在比较的基础上，彻底地抛弃原有的范式，接纳新的更有解释力的新范式，如新问题、新理论、新方法以及新的研究范例等。这种新的范式不是对原有范式的精确化或扩展，相反，它是从一个新的基础对某一领域的‘重构’（reconstruction），改变了这一领域研究的基本理论、方法与模式，甚至改变了这一领域的专业设置和教育”。[④]为了强调这种以格式塔、世界观的转变为前提的科学发展革命模式，并与传统的渐进积累式科学发展模式区别开来，库恩借用了数学中“不可通约性”的概念来说明范式转化的革命性变化。

库恩提出“范式”这一概念，从宏观的视角研究科学发展的模式，本身将科学史的研究提高到了一个更高的层次，使它不仅成为他

① 艾战胜：《科学革命的本质：科恩与库恩的比较》，《自然辩证法研究》2008 年第 4 期。

② 张晶：《HPS 教育的历史考察：科学元勘融入科学教育的历程》，《科技管理研究》2011 年第 20 期。

③ ［美］科恩：《科学中的革命》，商务印书馆 1999 年版。

④ 石中英：《知识转型与教育改革》，教育科学出版社 2001 年版，第 22—23 页。

个人科学史研究的核心概念，也成为科学共同体的精神定向工具和认知工具。但库恩从科学史出发展开的科学发展研究却忽略了实际科学发展进程中的太多“细节”，进而将科学研究的内涵严重缩小，使得“常规科学”变成在一个范式支配下其结果早有预期的“扫尾工作”或“知识补白”。这是其革命式科学发展的立论视角，也是它与传统的渐进积累式科学发展模式产生重大差异的原因。科学革命到底是“渐进式”的还是“革命式”的？笔者认为，这一非此即彼的问题本身是存在问题的，科学发展的过程实质是马克思辩证唯物主义哲学中的“量变”与“质变”的问题。从此意义上讲，库恩的科学发展革命模式过分强调了“质变”的过程而忽视了“量变”积累的意义；相对地，以萨顿为代表的科学发展积累模式过于关注“量变”的过程而没有认识到“质变”在科学发展中的重要性。其实，库恩也没有完全否定“量变”的意义，他只是关注了量变到一定程度出现的“科学反常”，而这些“科学反常”恰恰是常规科学研究不断深入和突破的结果；萨顿也没有否定“质变”的意义，但因它是一些“并不常见的事”，在科学发展历程中出现的频率较低且与“量变”有着密不可分的联系，因而未能深入思考具有革命性的科学进步对科学发展的巨大推动作用。因此，科学发展过程应当是“量变”与“质变”的统一，是在常规科学不断积累的基础上产生的“格式塔”转换式的变革。这种变革扎根于科学进步的长期积累，由不断出现的“科学反常”引发，当变革一旦出现，就会为科学的发展提供新视角、开辟新领域、产生新的增长点。

（三）关于社会科学发展是否存在“范式”的争论及述评

关于社会科学是否存在“范式”的问题存在以下几种不同的观点，以乔纳森·H. 特纳为代表的研究者形成了社会学无范式说，正如他在《现代西方社会学理论》中所说：“我觉得范式这一概念是要求过高的，如果用这个概念最著名的解释者库恩的要求衡量的话，没有任何理论在严密性、精确性和确定性上足够充分，以构成一个抽象概念和定律的范式，以及已经检验的研究发现的范式”。[①] 以美国社会学家乔治·瑞泽尔（George Ritzer）为代表的研究者形成了社会科学多范式说，他于1975年在《社会学：一门多重范式的科学》一书中将社会学中多种流行的理论划分为社会事实范式（Social Facts）、社会定义范式（Social Definition）和社会行为范式（Social Behavior）三种不同的基本范式[②]；罗伯特·弗里德瑞彻（Robert Friedrichs）提出社会学的系统范式、冲突范式、先知型范式和牧师型范式四种式[③]。以英国学者玛格丽特·玛斯特曼（Margaret Masterman）为代表的研究者形成了社会学范式更替说，持该种论调的研究者认为，随着学科的不断成熟，学科研究在“无范式”“多范式”“双范式”之间更替，“我把这三种情况分别称作无范式科学、多范式科学、双范式科学……无范式科学正是对世界某一方面开始思考的阶段，就是说这是没有范式的阶段……这种前科学的、思辨的阶段和多范式科学截然相反，后者非但不是没有范式，而恰恰是范式太多”。[④]

从学者对社会科学有无“范式”这一问题的思考本身可以看出，社会科学发展实际是存在某些显著特征和规律的，但是否能够达到“范式”转换的高度是存在分歧的，形成了不同的学说，其实，社会科学与自然科学一样是存在范式的，它具有与自然科学范式相同的整体性、工具性和相对稳定性等特征。[⑤] 但是，来自自然界的人类社会与自然界本身又有着许多本质的区别，因此社会科学范式就有与自然科学范式不同的特征，主要表现在社会科学范式的多元并存性、民族

---

① ［美］乔纳森·H. 特纳：《现代西方社会学理论》，天津人民出版社1986年版，第88页。

② 周晓虹：《社会学理论的基本范式及整合的可能性》，《社会学研究》2002年第5期。

③ 林闽钢：《论社会学危机的内涵：社会学中的库恩主义思想述评》，《学海》2000年第2期。

④ ［英］玛格丽特·玛斯特曼：《范式的本质》，伊姆雷·拉卡托斯、艾兰·马斯格雷夫《批判与知识的增长》，华夏出版社1987年版，第73—113页。

⑤ 王峰、殷正坤：《社会科学范式与自然学科范式特征的比较研究》，《科学技术与辩证法》1996年第3期。

性（或地域性）、价值性（或目的性）、互补性等特征。[①] 深入分析发现，对社会科学有无范式之争的根本原因是由不同研究者对“范式”含义的理解不同造成的，在社会科学无范式论者看来，范式之间是具有“不可通约性”的，社会科学研究并没有出现像自然科学那样革命性的转变；在多范式或范式更替说看来，社会科学范式是可以“共生的”，并非排斥性的。因此，准确地把握“范式”的内涵是进一步讨论教师教育范式的前提。

三　范式理论及教师教育范式分类

（一）库恩“范式”理论及其分析

托马斯·库恩（Thomas Kuhn）其实早在其第一部著作《哥白尼革命：西方思想发展中的行星天文学》中就用“概念图式”来表达范式的含义，在他看来“概念图式”是在一个特定历史时期决定着不同领域的观念被如何编制成一个一致的思维结构。当“概念图式”被建立起来，它将“超出已知的范围，成为预测和探索未知的首要的强有力的认知工具……它能显示理论是如何指引科学家去认识未知事物，告诉他到哪里找，他能预期找到什么，而且这可能是概念图式在科学中最为重要的功能”。[②] “可惜的是，库恩在《科学革命的结构》一书中，为了展示常规科学的本质以及科学革命产生的根源”，用“范式”取代“概念图式”并将这一概念进行扩展以致显得表述过于“含混不清”，“因此遭到英美主流科学哲学家冰雹般的批评”。[③] 英国学者玛格丽特·玛斯特曼在《范式的本质》（*The Nature of a Paradigm*）一文中在分析库恩书中出现的“范式”21 种不同含义的基础上，将库恩对范式的理解概括为“形而上学范式”（Meta－physical Paradigm）、“社会学范式”（Sociological Paradigm）和“人工范式”

---

① 王峰、殷正坤：《社会科学范式与自然学科范式特征的比较研究》，《科学技术与辩证法》1996 年第 3 期。

② ［美］托马斯·库恩：《哥白尼革命：西方思想发展中的行星天文学》，北京大学出版社 2003 年版，第 39—40 页。

③ 陈俊：《库恩“范式”的本质及认识论意蕴》，《自然辩证法研究》2007 年第 11 期。

（Artifact Paradigm）三个层次。①形而上学范式也称作元范式（Meta Paradigm），泛指科学家所共同接受的信念，反映的是科学共同体在哲学认识论的高度上对科学研究的共同信念和认识，它影响着科学共同体开展研究的价值取向和方法论取向。在库恩的书中表述为“一组信念”“一个神话”“一种思辨”“一个规范”“一个观察方式”“一个原则”或“一张地图”等。②社会学范式是指科学家普遍认可的科学成就或学术传统，正如库恩所说，它们在一段时间内为实践共同体提供典型的问题和答案。在库恩的书中表述为“一个可普遍承认的科学成就”“一个具体的科学成就”“一套政治制度”或“一个公认的法律判决”。③人工学范式也称为构造范式（Construct Paradigm），是指一组展示公认科学成就或学术传统的工具、方法等的范例。在库恩那里表述为“一本教科书或经典著作”“一些工具”“一套仪器设备”“一个类比”“一个格式塔图形”或“一副反常的纸牌”等。①

基于“量变”与“质变”辩证统一的视角，融合科学发展的革命模式和渐进模式，借用库恩的“范式”概念和玛格丽特·玛斯特曼对范式内涵的分层理解，并为了有效区别不同层次范式所代表的意义，笔者认为社会科学的“范式”具有层次性和共存性的特点，并将玛格丽特·玛斯特曼“形而上学的范式”理解为“范式”、将“社会学范式”理解为“取向”，而将“人工范式”理解为“模式”。据此，笔者认为社会科学的发展在“范式”层面具有不可通约性，不同的“范式”反映的是认识某一现象时所信奉的不同理念或解决某一领域内重要问题的不同思路，不同的范式决定着不同实践共同体及其实践领域和研究方法，但这种“不可通约性”并不等于不可共存性；“取向”反映的是遵从某一范式的研究共同体在不同时期内实践重点的变化，是同一实践共同体对研究问题认识的不断深入，社会科学的发展在“取向”层面具有积累性的特点，即“取向”的转变并不意味着完全放弃之前的东西，只是它变成一种次要的或不再被大家重视的东

① ［英］玛格丽特·玛斯特曼：《范式的本质》，伊姆雷·拉卡托斯、艾兰·马斯格雷夫《批判与知识的增长》，华夏出版社 1987 年版，第 73—113 页。

西；“模式”反映的具体可操作的层面，是特定理论指导下某一“取向”的具体实现，在“模式”层面具有通用性，不同范式、不同取向下的“模式”可以通过改造而互相借用。需要再次强调的是，不同层次“范式”的转变并没有彻底抛弃之前范式指导下产生的科学知识，这些知识在其原有范式所处的语境中依然是有效的。正如量子力学理论与牛顿经典力学理论建基于不同的本体论和认识论，但它们在各自的理论所产生的范式语境中依然是有效的。

（二）教师教育范式分类

教师教育作为社会科学领域中一项重要的专业实践活动，它关注的重点不是理解或解释社会现象，而是改造人类社会，具有很强的实践性特征。因此，它不但具有社会科学的一般特征，在“范式”方面具有层次性，且这种层次性随着其所关注实践问题的不同而产生不同的分类结果。例如，教师教育本身作为教育改革的一个重要实践领域，它是在解答“如何提高教育质量”这一问题时的一组信念或一种思路，即通过获得高质量的教师来提高教育质量，因而可以看作教育改革的教师教育范式，还有课程改革、课堂改革等不同的范式。这些不同的范式出发点和研究侧重点不同，但都是解决如何提高教育质量的问题。正如前面所说，教师教育是通过获得高质量的教师实现提高教育质量的一种教育改革信念或思路，其要解决的根本问题是“如何获得高质量的教师”。因此，对这一问题的不同解答方式是区分不同教师教育“范式”的主要依据。值得特别说明的是，这里所说的“范式”是针对教师教育这项专业实践活动而言的，是解决问题的实践范式，而非教师教育研究的范式。与对如何获得高质量教师这一问题的三种常见解答方案相对应，笔者认为教师教育范式可分为以下三种：

（1）培养训练范式。培养训练范式的实践共同体对如何获得高质量教师这一问题的回答是“培养”，即认为高质量的教师主要是通过对潜在教师的系统培养和训练指导来获得的。任何人只要按照要求接受系统的培养训练，具备相关的理论、知识和技能都可以成为一名优秀的教师。大多数职前教师教育者所遵循的就是培养训练范式，因而可狭义地将这种范式理解为“职前教育范式”。它长期以来主要关注的是“学术性”和“师范性”之争的问题，主要研究内容是教师教育的课程改革、教材改革、学制改革和教育实习等问题。随着20世纪五六十年代教师在职教育的兴起，在职教师教育者沿袭了师范教育的实践模式，按照技术理性的思路对在职教师进行系统的知识传授和技能培训，企图以此来提高在职教师素质。然而，当主要针对职前教师的培养训练范式应用于在职教师后，其严重忽略了在职教师的认知特点和实践特征，使在职教师的学习与工作严重脱离教学实践，基于培养训练范式展开的在职教师教育效果受到不断质疑。

（2）反思成长范式。反思成长范式的实践共同体认为高质量的教师难以通过系统的培养训练直接获得，而只能通过教师自身的实践及对实践的不断反思发展而来，即认为高质量的教师是其在实践中通过不断反思和自我提升而获得的，其成长是由教师自身素质、实践经验、外部支持等因素共同决定的。这是大多数在职教师教育者的实践理论，因而可以狭义地理解为“在职教育范式”。当然它也并不反对必要的系统培养和理论学习等外部支持，但其主要关注的问题是如何遵循教师成长规律并在适当的时候给予必要的发展支持以及如何有效传递教师学习内容的问题。随着人们对基于技术理性的在职教师教育的不断质疑，教师成为反思性实践者、教师成为研究者的呼声不断提高，基于交往对话理性和具有人本主义特征的教师反思成长范式得以兴起。专业反思、实践共同体、网络学习社区逐渐成为反思成长范式实践共同体关注的焦点。值得指出的是，受终身教育理念的影响，1975年联合国教科文组织第35届国际教育会议通过决议，提出教师职前培养和在职培训一体化的理念，强调教师职前培养和在职进修相统一和相互衔接的必要性，但并未因此而消除职前教师教育和在职教师教育实践范式的不同。

（3）专业主义范式。专业主义范式实践者关注的重点问题是如何“吸纳”和“遴选”高质量的教师，即不考虑优秀的教师是经过什么方法培养出来的，而重点考虑的是优秀教师应该具备哪些素质、通过什么方式考核和甄别，其实践重点是教师的考核聘用和资格认定问题。值得指出的是，由于我国当前对教师量的需求仍然无法得到满足，专业主义范式实践共同体所做的工作成为培养训练范式和反思成长范式的辅助性工作，甚至变得“可有可无”或成为“形式主义”。然而，当对教师量的需求得到满足，具有从业资格的准教师数量不断增多以后，教师教育者重点关注的问题将是如何吸纳优秀教师进入教育领域，淘汰不合格教师退出教育领域，以教师资格认证制度为核心的专业主义范式将不断得到发展，成为教师教育的主导范式。

第三节　在职教师教育模式的变迁

一　教师教育转型的理论基础

教师教育的范式可分为培养训练范式、反思成长范式和专业主义范式三种。在职教师教育作为教师教育的一个重要实践领域，其实践共同体主要遵循的是反思成长范式，但又由于其早期受师范教育的影响和近年来对在职教师教育研究的不断深入，培养训练范式和专业主义范式的实践方法也在在职教师的教育中得到应用。因而，以“反思成长范式”为主的在职教师教育在具体实践“取向”层面也发生过一些变化，这些变化与人类知识观和学习观以及对教师职业形象的认识变化密切相关。

（一）知识观的发展

教师教育作为培养传递人类文明专门人才——教师的实践活动，它与人类对知识与学习等问题的认识，即知识观或学习观有密切联系。在哲学研究中，本体论（Ontology）聚焦于存在的本质及其真实性问题，解决的是世界是由什么构成的问题；认识论（Epistemology）聚焦于人类知识的起源、本质、认识方法及认识局限性问题，解决的是人类如何认识世界的问题。从哲学本体论视角考察认识主体与外在世界的关系问题出发，可以将人类知识观分为主观主义、客观主义、解释主义和对话主义；从认识论的视角考察知识本质及其来源问题，又可将人类知识观分为先验论、理性主义、经验主义、实证主义、实用主义、后实证主义和建构主义等。值得指出的是，现实主义（Realism）、相对主义（Relatisim）等作为与知识观密切相关的哲学术语，其本身是认识论研究的一种视角、倾向或原则，本身无法作为独立的知识观考察。

1. 主观主义知识观

主观主义知识观是建立在主客体分离的二元论基础上的，认知主体和外部世界的关系是“我—它”关系，在这种关系中“我”是主体，一切外在与我的事物（包括自身肉体）都是客体之“它”。在古代神学知识阶段，哲学家把人与自然的关系归结为“人—神”关系，要研究认识主体如何符合外部客体，人在认识中是依附于自然界而存在的，人类行为顺从于“上帝”或“神灵”的旨意，是一种以外部自然世界为中心的客体哲学观。经历文艺复兴和启蒙运动的巨大转变后，“神”在认识中的主体地位被“人”所取代，人类进入了理性的时代。理性主义理论真正建立了主客二分的二元论哲学，将认识主体与认识对象分离并确立了认识主体为中心的主体性哲学观。主观主义知识观又可细分为以下两种：

（1）先验论（Idealism）。先验论是对“学习者如何能理解某些新的事物”这一认识论根本问题的不断叩问，并在此基础上给出的一种解答。假如某个人是彻头彻尾的无知者，那么他何以能够学习那些他全然不可理解的事物呢？正如一台裸机状态的电脑，在没有任何内容数据或程序的情况下，如何获取或处理一些信息呢？柏拉图在其对话录中的《美诺》（Meno）一章中就曾经讨论过这个问题。对上述问题的一个暂时性答案是：学习能否成功有赖于学习者是否具备某些先验知识（Prior knowledge）或经验。进一步分析发现，这事实上是一个将问题转移的答案，那么这些所具备的先验知识又从何而来？这样我们将陷入永无止境的问答之中：“在具备先验知识的情况下，学习是可能的，但是这些先验知识之所以可以习得，必须具备另外一些先验知识，以此类推循环不已。”[①] 古希腊哲学家柏拉图（Plato，公元前428—前347年）对此问题富于幻想的回答将其带入了先验论。他认为知识是天赋的，在人们诞生之前灵魂通过凝望永恒存在而学得真理，只是由于灵魂投生肉体后被肉体玷污而暂时忘记了先验的理念，学习的任务就在于摆脱肉体的干扰，去发现已经存在于人类心智的理念。也就是说“理念的知识是先天固有的，并不是从实践中获得的，获得知识的方法是回忆，是不朽的灵魂对理念世界的回忆”。[②] 柏拉图在其《理想国》（*The Republic*）一书中关于青年军官厄尔（ER）冒险之旅和洞穴囚徒（The Simile of the Cave）的描述就是其先验论的经典摹本。在先验论者看来学习是学习者的灵魂对其生前所见所知的一种回忆过程。

（2）理性主义（Rationalism）。理性主义也称为唯理论，是16世纪认识论成为哲学研究重心后对知识起源问题的一种哲学思考。理性主义的代表人物包括法国思想家笛卡尔，荷兰哲学家斯宾诺莎和布莱尼茨等。笛卡尔认为构成知识的观念可分为三类：①通过感官从外界得来的，这类观念带有个别性和偶然性，常常会欺骗人们，单凭感性经验不能形成无可怀疑的科学知识；②由人类的理性直观得来的，这类知识在逻辑上是严密的，是一切科学的基础；③人们虚构的观念，这类知识没有客观有效性，因而也成为不了科学。笛卡尔认为第二类观念是普遍必然的，是理性自身的“天赋观念”。理性主义认为一切感觉直觉都是可疑的，但怀疑本是不可疑的，因为对怀疑的怀疑就是对怀疑的有力辩护，因而提出了“我思故我在”的著名论断。理性主义通过怀疑一切的方式来探寻知识的本源问题，使自己本身陷入了矛盾之中：为了保证我们的知识具有有效性（保证思维与存在的统一），要么需要求助于万能的上帝，陷入先验论；要么求助于人类感觉直觉以外的“直觉”，使自己陷入主观主义。理性主义最终选择了后面的

---

① ［美］D. C. 菲利普斯、乔纳斯·F. 索尔蒂斯：《学习的视界》，教育科学出版社2004年版，第8—13页。

② 马敏：《PCK论——中美科学教师学科教学知识比较研究》，博士学位论文，华东师范大学，2012年，第38页。

道路，怀疑感觉知觉的可靠性，将推理在认知中的重要性超越了来自外部世界的感觉经验，认为推理是知识的最可靠来源。

2. 客观主义知识观（Objectivism）

客观主义是从本体论和认识论两个层面展开描述的，它认为存在一个独立于认知主体以外的客观世界。从本体论层面看，所有的存在都由实体构成，它们每时每刻都有固定的属性和相互之间的关系，现实性存在于这些实体的结构并且与人类认知相互独立，世界是存在于认知主体以外的客观实在。客观主义知识观按照发展程度可分为以下两种：

（1）经验主义（Empiricism）。经验主义是与理性主义相对的对知识起源问题的另一种回答。经验主义知识观认为人类所有的知识都来源于感觉经验，真正的知识就是对外部世界的忠实反应，但经验论承认人在出生时便具备了某些开展学习的生物性能力。经验主义知识观的代表人物有亚里士多德、托马斯·阿奎纳、托马斯·霍布斯、弗兰西斯·培根、约翰·洛克、乔治·贝克莱和大卫·休谟等。17 世纪末，英国著名哲学家洛克反对柏拉图的“先验论”和笛卡尔主义的“天赋观念”论，他认为先验论者所说的“先验观念”实际上都是从经验中获得的。因此他提出了“白板”（Emptytablet）说，认为人的心灵就如一张白纸，上面之前没有任何记号，只有经验是知识的唯一来源。正如洛克所说：“让我们假设，心灵是一张没有任何既存观念的白纸。那么，心灵如何获得充实？心灵何以储存人类复杂且无穷无尽的幻想所生产出来的产物？理性和知识的素材来自何处？一言以蔽之，这些问题的答案就是（经验）。所有的知识均建构于经验之上，所有的知识最终都是从经验而来的。”① 洛克认为学习者先天具备的一些生物性学习能力使他可以通过感官获得一些“简单概念”，学习者再运用他们的综合和抽象等能力来建构“复杂概念”，这也是其“原

① Locke J. , *An Essay Concerning Human Understanding*, London: Dent, 1947, p. 65，转引自 D. C. 菲利普斯、乔纳斯·F. 索尔蒂斯《学习的视界》，教育科学出版社 2004 年版，第 14—15 页。

子论”学习模型的核心。

（2）实证主义（Positivism）。实证主义知识观是经验主义知识观的一种发展。实证主义知识观依然坚持知识的客观性理念，反对人脑具有不依赖于个体经验而拥有先验理念和概念的认识，但它认为科学的观察和实证是获得知识最为可靠的途径。实证主义者更加重视事实数据而非理论猜测，知识建基于经验证据之上。实证主义的创始人是法国哲学家、社会学家孔德。实证主义的发展经历了孔德实证主义、马赫主义和逻辑实证主义三个阶段。孔德实证主义认为一切科学知识都必须建立在经验证实的基础上，只有那些“可证实的”知识才能算真正的知识，才是科学知识；马赫接受并改造了孔德的实证主义，把实证哲学的问题归结为经验的明晰确证问题，并提出了思维的经济原则和存在的函数关系论；以英国哲学家罗素和奥地利哲学家维特根斯坦为代表的逻辑实证主义继承了马赫主义的经验论原则，承认最后的证实活动要经过对事实的观察和经验，证实的可能性分为经验证实和逻辑证实，认为一个不能直接证实的问题只要能通过已经得到证实的命题的逻辑推理而被证实也是允许的。“在实证主义知识观的推动下，人们逐渐将科学知识看成唯一可靠的知识，认为知识来源于经验事实和科学观察，知识是客观的、普遍的和可靠的，知识只能借助科学的语言加以陈述，知识被套上了沉重的科学枷锁，科学知识成了所有知识门类的典范。”①

理性主义将人的认知能力抬到无所不能的地位，使自身逐步陷入“玄学”困境。经验主义知识观将人类对认知研究的注意力在摆脱了神学蒙昧思想后再次转向了认识对象本身，但在新的“我—它”的主客关系中，认识主体之“我”的主观性被“悬置”，认识主体变成了可以相互替代的“共相”，主要遵循科学认识的方法，任何人都可以达到认识的目的。主客二元的认识关系中出现了“祛主体”现象。实证主义知识观的强势登台剥夺了普通人认知的权利，在打破了神话知

① 马敏：《PCK 论——中美科学教师学科教学知识比较研究》，博士学位论文，华东师范大学，2012 年，第 38 页。

识统治人类思想的状况后，建立另一种知识的神话，进而导致了工具理性的膨胀与人类精神世界的迷茫。

3. 解释主义知识观（Interpretivism）

实证主义注重知识的精确性，并相信方法的万能论，企图通过一般性的方法来把握客观对象，建立与客体结构相吻合的主体性知识框架，形成客观的、普遍的、永恒的知识。1927 年，德国物理学家海森堡（Werner Heisenberg）提出的量子力学中的“测不准原理”（Uncertainty principle）① 和丹麦物理学家玻尔（NielsHenrik David Bohr）提出的“互补原理”②，使人们对传统实证主义信奉的万能方法和精确把握进行了反思，在哲学认识论上的启发是：与实证主义认为客体的属性、规律与主体及主体所使用的观测方法无关的观点相反，主体对客体的认识必须通过对客体施加影响来实现，主体的情况和所采用的认识方法会对客体产生影响，在认识过程中主客体之间存在着不可分离的联系。量子力学的发现使得科学研究对知识“客观性”“确定性”的痴迷追求逐步变成了对“解释性”“概率性”的接受。20 世纪 60 年代，随着后现代主义兴起，传统解释学在批判理论传统的关照下重获发展，实现了哲学化转向③，主张用解释、理解取得科学知识，逐步形成了解释主义的知识观。其实解释学的起源最早可追溯到尼采的

---

① “测不准原理”也称为“不确定性原理”，是指由于认知主体的介入，一个微观粒子的某些共轭物理量不可能同时具有确定的数值，对其中一个量的精确测量必然导致对另一个量测量的不准确性。例如，想用一个 γ 射线显微镜来观察一个电子的坐标，而 γ 射线的波长越短，显微镜的分辨率越高，同时光量子的动量也就越大，这样在位置被测定的一瞬间，光子对电子产生的扰动越大，电子的动量会发生一个不连续的变化，关于它的动量我们就只能知道相应于其不连续变化的大小的程度。因此，位置测定得越准确，动量的测定就越不准确，反之亦然。

② “互补原理”又称为“并协原理”，是指在微观领域里，仪器与物体的相互作用在原则上是不可避免、不可控制也不可被忽略的。在理论上我们无法区分出测量结果中仪器与物体相互作用的部分，我们在测量物体一个性质的时候，就会无法避免地对物体产生不可逆转的影响，因此不能用同一个实验去测量物体所有的性质，不同的实验也就可能得出互相矛盾的结果，这些结果无法放到一个统一的物理图景中，只有用互补原理这个更宽广的思维框架将这些互相矛盾的性质结合起来，才能去完整描述微观现象。

③ 王治河：《后现代哲学思潮研究（增补本）》，北京大学出版社 2006 年版，第 190—228 页。

透视主义解释学，经由后现代主义发扬，出现了以德里达为代表的解构主义解释学、以罗蒂为代表的新实用主义解释学、以霍伊为代表的谱系解释学等。

此外，值得特别指出的是：后现代主义是相对以科学实证主义为核心的现代性而言的，它是与现代性针锋相对的一种“视角”。基于该视角展开的不同批判会产生不同的哲学观，如后实证主义、批判现实主义、解构主义等。并且大部分情况下后现代主义都是对实证主义“有破无立”的指责，表现出相对主义、虚无主义、主观主义倾向，具有不彻底性。“后现代主义致力于消解各种决定论，但往往陷入各种相对主义、虚无主义和多元主义等，这些方法论对决定论具有相当的破坏性，却对人类的思想鲜有建设性”。[①] 后现代主义的批判又普遍表现出一种解构主义、解释主义的特点。因此，不能将后现代主义一概而论，模糊地归结为一种独立的知识观。在此我们将后现代主义具有“有破无立”特征的批判归为批判理论传统，将“有破有立”特征的批判根据其“解释”“理解”世界的不同划分为实用主义、后实证主义等形式。

（1）批判理论（Critical Theory）传统。它是20世纪60年代在批判理性主义、经验主义、实证主义、实用主义等已有知识观的基础上形成的新的知识观。它以解构现代知识观为己任，对以实证主义知识观为核心的现代知识观的客观性、普遍性以及价值中立性从各个方面解构。后现代主义知识观批判现代知识观的认知主体的抽象性，认为没有纯粹抽象的认识者，有的只是在具体的历史文化环境中存在的认知者。曼海姆利用“社会学决定的知识”概念确立了一种历史主义、相对主义的知识观，他认为处于不同社会位置的人会对相同的事物、事件或概念有不同的看法。波普尔反对实证主义“可证实性”知识有效性标准，认为任何知识都是一种混合着我们错误、偏见、梦想和希望的“猜测”，提出以“可证伪性”作为知识有效性标准。

---

① 安维复：《社会建构主义：后现代知识论的“终结”》，《哲学研究》2005年第9期。

（2）后实证主义（Post Positivism）或批判现实主义（Critical Realism）。建基于对自然科学实证主义原则的批判，改变了对普遍真理和规律的追求，后实证主义认为真理是一定历史文化或社会环境下的产物，是暂时性的，我们所获得的只能是对真理的不断“逼近”，而非真理本身。其依然坚持客观主义认识论，但承认研究者偏见存在的可能性，承认量化方法和质性方法的综合应用。特别是随着近年来混沌理论（Chaos）和复杂性理论（Complexity Theory）影响的不断深入，认为研究对象是一个复杂、非线性、动态变化、不可测的系统，自然科学的研究中更加重视研究过程中主观因素的作用。

（3）实用主义（Pragmatism）。19世纪末20世纪初，美国兴起了以皮尔斯、詹姆斯和杜威为代表人物的实用主义哲学。实用主义哲学知识观认为不能将知识看成分析性的、静止的、终极性和永恒性的，而是暂时的和不断进化的，知识是有机体和环境之间相互作用的中介，是有机体为了适应环境而探索的结果，也是有机体进一步探索世界的工具。“知识来源于个体之间的交互及其环境中的人工制品，两者都是现实性的基础”。① 波兰尼认为客观主义的知识以其大规模的“现代荒唐性”几乎统治了20世纪的科学思维，他提出要“用多个世纪以来的批判性思维教导人们怀疑的官能把人们重新武装起来，使长期以来受客观主义框架歪曲了的世界恢复其本来的面目”。② 他在批评实证主义知识观忽略认知过程中的“主观性”的基础上提出了“个人知识”，认为知识是客观性与主观性的结合，这些个人知识具有“默会性”。

4. 社会建构主义知识观（Social Constructivism）

社会建构主义从发生学的角度研究知识，认为任何知识或其他人

---

① Kathy L. Schuh & Sasha A. Barab, Philosophical Perspectives, In J. M. Spector, M. D. Merrill, J. V. Merriënboer, M. P. Driscoll. *Handbook of Research on Educational Communications and Technology* (*3rd ed.*), New York, NY: Lawrence Erlbaum Associates Taylor & Francis Group, 2010, pp. 67 - 81.

② ［英］迈克尔·波兰尼：《个人知识——迈向后批判哲学》，贵州人民出版社2000年版，第15页。

造物都不是个人的产物，而是集体智慧的结晶。“建构主义是现代社会科学家阻止后现代主义思潮的理念，而共建就是建构主义达到这一目的的方法。”① “科学作为一种产品，是一种特定环境下的建构，这种建构带有使其发生和被建构过程的印记。如果不分析知识的建构，也就不能理解知识本身。”② “国内外学界往往把社会建构主义理解为后现代语境的新康德主义、方法论的相对主义或‘修辞学转向’。这是对社会建构主义的误解，其实质是把社会建构主义中的某些极端诉求或个别思想家在特定语境中的过激言论，当作社会建构主义的理论实质。”③ “社会建构主义主要由三个基本命题所构成：从本质主义转向建构主义，强调知识的建构性；从个体主义转向群体主义，强调知识建构的社会性；从单向决定论转向互动论，强调知识‘共建’的辩证性。”④ “现代主义主要从本质主义的角度理解知识大厦是什么以及由什么构成等问题；后现代主义从解构主义的立场出发，告诫我们要在知识大厦的拆毁过程中来理解知识是什么；而社会建构主义则从发生学的角度，建议我们从知识大厦的建构过程中了解知识本身。”⑤

（1）对话知识观（Dialogue Theory）。对话知识观主要是指建立在主体间关系之上的通过交往对话而产生新知识的观念，该知识观认为人不能直接认识客体，必须通过言语作用达到对客体的认识。马丁·布伯、伽达默尔和哈贝马斯等从不同视角阐述了对话的基本学习观点。伽达默尔受海德格尔存在本体论的影响，提出了语言本体论思想，认为语言在本质上属于人的生活世界，理解只有在以语言为媒介的对话中才能实现。通过对话超越对话双方原有的有限视域，达到一种新的、更高层级的境界，实现“视域融合”。马丁·布伯将传统主

---

① Pettman. R., *Commonsense Constructivism: Or the Making of World Affairs*, USA: M. E. Sharpe, Inc, 2000, p. 13.

② Delanty. G., *Social Science: Beyond Constructivism and Realism*, Minnesota: University of Minnesota Press, 1997, p. 125.

③ 安维复：《社会建构主义：后现代知识论的“终结”》，《哲学研究》2005 年第 9 期。

④ 同上。

⑤ 同上。

体性哲学中“我—它”的主客体关系用“我—你”的主体间性关系取代，确立了人与自然、人与人及人与自我之间平等对话的主体间性哲学的交互性、相遇性和直接性原则，实现了哲学研究从主客间的“实在论”向主体间“关系论”的重大转变。德国哲学家哈贝马斯建立的交往对话理论则将对话理论推向了高峰，真理是在语言的真实性、正确性和真诚性前提下实现平等的对话协商，追求“共识”的过程。对话知识观认为，“知识不是外在于认识活动之外的客观存在，而是内在于人与认识对象的交往和对话之中，并随着对话的深入而不断地变化。知识的内在性决定了其不稳定性及无限可能性。对话的场景不同，对话的对象、深度不同，知识就会呈现不同的面貌。在主体间的对话中，知识的标准不再是‘先在的’，而是开放的。知识并非是一种最终的认识结果或终极真理，而更是一种认识的过程，是认识者与认识对象相互作用的产物，它随着过程的发展会不断得以修正和变化”。①

（2）协作知识建构（Collaborative Knowledge Building）。知识时代的主要特征之一是社会的健康发展取决于它的创新能力，这就要求社会大众而非个别专业精英都能够创造性地使用知识，并把创建新知识变成他们日常生活的一部分。知识建构的理论正反映了21世纪知识性社会所注重的能力，强调创新并从个别学习转向群体学习，群策群力、解决问题、创新认识。知识建构是在“公共知识”和“个人知识”的互动中完成的，其最主要的特征是“协作建构”和“开放共享”。通过知识建构，群体得到的知识被个体各自探究所得的总和会更加深入、更加广泛，并且由于得到群体的广泛参与，建构过程也能促使群体自身文化有所转变，更新知识更易于融合于群体的已有知识和文化，发挥知识的实践气质。②

---

① 何菊玲：《教师教育范式研究》，博士学位论文，陕西师范大学，2008年，第67页。

② Fung Yuen Han，Knowledge Building，KBTN，Centre for Information Technology in Education，2007－10－13.

（二）教师形象（Teacher' s Fagures）

人类知识观的不断发展影响着人们对教育及其功能认识的变化；相应地，对作为人类教育活动最为关键的要素　　教师所应具备的素质、能力，所应发挥的作用等方面的认识也发生了重要变化，这种变化综合体现在人们对“教师形象”认识的变化中。教师形象是教师素质、角色和行为等的一种综合界定和表征，它折射出时代和社会对教师的期望，也反映了特定的教育理念与价值追求。[①] 综观人类教育发展史，人们对教师形象的认识经历了以下几个阶段。

1. 示范指导者（Crafter）

教学是一门很古老的职业，在相当长的一段历史时期内，教师被视为思想启发指导者和行为示范者，在这种传统的教师形象的背后，隐含着对经验及个人智慧的极度依赖。在中国古代，教师被视为传统思想道德文化的传承者、示范者和践行者。孔子说，“其身正，不令而行；其身不正，虽令不从”，“不能正其身，如正人何?”（《论语·子路》）董仲舒主张：“善为师者，既美其道，又慎于行。”（《春秋繁露·玉杯第二》）韩愈的“师者，所以传道、授业、解惑也”是对传统教师形象的经典界定。

2. 技术熟练者（Technical Expert）

技术熟练者是前麻省理工学院哲学教授唐纳德·舍恩（DonaldA. Schön）在1983年出版的《反思性实践者——专家如何在行动中思考》中对传统教师教育中教师形象的高度概括，有学者也将其称为“教学技术元”。教学实践被认为是应用教育学、心理学等基本原理和技术传授学科知识的活动，教学被视为一门应用学科，教学过程成为知识应用的技术性过程。教师被视为原理和技术的熟练操作者，他的主要使命是把客观知识传授给学生，知识传授的效率越高就越是好教师，精深的学科知识以及传授的熟练程度代表了教师的专业程度，教师专业提升就在于知识的增加和传授技能的不断熟练，教师

① 杨全明：《反思型教师：教师形象演变的新取向》，《外国教育研究》2002年第9期。

教育的实践也被自然而然地分为理论学习和实践体验，先学原则和理论，再将之应用于实践。

3. 反思性实践者（Reflective Practitioner）

唐纳德·舍恩（DonaldA. Schön）对传统教师教育将教师视为“技术熟练者”进行了犀利的批判。他认为教学实践情境是流动的、复杂的、价值冲突的，专业人员行动不可能根据既定的原理和技术进行，而是要不断地确定问题情境，在与情境的互动过程中发展出解决问题的途径。教学实践不是理论知识的应用，而是实践者借助实践性知识与实践情境开展的“反思性对话”，教学的特征是“行动中反思”（Reflection - in - action）和“行动中认知”（Knowing - in - action），教师是“反思性实践者”。

4. 合作学习者（Collaborative Learner and Learning Facilitator）

2004 年 7 月 13—17 日，在香港大学举行了国际教育教学委员会（ICET）大会，会议的主题就是：“教师即学习者：构建专业发展的共同体。”这是教师专业发展背景下对教师群体和学校提出的要求和描绘的共同愿景。①“合作学习者”成为适应当前社会期待和教学改革需求的教师形象，它打破了教育活动中教师“至高无上”的地位，教师不再是学生学习过程中的唯一知识来源，也不再是无所不知的“圣人”。因此，教师自身也需要不断地学习，通过理论学习人类已有智慧、通过对自身实践的反思学习教育教学技能、通过在同伴的合作交流中分享知识和经验，教师成为合作的终身学习者；在与学生的关系中，教师成为学生学习的组织者、指导者、促进者和合作者。

二　在职教师教育的取向转变

自 20 世纪五六十年代人们对教师职业专业化诉求的不断提升和七八十年代对教师质量的不满，关于教师专业化的研究得到了快速发展。然而，由于学者对教师专业发展的内涵、过程等方面的认识不同，在职教师教育的实践范式形成了三种不同的取向：理智取向、实

① 胡庆芳：《教师专业发展背景下的学习与学习文化的重建》，《上海教育科研》2005 年第 3 期。

践—反思取向和生态取向。[①] 三种不同的取向折射出不同的知识观和教师形象。

（一）理智取向

理智取向的教师教育基于这样的假设，即教师教学能力差是因为教师缺乏相关教育知识和技能，认为知识基础对于教学专业是非常重要的，应重视教师对专业知识和教育理论的学习。[②] 霍姆斯小组发表的《明日之教师》和卡内基教学专业专项小组发表的《准备就绪的国家：21 世纪的教师》报告都明确表达了相同的观点：要确保教育的质量，必须提高教师的专业水准，提高教师专业水准的重点就是要明确教师专业的知识基础，使教师教育拥有更为坚实的理智基础。在理智取向的实践者看来，教师专业发展是教师获取足够的教育理论知识和掌握熟练的教学技能的过程，重点是知识获得和行为变化，其中知识获得是教师行为变化的基础。[③] 理智取向的教师教育将教学活动视为教师运用教育教学理论知识向学习者传授专业知识的应用型活动，教师成为“技术熟练者”，其秉持的是客观主义知识观，认为教学知识可以和教者分离并进行随意的传递。

（二）实践—反思取向

实践—反思取向的教师教育认为教师专业发展的重点并不在于外在的、技术性知识的获取，而是教师个体实践经验的积累和教师教学行为的改变。但教师教学行为具有情境性、复杂性、动态性和生成性等特点，因而不能指望教师用事先储存在他们头脑中的知识去解决行动中的问题，教师必须在自己的行动中用自己原有的实践性知识设计情境化策略去尝试着解决问题。教师专业发展的过程是教师围绕教学实践问题、通过各种形式对其自身及专业活动有更深入的“理解”，

---

① Hargreaves A. & Fullan M. , Introduction, In Hargreaves A. & Fullan, M. (Eds.), Understanding Teacher Development, New York: Teachers College Press, 1992, pp. 1 - 19.

② 刘峰、杨彦军：《从“英特尔®未来教育”项目的发展审视教师信息化教学能力培养模式的历史转型》，《电化教育研究》2012 年第 11 期。

③ 胡惠闵：《指向教师专业发展的学校管理改革：上海市打虎山路第一小学个案研究》，博士学位论文，华东师范大学，2003 年，第 20—21 页。

发现其中的“意义”，因而应重视对教学实践的各种形式的“反思”，以促成所谓的“反思性实践”（Reflective Practice）。实践—反思取向的教师教育认为知识的创造不是大学和研究机构的专利，教学活动也不是简单的知识应用型活动；针对教师教学实践有指导作用的理念不是通过培训“获得”的，而是依赖于教师的“实践”和“反思”。教师也不仅仅是存贮知识的容器或二传手，而是借助人类已有知识成果创造性地解决千变万化的日常教学，并通过反思形成个人实践知识的知识创造者，即“反思性实践者”。在这里，教学知识具有个性化、缄默性等特点，其所秉持的知识观是解释主义知识观。

（三）生态取向

生态取向的教师教育认为学校教学质量的全面提升不能依靠对少数“骨干教师”的精英式培训，教师教学策略、教学风格的形成与改进，更大程度上有赖于教师所处学校的“教学文化”（Cultures of Teaching），正是教学文化，为教师的工作提供了意义、支持和身份认同。① 生态取向下教师专业发展从整体的、情境的和联结的视角出发，提倡在群体合作和谐共生的基础上关注教师发展所处的文化氛围、专业背景和社群关系；认为教师专业发展是个体群体和环境之间互动发展的产物；强调通过环境、社群关系来促进教师的专业发展；具有自主性、开放性和共生性的特点。② 生态取向的教师教育秉持社会建构主义知识观，认为教师专业发展的目的是教学实践技能的提升和教师实践共同体的形成和发展，是教师通过交流对话进行协作知识建构的过程，是教师实践共同体不断发展、共同体文化不断丰富的过程，也是个体学习和组织学习相统一、隐性知识和显性知识相互转化、个人知识和公共知识不断生成的过程。

三　在职教师教育模式变迁

基于在职教师教育的三种不同取向，在职教师教育的实践模式和

① 胡惠闵：《指向教师专业发展的学校管理改革：上海市打虎山路第一小学个案研究》，博士学位论文，华东师范大学，2003 年，第 20—21 页。

② 刘莹、罗生全：《论教师专业发展的生态取向》，《教育导刊》2012 年第 8 期。

实现途径也有所不同，相应地分为以下三种基本模式。

（一）讲授先行模式

理智取向的教师教育认为教师专业发展就是要为教师提供最基本的专业知识基础，这些知识基础可以通过“传授”的方式让教师“获得”。因此，它所采取的基本模式是技术理性的“讲授先行模式”，即认为教师通过接受系统培训就能够掌握相关的理论知识、更新教学理念，进而能够自然而然地将习得的知识、理论和信念应用于自己的教学实践中，导致自己教学行为的变化，最终提高学生学习绩效，如图 1-2 所示。这种“讲授先行模式”在解决教师知与行的关系上是“先知后行”的，因而也可称为“先知后行模式”。

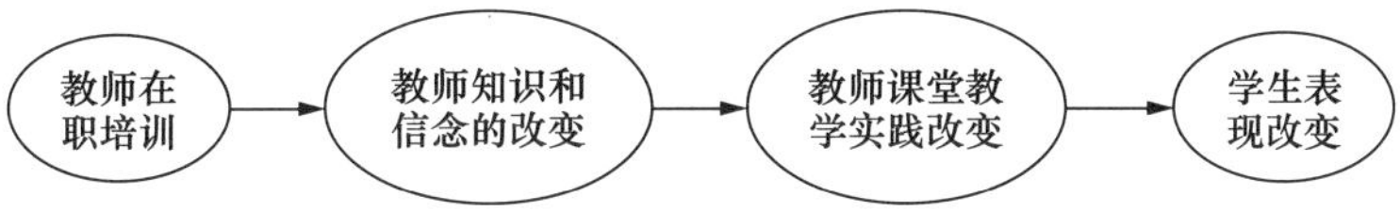

图 1-2 技术理性的讲授先行模式

基于理智取向的先知后行教师教育模式的核心要素是知识传授，具体实现途径主要有职前教育、离职进修、集中培训，也包括不定期的专家讲座等。这种教师教育模式的效果虽然不断受到质疑，但在我国至今仍然被广泛地运用着。

（二）实践先行模式

实践反思取向的教师教育认为教师专业发展不是一种“先知识后行动”“先理论后实践”的过程，而是理论知识转化为实践技能的过程。正如有研究指出：教师信念和态度变化的更直接原因，可能基于学生学习结果的变化，而导致学生学习结果变化的，则是教师课堂实践的变革，教师培训应采用“实践先行的改进模式”。[①] 即教师通过接受系统培训拥有了相关“理论”，然而这种理论并不必然和直接地

---

① David Clarke & Hilary Hollingsworth, “Elaborating a model of teacher professional growth”, *Teaching and Teacher Education*, 2002, Vol. 18, No. 8, pp. 947-967.

导致教师课堂教学行为的改变，而是当教师通过对自己教学实践的反思发现自身教学存在的问题后，才尝试利用所学知识去改变自己的教学实践，只有当这种尝试有效提高学生学习质量时，教师才真正接受培训所学知识，将“信奉的理论”转变为以后指导自己教学实践的“实践理论”，将教师教育者“给教师的知识”转变成为“教师的知识”，如图1－3所示。这种“实践先行模式”以教师教学行为的真正改变为追求，具有普遍意义上实践理性的性质；在解决教师知与行的关系上是“先行后知”或“行中获知”的，因而也可称为“先行后知模式”。

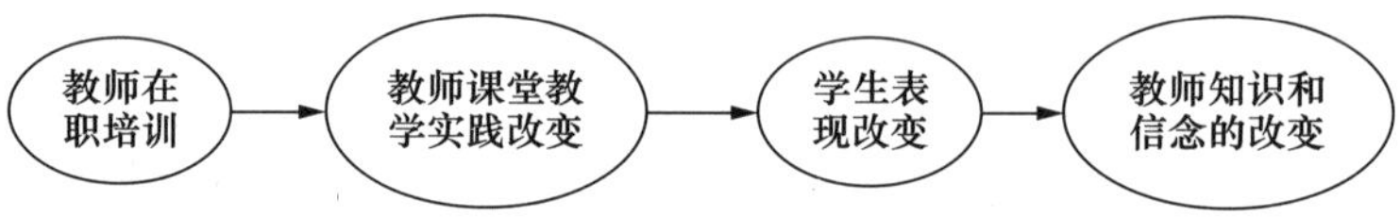

图1－3 实践理性的实践先行模式

基于实践反思取向的先行后知教师教育模式的核心要素是教师的行动反思，具体实现途径有教学日志、教学反思、个人传记、教育叙事等各种反思的活动。教师教育的实践—反思取向在我国已经被越来越多的人认可，不少中小学也开始了这方面的探索并取得了一定的成果。

（三）知行合一模式

讲授先行和实践先行两种模式都遵循的是线性思维方式，将“知”与“行”先后分离。其实，在职教师专业发展的过程“知”与“行”是有机结合的。生态取向的教师教育是基于“实践共同体”，旨在实现了教、研、训的一体化推进，因而注重实践共同体的建构和合作的学校文化和制度的形成，关注全体教师的共同发展。① 它将学校视为教师专业发展的生态系统，教师在与其他教师合作教研的过程

① 刘峰、杨彦军：《从“英特尔®未来教育”项目的发展审视教师信息化教学能力培养模式的历史转型》，《电化教育研究》2012年第11期。

中、在与学生合作学习的过程中展开学习，教研组、课堂都成为教师学习的主阵地，同伴、学生成为教师的学习对象，各种形式的教师教育干预措施和教师自主学习活动（如课程学习、专家讲座、工作坊研讨等）构成教师专业学习的支持服务体系，如图 1－4 所示。这种模式以教师行为和学校组织文化的真正改变为追求目标，教师在各种实践共同体中展开平等对话、共享教学经验、改善教学实践，是以交往理性为指导的；在解决教师知与行的关系上是将知与行合二为一，教师的学习弥散性地发生于其教学实践过程中，学习与教学成为教师日常工作的一体两面，因而称为“知行合一模式”。基于生态取向的知行合一教师教育模式的核心元素是实践共同体及其学习支持服务体系，具体实现形式有教师专业发展学校、校本教师研修等。对生态取向的教师教育研究近年来随着对教师学习研究的兴起在我国得到了不断重视和实践探索。

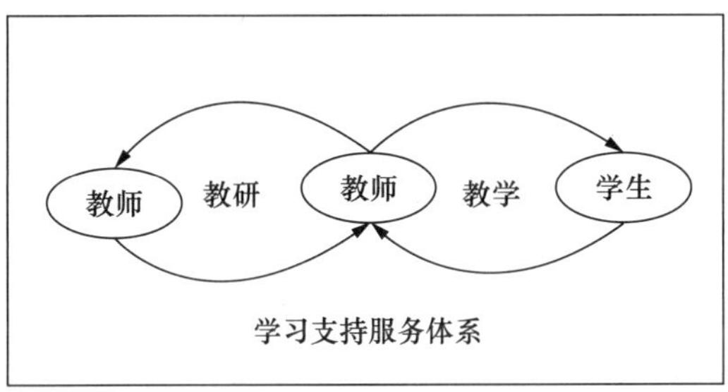

图 1－4 交往理性的知行合一模式

通过以上对教师教育实践取向和在职教师教育模式的分析，可以综合形成以教师教育实践取向为核心、以促进教师发展策略的核心要素和知行关系为主要表征的在职教师教育模式发展连续统，如图 1－5 所示。

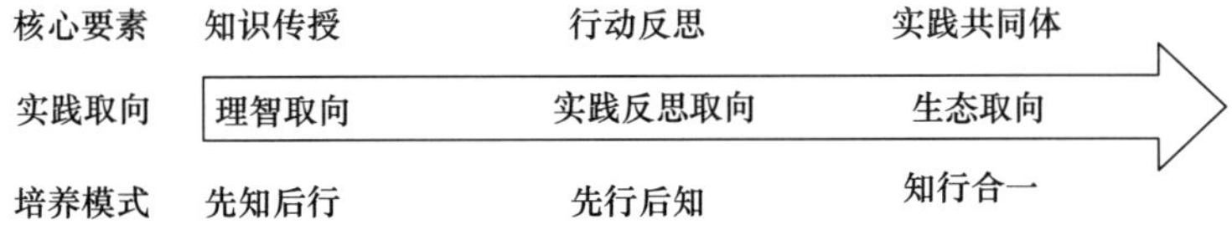

图 1－5 教师教育模式发展连续统

在连续统中，教师教育的实践取向沿着“理智取向—实践反思取向—生态取向”的路径发展，相应的教师教育的核心要素也将沿着“知识传授—行动反思—实践共同体”的路径发展，教师教育模式也将沿着“先知后行—先行后知—知行合一”的方向发展。由此可见，以实践共同体为主要载体，将教、研、训有机结合，实现知行合一的生态取向的教师教育模式将是在职教师教育未来发展的重要方向。

第二章　生态取向的教师教育实践模式研究

尽管对信息化时代的教师教育实践模式向生态取向实践模式转变的共识已经基本达成，但如何具体操作落实尚在不断探索阶段。国内外已有的不同形式的实践模式和行动学习理论为我们提供了新的视角和探索方向。

第一节　生态取向的教师教育实践

近年来，大量具有生态取向特征的在职教师教育创新实践探索得以迅速展开。它们都或多或少地具备了前面所分析的有效教师教育项目的部分特征，如以校为本、基于实践共同体、教研训有机结合、重视实践反思、有效依托外部支持等。然而，这些实践模式在具体的实现方式上却各有特色。对生态取向下在职教师教育的成功模式进行必要的回顾和分析有助于对教师行动学习模式的理解和建构。

一　教师专业发展学校

20 世纪 80 年代，美国国际竞争力日益下降，经济地位也受到来自欧洲和亚洲的严重威胁，美国公众对教育现状严重不满，产生了教育改革的强烈愿望。1983 年 4 月，由美国教育部长贝尔组织的“全国优异教育委员会”（The National Commissionon Excellence in Education）经过一年半调查后发表了著名的《国家在危急中：教育改革势在必行》的报告，指出美国教育正处于困境，应重视和加强教师培养。以此为起点，美国兴起了教师教育改革的“第一次浪潮”，拉开了美国教师职业专业化运动的序幕。1986 年，卡内基教育与经济论坛的“教学作为一门专业之工作小组”发表了《准备就绪的国家：21世纪的教师》报告以及同年霍姆斯小组《明日的教师》报告的发表，使教师教育的问题真正成为美国上下关注的焦点之一，教师教育及教学专业化的改革运动由此兴起。[①] 如果说前两个报告奠定了教师在教育改革和经济社会发展中的地位，让人们认识到教师专业能力发展的紧迫性和必要性，那么，霍姆斯小组在 1990 年的《明日之学校——建立专业发展学校的原则》这份报告中回答了如何有效发展教师专业能力的问题。在霍姆斯小组提出“教师专业发展学校”（Teachers Professional Development Schools，PDS）的概念后，美国教学与未来委员会（NCTAF）于 1996 年和 1997 年相继发表了两份重要报告：《什么最重要：为美国未来而教》《做什么最重要：投资于优质教学》，指出培养有能力的、高质量的教师是决定学生成就的至关重要的因素。其实，教师专业发展学校的萌芽，最早可以追溯到 19 世纪末美国实用主义大师杜威开展的芝加哥大学初等学校实验，霍姆斯小组在《明日之教师》的报告中作为发展教师能力的有效措施提出来这一概念，在《明日之学校》报告中得以系统阐述。教师专业发展学校是把教师职前培养、在职进修和学校改革融为一体的组织管理形式。一般由大学的教育系（或学院）与大学所在学区的一所或多所中小学建立合作关系，其目的是改善教师职前培养的水平、提供在职教师专业发展机会、培养教师的科研能力、改进教育实习等。这些专业发展学校通常是在原有学校基础上建立起来的，有些在学校中有独立的行政机构，有些则附属于学校原有的机构之下。从严格意义上来说，专业学校并不是一个真正的学校形式，而是一个全新的概念，打破了中小学与大学之间的长期隔离，把教师教育甚至整个教育改革看成双方的共同责任。因此，可以说专业发展学校是美国教师专业发展，特别是在职教师专业发展的一个创新模式。我国自 2001 年引进此概念以来，在首都师范大学等研究单位的推动下，以“教师发展学校”的概念为核

---

① 赵中建：《美国 80 年代以来教师教育发展政策述评》，《全球教育展望》2001 年第 9 期。

心，在北京、苏州、青岛、广州等学校开展了大量的实践。[①②③]

作为一种新的教师教育模式改革尝试，专业发展学校的实践模式仍处于不断探索和完善的过程中。教师专业发展学校是对中小学教师专业发展理念的重新审视，教师该学习什么，如何学习，大学研究机构在教师专业发展中应该扮演什么样的角色等问题得到重新审视，走出了一条以中小学为基地，以研究机构为支撑，职前教师教育与在职教师培训一体化推进的教师专业发展道路。对于在职教师来说，PDS具有如下特点：①教师学习和成长以自己的工作场所为基地。它强调学校也是教师发展的场所，使学校具有让教师获得持续有效的专业化发展的功能。[④] ②获得有效的外部智力支持。PDS 的关键特点是建立起了中小学与大学机构的合作关系，在职教师可以在课程改革、教学改革等方面获得大学机构的智力支持。③基于多种形式的实践共同体。PDS 确立了大学研究人员、职前教师和教师同伴之间的多向合作关系，教师在多种形式的共同体活动中获得发展。[⑤⑥]

二　英国校本教师培训

英国的相关调查发现，“以大学或教师培训机构为中心提供的教师培训存在诸多弊病，最主要的是教育理论与教师实践严重脱节，教育理论难以应付复杂教育实践、解决教育问题，教师的自主性受到压抑，影响了培训效果”。[⑦] 1972 年发表的《詹姆斯报告》首先把法国教育家保尔·朗格朗（Paul Lengrand）提出的终身教育理念运用于教

---

① 任立梅：《我国 TDS 教师教育模式现状、问题及改进》，《教育与教学研究》2011 年第 9 期。

② 周晶晶、张霞珍：《美国教师专业发展学校探究及对我国教师专业发展的启示》，《教育与教学研究》2010 年第 6 期。

③ 胡惠闵、汪明帅：《美国教师专业发展学校与教育实习改革的经验与启示》，《全球教育展望》2011 年第 7 期。

④ 宁虹：《重新理解教育——建设教师发展学校的思考》，《教育研究》2001 年第 11 期。

⑤ 钟智：《教师专业发展学校的构建》，《教师教育研究》2005 年第 4 期。

⑥ 罗华玲、周雪梅：《美国教师专业发展学校（PDS）成功经验对我国教师教育改革的启示》，《继续教育研究》2007 年第 5 期。

⑦ 单中惠：《教师专业发展的国际比较》，教育科学出版社 2010 年版，第 60 页。

师教育实践，第一次提出了教师教育的“培养、任用、培训”三个连续阶段的理论。报告建议教师在职进修应从中小学开始，因为“教和学正是在那儿发生的，课程和技能正是在那儿发展的，需要和不足也是在那儿显露的。每一个学校都应该把对本校教师的继续培养作为其任务中的一个重要部分，所有教职员对此都负有责任”。[①] 1989 年的《教师教育课程鉴定标准》以及 1992 年的《教师职前训练改革》等文件均以官方的形式肯定了英国“以学校为基地”的教师教育模式，并逐步将职前、入职和在职三个阶段的教师教育结合起来，这就是当今世界各国所关注的促进在职教师专业化的“校本教师培训模式”。[②] 按照欧洲教师教育协会 1989 年的界定，校本教师培训是指源于学校课程和整体规划的需要、由学校发起组织并以学校为培训场所、旨在满足教师个体工作需要的校内培训活动。时至今日，校本培训已经成为英国教师在职教育的一项基本国策，并逐渐转化为一种世界性的教师教育思潮。

英国校本教师培训模式在“增权赋能”管理方略的指导下，以学校为在职教师发展的主阵地，注重教师培训与教师工作需求的密切结合，并将教师培训计划纳为学校整体规划的重要组成部分，形成了一条特色鲜明的以校为本的开放型教师专业发展模式。

三 课例（授业）研究

（一）课例研究的发展

1. 课例研究的缘起

国际教育成就评价协会（The International Association for the Evaluation of Educational Achievement，IEA）自 20 世纪 60 年代起组织实施了多次“国际数学与科学研究趋势”（Trends in International Mathematics and Science Study，TIMSS）研究，分别发布了针对 1970—1979 年

---

① Maclure，J. S.（ed.）Report of a Committee of Enquiry into Teacher Education and Training，The James Report. Education Documents England and Wales 1816 to the present day（4th ed.），1979. 转引自瞿葆奎、金含芬《教育学文集·英国教育改革》，人民教育出版社 1993 年版，管 387 页。

② 单中惠：《教师专业发展的国际比较》，教育科学出版社 2010 年版，第 60 页。

度进行的 FISS（First International Science Study），1983—1984 年的 SISS（Second International Science Study），1995 年的 TIMSS（Third International Mathematics and Science Study），1999 年的 TIMSS - R（Third International Mathematics and Science Study - Repeat），2003 年的 TIMSS2003（Trends in International Mathematics and Science Study - 2003），2007 年的 TIMSS2007（The 2007 Trends in International Mathematics and Science Study）等报告。1999 年的调查报告显示，美国学生在测试中的表现极差，而日本学生的表现在几次国际测试中都名列前茅。这一结果引起了美国教育管理者和研究者的极大关注，相关机构又专门开展了一次针对全美 13 个州的更为全面、系统的测试（TIMSS 1999 Bench Marking Study），部分教师被派往日本考察研究并对日本教学视频录像进行分析。他们通过深入考察和系统分析发现，研究者普遍认为日本教师开展的"课例研究"最有可能是致使日本学生表现优异的主要原因。这些研究成果被发表在 Stigler 和 Hierbert 等合著的《教学鸿沟》（*The Teaching Gap*）一书中。[①] 从此，"课例研究"便成为促进教师持续性专业发展（CPD）的实践与研究热点，被认为是促进教师教学实践技能增长较为有效的模式，相继为美国、加拿大、新加坡、英国、德国等许多国家教师和教育研究者所关注。

2. 日本的"授业研究"

在日本，课例研究（Lesson Study）又称为"授业研究"（Kenkyuu Jugyou），它是构成校内和区域内教师专业持续发展的基础。它其实是一种教师在一起制订教学计划、观察课堂、分析课堂并且提炼课堂教学的一种过程，这种过程被称为"授业研究"。在日本，这种教研活动是一种广为流行的举措，授业研究在各学科中被普遍采用，同时也是职前教师培训内容中不可或缺的部分。课例研究基于三个基本原则：教师通过观察其他教师的教学行为来学习并且获得实践能力

---

① Ellen R. Delisio. Lesson Study: Practical Professional Development. Education World 2007 - 07 - 05/2011 - 11 - 06.

的提高；对教学方法有深入理解并掌握较好技能的教师应该与同事分享自己的知识和经验；教师应该培育学生的学习兴趣，并将重点集中在学生的学习质量上。其在日本多年的实施不仅使日本的中小学教师实现了从“讲授式教学”到“理解式教学”的彻底转变，而且促进了教师的专业化发展，提高了学生的学习能力。①

在日本，所有的小学教师基本上每年都会参加两至三轮课例研究。每一轮课例研究都涉及以下内容：①由几组教师共同思考长期的教育目标，尤其是要鉴定出“想象”中的学生质量和“现实”中的学生质量之间存在的差距。②确定一个长期的研究课题，将缩小这些差距中的一个作为课题研究的重点内容。③聚焦于特定教学领域、教学单元或一课教学内容的教学目标，这些特定的教学领域、教学单元或一课教学内容是经过教研小组出于某种原因而分析、辨认过的内容。（例如，学生可能对其存在共同的误解；教师发现该节内容讲授起来有困难；它是一个新的主题，或者它只适合一节课的教学计划等）。④教研小组精心制订能够将教学主题和长期目标一并融入实际教学的“研究型课例”的教学计划。⑤他们既可以采用已经出版的课程，也可以采用以前的教案授课。⑥教研小组详细研究学生对这些课会有怎样的反应，包括他们对知识的学习情况、对课堂的参与程度以及在课堂中的互动表现等。⑦修订教学计划并授课。⑧如有必要，对教学计划进行再次修订。

在日本，对每次教研活动做详细的会议记录是一种惯例，这样做对将来作参考很有用，尤其是通过这种方法，我们可能看到隐藏在教师决策背后的思想。每学期末学校通常会出版课例研究活动的报告。这些报告包含教研活动会议详细要点的同时，也包含详细的课程计划、照片以及课堂录像。这样，教研小组的知识就可以在更广的范围

---

① 杨红萍：《课例研究：数学教师教育实践模式》，全国高等师范院校数学教育研究会《2008 年学术年会论文集》，2008 年版，第 375—380 页。

被分享。[1][2] 日本的课例研究教研小组受到一些来自当地大学等学术机构的专家型成员（knowledgeable others）的帮助，他们在课例研究过程中给教研小组提供了包括课程计划和课程体系在内的专业支持。此外，课例研究过程中也十分注重教师与学生的合作学习，Kishimoto 和 Tsubota 曾解释说，日本的数学课程鼓励学生在构建自己的数学知识时扮演一定的行为角色，与其他学生交流合作；教师会鼓励学生对自己的学习能力和思考能力树立信念。[3] 可以说，日本授业研究是"一个聚焦于教师计划、观察、改进'研究课程'的专业发展循环"。[4]

3. 美国的课例研究活动

日本的"课例研究"模式在美国由 Stigler 和 Hiebert 积极倡导，他们使用"第三届国际数学及科学研究趋势"报告的研究结果和视频资料推进课例研究在美国的普及。[5] 美国第一个课例研究教研小组成立于 1993 年的 UCLA Lab 学校，这是美国使用课例研究这项技术促进教学实践的开端。目前，大概有 30 个州成立了课例研究教研小组。[6][7][8] 美国研究者推荐的课例研究模型通常涉及以下阶段：①选择研究主题。教研小组确定一个研究主题，通常是学校期望促进学生的

---

① Lewis, C. , *Educating Hearts and minds: Reflections on Japanese Preschool and Elementary Education*, New York: Cambridge University Press, 1995.

② Lewis, C. & Tsuchida, I. , "A Lesson is Like a Swiftly Flowing River", *American Educator*, Vol. 4, 1998, pp. 14 – 52.

③ Kishimoto, T. and Tsubota, K. . What are the features of lesson study projects conducted in elementary school mathematics departments? In: Isoda, M. , Ohara, Y. , Miyakawa, T. and Stephens, M. (Eds.), Japanese Lesson Study in Mathematics: Its Impact, Diversity and Potential for Educational Improvement. New Jersey: World Scientific Publishing Co. Pte. Ltd. , 2007, pp. 124 – 127.

④ Jacqueline Hurd, Lori Licciardo – Musso. Lesson Study: Teacher – Professional Development in Literacy Instruction Lang uage Arts, 2005, 82 (5): 388 – 395.

⑤ Stigler, J. and Hiebert, J. , *The Teaching Gap*, New York: Free Press, 1999.

⑥ Stigler, J. and Hiebert, J. , "Understanding and Improving Mathematics Instruction: An overview of the TIMSS Video Study ", *PhiDelta Kappan*, VoL. 79, Vol, 1997, pp. 14 – 21.

⑦ The lesson lab website, funded by Pearson is at: http: //www. lessonlab. com.

⑧ This website gives information and help for implementation: http: //www. tc. columbia. edu/lessonstudy.

技能提高或态度转变的内容。②聚焦研究主题。教研小组选择一个单元的教学内容进行细致的研究，并在这一情境内思考整个研究课题的相关问题。③制订课程计划。教研小组选择教学单元中的一节或多节课程进行研读，并使用计划模板共同制订教学计划。④讲授内容并观察课堂。制订好的教学计划由教研小组的一部分教师来讲授，另一部分教师负责观察课堂，课堂观察的重点是学生的思考和反应而非教师的能力。⑤讨论讲课情形。教研小组通常在授课的当天一起讨论上课的结果及观察到的现象。⑥修订课程计划。课程计划的修订基于对课堂的观察结果。修订后课程计划由选取的教研小组重新讲授，在这个过程中，轮回的观察、讨论和修订都是十分必要的。⑦以文件形式保存研究结果。在研究过程的收尾阶段，教研小组会形成一个报告用以概述他们从研究课题和目标中学到了什么。⑧公布研究结果。教研小组向其他教研小组或会议公开研究结果。课例研究项目周期长短没有定论，但一般不超过一两年；教研小组的规模也没有定论，但典型的教研小组一般由 4—6 名教师、一名教育管理者和一名外部专家组成。整个研究过程为教师共同开展工作和跨学科教研构建了一座桥梁。

美国课例研究专家 Catherine Lewis 指出："课例研究似乎是一个简单的想法。如果你想要改进教学，有什么方法能比与教师同伴一起制订计划、一起观察课堂、一起反思教学更有效呢?" 但她同时告诫说："尽管它可能是一个简单的想法，但课例研究的确是一个复杂的过程。"[①] 课例研究在美国的快速普及引起了像 Chokshi 和 Fernandez 这样一些教育工作者的广泛关注。Chokshi 和 Fernandez 指出，"由于在美国对课例研究的深入理解还很罕见，一些教研小组看起来似乎对日本的课例研究实践有着不完整的理解"。[②] 这一观点也受到了 Lewis 的支持，她警告说"过早的专业知识的学习可能会对课例研究造成实质

---

① Lewis, C., *Lesson Study: A Handbook of Teacher - Led Instructional Change*, Philadelphia: Research for Better Schools, 2002.

② Chokshi, S., and Fernandez, C., "Reaping the Systemic Benefits of Lesson Study: Insights from the U. S", *Phi Delta Kappan*, VoL. 86, No. 9, 2005, p. 674.

性的威胁”。①

4. 其他国家的课例研究活动

尽管像匈牙利、波兰和捷克共和国等一些东欧国家的教师还不能意识到他们所进行的就是课例研究，他们确实践行着教师专业持续发展的明智方法，那就是教师在自然状态下与同事观察并审视课堂教学。另外，英国在近年来也十分重视，英国国立数学卓越中心（NCETM）在2006年、2007年组织的关于课例研究的相关举措，以及过去两年由学校培训和发展机构（TDA）资助的教师专业持续发展的进展情况。英国国立学校领导学院（NCSL）推动了课例研究的理念，并且已经发行了一系列关于“课例研究”的手册。同时，面向政策与实践的证据信息与协调中心（EPPI）对合作型教师专业持续发展的近期评论为课例研究提供了有用的背景资料和支持鼓励。②

（二）课例研究的基本流程

目前，各国学者对课例研究概念的描述或多或少地存在一些差异，但对开展课例研究的基本流程却达成了共识。一般认为，课例研究通过教师集体对研究型课例进行设计、观察和反思的循环来促进教师专业发展的活动。③ 具体实施过程包括以下关键环节，但是研究本身并不随着这些关键环节的逐一完成而终结，而是一个不断向前推进的螺旋式上升的循环过程，如图2－1所示。④⑤⑥

---

① Lewis, C.. Instructional Improvement through Lesson Study: Progress and Challenges. In Learning across Boundaries: In U. S. - Japan Collaboration in Mathematics, Science and Technology Education. USA: National Science Foundation, 2005.

② David Burghes, Derek Robinson. Lesson Study: Enhancing Mathematics Teaching and Learning. CfBT Education Trust (http://www.cfbt.com). 2009.

③ 胡定荣、黄晓青、徐昌：《“课例研究”如何既得实效》，《中国教育学刊》2010年第10期。

④ Catherine C. Lewis, Kiyomi Akita & Manabu Stato, *Lesson Study As a Human Science*, NSSE, 2010.

⑤ 陈向明：《教育改革中“课例研究”的方法论探讨》，《基础教育》2011年第4期。

⑥ Jacqueline Hurd, Lori Licciardo - Musso, “Lesson Study: Teacher - Professional Development in Literacy Instruction Language Arts”, 2005, 82 (5): 388 - 395.

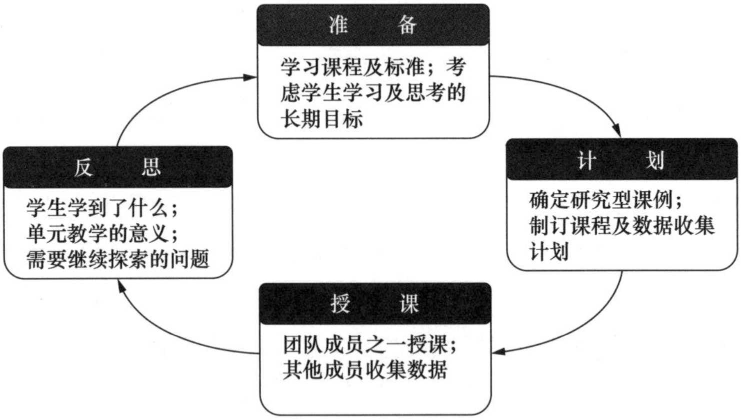

图 2－1　课例研究的基本流程

在准备阶段，教师组成教研小组，集体讨论学习国家相关政策或国际相关标准，提出学生学习与发展的长远目标，分析学校教学实际与目标要求的差距。接着是计划阶段，教研小组精心制订能够将教学主题和长期目标一并融入实际教学的教学计划和方案，包括本次活动的具体目标、预测学生的学习情况、数据收集方案以及所选途径的理论基础。然后是授课阶段，由教研小组的一名教师讲授制订好的教学计划和方案，团队其他成员合作开展课堂观察并收集教学评价数据。最后是评课反思阶段，教研小组通常在授课的当天聚集在一起进行集体反思，分享讨论课堂观察结果，包括学生对这堂课的反应、学生对知识的理解、学生参与课堂的情况及师生互动情况等，根据观察结果提出具体的教学改进意见，并根据集体讨论结果修订或重新设计教学方案。如有必要，进入下一轮的教学实践，在不断循环的过程中逐渐完善教学方案，落实教学目标。

课例研究具有两个重要特征：①它是将学生的长远发展与课堂教学紧密结合的有效方式。它不只是强调我们应该将学生培养成什么样的人，更为关键的是如何将这个长远目标融入每一单元或每一课的教学中去，使长远目标变得真实、贴近生活，不再那么“遥远”。①②它不仅是针对一节课或一个单元的研究，而且是一个通过教师集体设计、细致观察和研讨反思使教学不断得以改进的循环上升、持续发展的过程。② 在课例研究中，教师在与研究者或同伴的交流互动中通过不断反思，寻找自身与别人的差距以及设想与现实的差距，实现教育观念更新和教学实践的进步。③ 课例研究具有以教学中心、教师驱动、以校为本、专家辅助、技术支持等特点④，已逐渐成为一种促进教师理论学习向教学实践迁移的有效载体，同时也是连接教育理论学习与实践操作的枢纽、提升教师个体专业能力的重要方式和促进教师自我反思的良方。⑤ 课例研究能给学科教师提供多样化的学习机会；能够使教师认真思考一个特定的内容领域的教学、认真思考面向学生的长期目标、通过观摩学习同行教学经验、钻研教学深化知识理解，能培养教师观察学生的眼睛和合作学习的能力。⑥ 但研究者也认识到课例研究的有效实施要争取外来专业力量的支持、建立有效的外部保障机制、加强教育理论学习。⑦⑧

四 我国教师校本研修

（一）“磨课”教研

1952 年 3 月 18 日，我国教育部颁发了《中学暂行规程（草案）》

---

① 童慧、杨彦军：《基于“课例研究”的教师教学反思能力成长之研究》，《中国电化教育》2013 年第 3 期。

② Catherine Lewis, Rebecca Perry, Jacqueline Hurd, “A Deeper Look at Lesson Study”, *Educational Leadership*, 2004（2）: 18 – 22

③ 王洁：《课例研究：理论转化为实践的中介》，《教育发展研究》2006 年第 12A 期。

④ Wiburg, K., Jorgenson, K. & Hovermill, J.. Using Lesson Study and Technology to Improve Teaching and Learning. In C. Crawford et al. (Eds.), Proceedings of Society for Information Technology & Teacher Education International Conference 2003. Chesapeake, VA: AACE. 2003, pp. 1889 – 1891.

⑤ 祝成林、张宝臣：《教师专业发展：基于课例研究的视角》，《教育导刊》2010 年第 1 期。

⑥ 胡庆芳：《课例研究的作用、特征和必要条件：来自日本和美国的启示》，《外国教育研究》2006 年第 4 期。

⑦ 杨玉石：《课例研究的国际动向与启示》，《全球教育展望》2007 年第 3 期。

⑧ 祝成林、张宝臣：《教师专业发展：基于课例研究的视角》，《教育导刊》2010 年第 1 期。

和《小学暂行规程（草案）》等指导各级各类学校建制的相关文件，规定在中学设立学科教学研究组、在小学定期举行教导研究会议，研究改进教学内容和教导方法，并交流总结经验。[①] 由此，我国逐步建立起了由省级教科所与教育学院、市级教研室与教师进修学校、区县级教研室、校级学科教研组构成了四级教研组织机构，以保障中小学教研工作的有效开展。我国校本教研的活动形式更为丰富多样，例如理论学习、说课、听课、评课、教学反思、专题讨论、课题研究、校际交流等，其中以集体备课形式的教学研究为核心[②]，即中小学教师经常所说的“磨课”或“研课”。所谓“磨课”就是针对选定的教学内容或教研专题，教研共同体内的教师共同反复地进行学课、备课、说课、讲课（听课）、评课，以优化教学过程，提高教师教学能力的过程。“磨”在《汉字古今义合解字典》里有很多种解释，其中有以下两种意思：一是有“锻炼，磨炼”之意；二是“研究，探讨”[③]，这里取“研究、探讨”之意。磨课活动涉及的内容广泛，可以“磨”理念、“磨”风格、“磨”学生、“磨”文本。[④] 磨课活动的形式多种多样，有独立磨课、相互磨课、引领磨课、研读磨课等形式。[⑤] 它能够“磨固”专业知识、“磨纯”专业技能、“磨实”专业情意。[⑥] 常见“磨课”教研流程包括以下环节：根据确定的课题收集相关资料、进行理论学习、完成个人备课——在个人备课的基础上由备课组或教研组进行集体备课，广泛听取大家的意见，形成公开课教案（教学设计）—教师公开课教学（一位教师开展课堂教学实践、其他教师听课）—评价（自我反思评价，教研组听课评价或专家评价）—公开课重建（在教师反思基础上的再次课堂教学实践）—反思（个人反

---

① 瞿葆奎：《中国教育改革》，人民教育出版社 1991 年版。

② 李子建、丁道勇：《课例研究及其对我国校本教研的启发》，《全球教育展望》2009 年第 4 期。

③ 许威汉、陈秋祥：《汉字古今义合解字典》，上海教育出版社 2002 年版。

④ 高杰：《磨课怎么“磨”》，《教学与管理》2011 年第 6 期。

⑤ 同上。

⑥ 张辉：《磨课“磨”出了什么》，《中小学教师培训》2010 年第 6 期。

思）—再评价（教研组评价或专家评价）。①

综合以上分析，可以将“磨课”理解为一种以课例为载体、以教学实践情境为场域、以实践共同体为单位、以专业学习为引领、以同伴互助为形式、以优化课堂教学质量和提高教师专业水平为目的的螺旋上升式的教学研究活动。一个完成的“磨课”是教学准备、教学实施、互动评课和总结反思四个基本环节的多次重复，如图 2－2 所示。

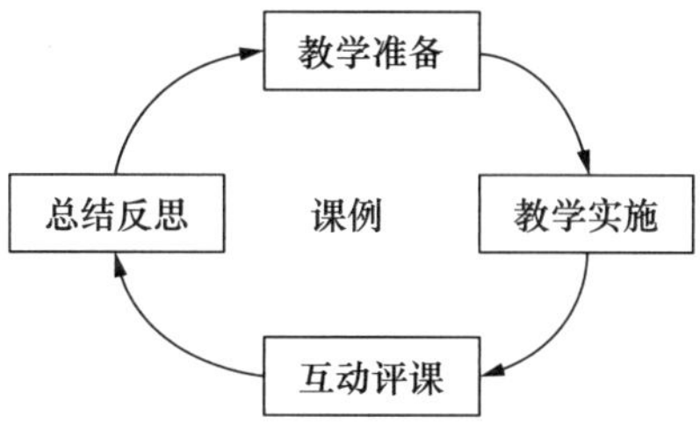

图 2－2 “磨课”教研基本流程

值得指出的是，近年来受国际上教师教育领域对“课例研究”广泛关注的影响，国内许多研究者也将“磨课”活动称为“课例研究”。笔者认为，为了教育研究的国际接轨与交流对话的需要，这样称谓是可以理解和接受的，本书中也将“磨课”用“课例研究”统一指称。但需要清楚的是，国内的“磨课”和国外“课例研究”虽然都聚焦于具体课堂教学内容展开设计研讨和教学实践，但国外“课例研究”的起点是教学中遇到的实际“问题”，而国内的“磨课”活动的起点是“教材”，即为了优化教学过程、完成教学任务。这与国内外基础教育的教育体制和课程实施模式有很大的关系，在此不再深入讨论。

（二）教师行动教育

20 世纪 80 年代，上海市青浦区展开的教改实验创生了农村教育改革的“青浦经验”。2002 年，上海市教科院顾泠沅教授在综合国内

① 蔡建生：《“磨课”——促进教师专业发展的重要手段》，《华夏教师》2012 年第 4 期。

外相关研究和青浦经验的基础上，总结概括了一个教师在教育行动中成长，增长实践智慧的在职教师专业发展模式——行动教育。行动教育是以课例为载体在教学行动中开展包括专业理论学习在内的团队教学研修活动，它以“专业引领”和“行为跟进”为特征，让教师在教学行动中成长，着力解决新课程理念向实践课堂的转移问题。其实践模型包含三个阶段：关注个人已有经验的原行为阶段、关注新理念下课例的新设计阶段、关注学生获得的新行为阶段。连接这三个阶段活动的是两轮有专业引领的合作反思：反思已有行为与先进理念、先进经验的差距，完成更新理念的飞跃；反思理想的教学设计与学生实际获得的差距，完成理念向行为的转移，简称“三实践两反思”①②，如图 2－3 所示。

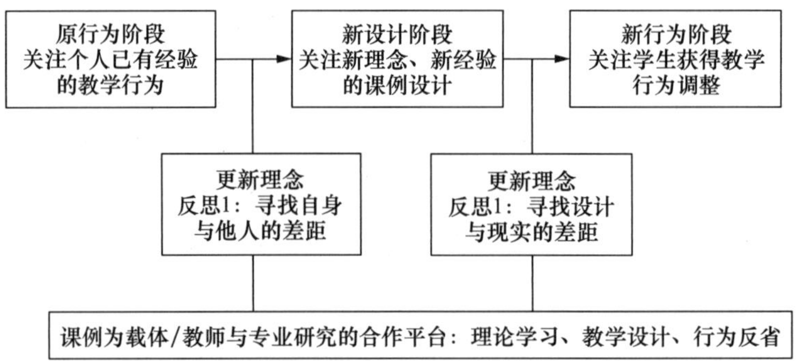

图 2－3 “行动教育”的基本模式

顾泠沅教授倡导的行动教育是在总结我国中小学 50 余年校本教研实践和 20 余年青浦教育改革经验的基础上提出来的，他以课例为载体创造理论与实践沟通的思考空间，让教师与研究者合作谋求理论与实践问题的结合，注重教师实践反思以实现行动与学习的建构性反思。2004 年 7 月 13—17 日国际教育教学委员（ICET）第 49 届大会

① 青浦实验研究所：《青浦实验：新世纪教师“行动教育”》，《上海教育科研》2011 年第 5 期。

② 王洁、顾泠沅：《行动教育——教师在职学习的范式革新》，华东师范大学出版社 2007 年版。

在香港召开，主题是“教师即学习者：构建专业发展的共同体”，顾泠沅教授在大会上作了题为《重视群体实践智慧：教师专业成长的范式革新》的主题报告。加拿大安大略省教育研究院研究员、原香港教育学院院长露丝·海霍（Ruth Hayhoe，中文名许美德）将报告放在中国哲学和文化的大背景下作了精辟的点评，称赞其为“中国认识论中的精髓”“中国认识论的血与脉”。她说：“这种探寻教师群体发展有效途径的研究，是几千年中国传统中最精髓的东西。它体现了中国认识论血与脉的关系，是个人深厚的经验与体验养成的引人注目的实践智慧，它确实为新思想和新发展提供了不竭的动力”。①②

行动教育抓住了我国校本教研活动的精髓，根植于中国传统文化的“知行合一”理念，适应我国在职教师学习的实际情况，是中小学校本研修的实践的经典凝练。但由于受研究者关注视角及时代背景的局限，行动教育虽然抓住了中小学教研的关键，注重同伴互助和专家引领在教师行动教育中的影响，但过于忽视教师以结构化知识为主要内容的常规性学习，并且也未能深入探索现代技术在行动教育中的作用及影响。行动教育需要在不失其精髓的前提下面对信息化时代的机遇与挑战，需要在现代技术的作用下更加生辉。

第二节 行动学习与在职教师教育

兴起于美国的以院校合作为主要特色的教师专业发展学校、流行于英国的以校本培训为主要形式的教师研修、发端于日本正走向世界的课例研究以及凝结我国传统文化精髓、符合我国校本教研实际的教师行动教育等生态取向下成功的教师教育实践模式给我们的启示是：成功的教师教育模式应当密切结合教师日常教研实践，将教师的学习

① 陈亦冰、沈祖芸：《寻找中间地带——走近顾泠沅》，《中国教育报》2004 年 12 月 24 日第 5 版。

② 露丝·海霍：《“行动教育”与中国认识论的血与脉》，《教育家》2008 年第 4 期。

与工作有机结合，实现教师专业发展中知与行的统一。“行动学习”作为一个能够充分体现这些特点的概念进入了研究者的视域。

一　行动学习研究概述

（一）行动学习的研究历程

行动学习（Action learning）是由英国管理学思想家雷吉（瑞文斯（Reg Revans）提出的。20 世纪 30 年代就读于剑桥大学的瑞文斯在实验室学习时，每周一次“分享无知”形式的研讨会学习经历奠定了行动学习思想产生的基础。1935 年离开剑桥后他成为埃塞克斯县理事会的教育代理首席官（Director of education at Essex County Council），他通过对医院护士高流动率现象的调查，在 1938 年发表的一篇文章中提出了“行动学习”的概念，但当时并未引起人们的重视。“第二次世界大战”后他受邀参与煤炭工业的重建工作，成为英国国家煤炭教育与培训理事会成员，主要负责新成员的招募、教育及培训工作。他将在剑桥大学的学习形式应用其中，把经理们组织起来形成小组，分享他们的经验，相互质疑他们的所见所闻，结果非常成功。1955 年，他离开了煤炭工业理事会，成为曼彻斯特大学工业管理专业的教授，在此阶段深入研究了行动学习的理论支撑。1965 年，瑞文斯离开曼彻斯特大学到比利时领导一个旨在提高比利时经济合作与发展联盟组织效率的合作项目，在这里瑞文斯的行动学习方式又一次取得了神奇的效果，使比利时的工业生产增长率迅速提高。瑞文斯于 1971 年出版了《发展高效管理者》一书，他在该书中正式提出了行动学习的理论。1975 年，瑞文斯返回英国，运用同样的方法为英国电力公司开办了管理发展培训课程，再一次验证了行动学习的效果。自此之后，即 20 世纪 80 年代起，瑞文斯开始将行动学习作为一种有效的学习方式进行推广并受到世界人力资源开发领域等诸多领域的关注。[①②③]

---

① 线玲玲：《行动学习的理论发展及应用要点探讨》，《现代商贸工业》2011 年第 12 期。

② 李天：《行动学习及其意义》，《管理工程师》2009 年第 5 期。

③ Global University for Life long Learning. A profile of Reg Revans, http: //www. gullonline. org, 2011 - 12 - 05.

瑞文斯教授在《发展高效管理者》一书中并未给行动学习下明确定义，他认为太过明确的定义反而会限制行动学习研究的发展。他更加倾向于通过阐释行动学习法的特征来界定行动学习的概念。他认为行动学习的本质是在解决真实问题的过程中利用隐约出现的细微“知识颗粒”来达到求知的目的。他因而提出了行动学习的公式：L（Learning）＝P（Programmed knowledge）＋Q（Questioning insights），即学习是结构化知识与洞见性问题的有机结合。[①②] 瑞文斯提出的行动学习理论启示人们行动是任何学习的基础、真实问题是学习发生的起点、结构化知识是学习的有效支撑，学习的本质在于对参与者固有的心智模式的质疑反思和转变。

麦克·佩德勒（Mike Pedler，1996）在《管理者的行动学习》一书中对行动学习理论进行了拓展。他认为行动学习意味着自我发展与组织发展的“双赢”结果，基于问题的行动既解决问题，又改变着解决问题的人；行动学习的成功主要依靠质疑，而不是想当然的知识或指导。[③] 他对行动学习做了以下几点解释：①行动学习基于解决现实问题的实际行动；②行动学习是一种在团队的帮助下学习的方法；③行动学习既能够导致学习者的发展又能够导致组织的发展。[④] 佩德勒的研究强调了行动学习所产生的效果是实现个体发展与组织发展的“双赢”，同时强调来自实践的真实问题在行动学习中的重要性。

爱伦·毛姆福特（Alan Mumford，1997）根据他与同事在IMC（Interactional Management Centers）对行动学习的实践研究成果，出版了《工作中的行动学习》（*Action Learning at Work*）一书，书中对瑞文斯的行动学习公式进行了修正，将行动学习原来的公式“$L=P+Q$”变成“$L=Q_1+P+Q_2$”。他认为，最有效的学习来自迫切需要解决某

---

① 石中和：《对行动学习的研究》，硕士学位论文，北京交通大学，2007年，第4—6页。

② 王绪红：《行动学习及其在校本培训中的应用》，硕士学位论文，上海师范大学，2007年，第6—8页。

③ 张鼎昆：《行动学习——再造企业优势的秘密武器》，机械工业出版社2005年版。

④ 石中和：《对行动学习的研究》，硕士学位论文，北京交通大学，2007年，第4—6页。

个实际问题的驱动力，学习是从对相关问题、困惑的疑问开始的（Q_1）；知晓与当前问题相关的已有知识有利于问题的解决，所以学习的第二步是获得这些相关的结构化知识（P）；围绕前面提出的问题展开的知识学习和实践探索会引发新的疑问，进而激发出更为多样化或更具深度的见解（Q_2）。毛姆福特的研究有两个值得关注的要点：①对已有结构化知识（公式中的“P”）的学习的重视，这就使得行动学习摆脱了只关注盲目探索的经验主义倾向；②关注行动驱动的学习，行动学习以解决问题为核心，在深入学习的基础上产生新的问题，这个学习过程就是基于问题解决的行动与学习。

马克沃德（Michael Marquardt，1999）则认为行动学习既是一个过程，也是一个专业发展的项目，行动学习由小组组成，小组致力于解决实际的问题，在解决问题的过程中，小组成员相互支持，同时从解决问题的过程中获得学习。① 他将行动学习中的人员角色分为问题所有者、催化师等七类，其中催化师（Learning Coach 或 Facilitator）是最为重要的角色，他的作用是使每个小组成员承担起责任，明确他们的问题并采取行动克服难题和抓住解决问题的机会。催化师往往由外部专家或无直接利害关联的内部专家担任。

萨玛拉·扎菲尔（Samiera Zafar，2006）在总结前人研究和自己实践经验的基础上提出了自己的行动学习公式：AL（Action Learning）= $Q_t+(P)^2$，她认为行动学习就是在解决某个真实问题或完成某项任务的过程中，在结构化知识（Programmed Knowledge）和同伴（Peers）的支持下获得未知信息、发展质疑和反思态度的过程。这里的“Q_t”是指与具体任务相关的实际问题，“$(P)^2$”包括结构化知识和同伴指导两种学习途径。扎菲尔的研究在强调了行动学习中问题真实性和结构化知识学习重要性的基础上，又特别强调同伴指导在行动学习中的作用，拓展了行动学习方式的内涵，从对结构化的、静态的现有理论

---

① Marquardt, M. J., *Action Learning in Action: Transforming problems and people for world-class organizational learning*, Palo Alto, CA: Davies-Black Publishing. 1999, p. 4.（转引自石中和《对行动学习的研究》，硕士学位论文，北京交通大学，2007 年，第 4—6 页。）

知识的学习扩展到了同伴之间的互动交流。其实，这种人际交流不仅可以来自同伴之间，还可以来自比行动者理论水平更高或实践经验更加丰富的“催化师”。

此外，还有一些学者对行动学习作了一些研究。如奎斯蒂娜·温斯顿（Kristina Weinstein）于1993年对69位管理者的调查认为行动学习让许多过分行动导向的人变得更能够反思，同时也让习惯于思考的人变得更具行动力。麦吉尔和贝蒂（Mcgill and Beaty）认为，行动学习是一个以完成预定的工作为目的，在同事支持下持续不断的反思与学习过程。英格利斯（Inglis，S.）认为，人们组成小组，找到解决问题的措施，在解决问题的过程中，个人和组织都得到了发展，这样一个过程就是行动学习的过程。作为一种学习理念和方法，行动学习强调理论探究与解决实际问题的结合，并强调个体经验对学习的意义，要求学习者在深刻的反思中获得经验的提升，是个人和组织通过反思实践获得发展的过程。①

（二）行动学习的内涵总结

从上面的分析可以看出，目前关于行动学习虽然没有形成一个完整而为大家广泛接受的理论体系，研究者基于不同的立场对行动学习的特征展开阐述，使得行动学习的内涵也在不断拓展，但从众多的研究中可以总结出行动学习的特点、核心要素和途径等。

1. 行动学习的特点

基于不同研究者对行动学习的研究和理解，可以发现行动学习具有以下几个基本特点：①行动学习围绕真实的问题展开，并在问题解决的过程中生成新的问题。行动学习是主体在完成真实任务的过程中产生疑问，然后围绕真实问题的解决在与小组成员的讨论中、在自己的实践活动中、在结构化知识的学习中获得学习与发展；在问题解决的过程中对自己及其他成员的经验进行质疑，形成建设性建议，在行动的过程中对问题的本质达到更深入的认识，提出富有创造性的解决

---

① 王栋、常留英：《英语教师行动学习的理论基础与实施途径》，《基础英语教育》2011年第6期。

方案，在展开行动的过程中产生新的疑问，激发新的学习需求。它以问题为载体、以反思质疑为主要策略，在问题的解决与不断生成中实现发展。②行动学习注重结构化知识的学习，在催化师引领下摆脱盲目探索。行动学习不仅是在与同伴的讨论中和自己的盲目实践中进行低层次重复性的试错性行动，而且是在学习的过程中及时学习现有结构化的理论知识、获得比自己团队成员更高水平“催化师”（Learning Coach）的指导和帮助，在有效借助外部资源支持的前提下展开的实践探索。这种外部的支持既包括结构化知识，也包括高水平同伴的指导（Peers），还包括高水平的专家。③行动学习旨在实现个体和组织的双重发展。行动学习不仅追求个体知识结构的丰富和行为模式的改变，更强调团队和组织层面的学习。组织学习是在既定环境下把个体与团队学习整合和渗透到组织系统、结构和文化之中，使它们更加匹配。一个人人都学习的组织并不是学习型组织，人人都学习也并不意味着组织学习。行动学习在改变个体心智模式的基础上改变了团队文化和行为习惯，将个体行为上升到组织层面，能够实现组织学习。[①②]

2. 行动学习的核心要素

通过对行动学习研究发展历程和特征的综合分析可以发现，行动学习具有如下一些核心要素：①行动。行动学习属于体验式学习，因而其关键在于行动，从行动中发现问题，通过行动解决问题。学习者只有在行动的过程中，才能进一步反思以加深对问题的认识，也只有在行动中才能积累丰富的经验。②问题。问题是行动学习得以展开的载体，也是学习发生的动力所在。问题始终处于行动学习的核心，通过对问题的解决来改善组织绩效，实现组织发展和个人发展。③结构化知识。结构化知识是行动学习深入开展的有效支撑。行动者对这些结构化知识的学习弥散在行动的过程中，因而这些结构化的知识必须是细微“知识颗粒”。④学习团队。行动学习强调学习是一个团体活

---

① 郑晓梅：《基于行动学习的教师自主发展研究》，《中小学教师培训》2010 年第 7 期。

② 郑晓梅、吴娟、黄晓赟：《关于教师反映实践能力的思考——行动学习的视角》，《继续教育》2010 年第 10 期。

动的过程，学习团队是有效的学习媒介，具有学习交流、激发思考、澄清问题、提供支持和批评意见等多项功能。⑤质疑反思。行动学习最能实现问题与实践链接的活动就是团队成员之间相互建议、质疑与反思现有理念的过程，这是一个不断“设计”新的行动方案的过程。学习者通过对过去行动和经验的反思，提出问题，小组成员在解决问题的过程中提出新的问题。⑥催化师。催化师是行动学习活动的组织者，也是以独特视角看待团队问题的重要人员，他可以是来自组织内外高水平的同行，也可以是相关领域的专家。[①]

3. 行动学习的途径

基于以上对行动学习特征和核心要素的问题，行动学习的主要过程或途径可包含以下几个[②]：①在实践经验中学习。行动学习最关键的要素是行动和实践，学习的问题来源于实践的过程中，学习的旨归也是实践问题的解决，因而基于实践体验的学习是行动学习展开的基本途径。②在团队研讨中学习。行动学习的主要形式就是团队成员围绕实践问题展开小组研讨、相互质疑，分享团队成员的经验和问题解决策略，因而在团队研讨中学习是行动学习的又一重要途径。③从结构化知识中学习。结构化知识的学习是所有行动学习研究者强调和重视的内容，它可以是行动学习摆脱盲目的试错性探索，在现有理论知识的引导下展开实践。④在实践反思中学习。行动学习最有效的策略是在团队研讨中质疑对方的观点和策略，在行动过程中或行动之后展开个人反思，只有通过反思才能改变个人原有思维模式进而实现组织学习。⑤在催化师的指导中学习。行动学习中的催化师能够以独特的视角看待团队成员的问题，可以批判性地揭示团队文化存在的缺陷，挖掘个体行为背后的思维模式，为个人学习和组织发展指明方向，促进行动学习走向深入。

（三）行动学习与行动研究的关系

1. 行动学习与行动研究的关系之争

行动学习与行动研究是两个紧密联系而又互相交织的概念。后者

---

① 李天：《行动学习及其意义》，《管理工程师》2009 年第 5 期。

② 同上。

由于近年来对中小学教师行动研究的大力倡导而为大家所熟知；相比较而言，行动学习由于其关注群体的特殊性及其在教育领域研究的刚刚起步，论及行动学习不得不探讨它与行动研究的关系问题。行动学习与行动研究的关系问题至今没有定论，有人认为行动研究是上位概念，行动学习只是它的一个应用；有人认为行动学习是上位概念，行动研究是行动学习的一种形式①；也有人认为不必纠缠于两者之间的关系界定，这种争议是没有意义的。② 既然两个概念同时存在，其相互之间必定是有区别的，它们在某些领域有可能存在交叉或重叠，但其必有各自的概念体系，两者之间既有区别又有联系。

2. 行动学习与行动研究的内涵

行动研究是从实际工作需要中寻找课题，在实际工作过程中进行研究，由实际工作者与研究者共同参与，使研究成果为实际工作者理解、掌握和应用，从而达到解决问题，它是以改变社会行为为目的的研究方法。行动研究首先是一种研究范式，注重理论产生与应用的合二为一，它被认为是从教育实践中来，再到教育实践中去的桥梁。此外，行动研究可以是个体行为，也可以以团队方式展开。行动学习是以学习者为主体，以学习共同体为单位，以真实问题（或案例/项目）为依托，通过成员之间的深度对话进行不断反思与学习的过程。它能够使学习者及时将行动体验上升到认识水平，并将新认识及时转化为行动，继而在行动中检验认识，并产生新的学习体验。体现了“学习”与“实践”的平衡和有机结合。③ 无论是行动研究的计划、行动、观察和反思等步骤的循环，还是行动学习的问题、结构化学习、新的问题的不断反复，“行动”与“反思”是两者共有的核心部分。从这个意义上讲，行动学习与行动研究都具有行动性、实践主体与研

① Dick, B., Action learning and action research, 2011-12-01.

② 顾小清：《面向信息化的教师专业发展研究》，博士学位论文，华东师范大学，2004年，第103页。

③ 郑晓梅、吴娟、黄晓赟：《关于教师反映实践能力的思考——行动学习的视角》，《继续教育》2010年第10期。

究主体的一致性、不断反馈调整等共同特征。[①]

3. 行动学习与行动研究的区别

对行动研究与行动学习本身作一个独立的区别是很难的，现在将两者置于“教师专业发展”的视域，把它们同时当作促进教师专业发展的一种策略来看待：第一，两者内涵与外延是不同的。行动学习是通过行动进行学习的过程，教师的行动过程本身就是不断学习的过程，这种学习既包括探究性的学习，也包括接受性的学习；既包括向书本、课程、资源的学习，也包括实践过程中向同伴的学习以及从对自身实践经验反思中的学习。行动研究是实现教师行动学习的一种方式，但由于其实施的专业门槛较高，难以成为所有教师专业发展的“助推器”。在这个意义上说，行动研究包含于行动学习。第二，两者概念提出的切入视角不同。行动研究是从科学研究的视角提出的一种研究范式或研究方法。行动学习是从人力资源开发及学习培训的视角提出的一种提高人类学习绩效的途径。两个概念本身是不存在混淆的，但当将两者分别应用于教育领域后，由于概念的混用和内涵的不断扩充，两者给人以相互交织的感觉。第三，两者的主体活动形式不同。行动研究可以是集体协作形式进行的，也可以是由单个教师独立完成的；行动学习的核心要素之一就是“学习团队”，在团队支持下讨论解决问题，在团队互动与实践中学习，可以说行动学习必定是基于实践共同体的、以集体协作的形式展开的。第四，活动流程不同。行动研究是一个有着较为明确步骤的行动过程，一般包括计划、行动、观察、反思，并且是从活动过程的整体视角来考察活动流程的；行动学习虽然没有明确的步骤，但基于“问题—结构化学习—新的问题”的环节是必不可少的，更多的是关注学习机制的视角考察活动流程。行动学习可以渗透到行动研究的每个环节。

二　行动学习的理论基础

行动学习理论自提出以来，以其开放性不断吸收教育学、心理

① 秦旭芳、庞丽娟：《行动学习法与行动研究辨析》，《比较教育研究》2009 年第 9 期。

学、系统学等领域的成果，不断完善自己的体系，但美国心理学家大卫·库伯（David kolb）提出的经验学习圈理论（Experiential Learning）可以说是其理论基石。正如行动学习创始人瑞文斯认为的，潜藏在行动学习过程之下的是寻求将理论与实践结合到一起的某种经验学习模式。经验学习圈理论认为经验学习过程是由四个适应性学习阶段构成的环形结构，包括具体经验阶段、反思性观察阶段、抽象概念化阶段和积极实验阶段。①具体经验阶段是使学习者意识到问题的存在，并明确问题的情境。在此阶段，获得新信息和他人的经验、自己的经验都很重要。②反思性观察阶段，学习者广泛收集并分析有关的经验，特别是关于活动的信息，以批判的眼光反观自身，包括自己的思想行为、信念、价值观等。③抽象概念化阶段，在反思性观察分析的基础上，积极寻找新思想和新策略以解决面对的现实问题。④积极实验阶段，检验上一阶段所形成的抽象的行动假设，在检验过程中会得到新的具体经验、产生新的问题，开始新的循环。由此可见，具体经验是让学习者完全投入一种新的体验，反思性观察是学习者对已有历和体验加以思考，抽象概念化是理解所观察的内容并且吸收它们使之成为合乎逻辑的新概念，积极实验阶段是学习者将这些概念运用到问题的解决之中以验证其是否可行。在库博的经验学习循环周期中有两个基本结构维度，垂直方向称为领悟维度，包括两个对立的掌握经验的模式，即通过直接领悟具体经验和通过间接理解符号代表的经验；水平方向称为改造维度，包括两个对立的经验改造模式：即内在的反思和外在的行动。经验学习过程就是不断地进行经验领悟和经验改造的过程。经验学习圈理论将行动与反思紧密联系在一起，目的在于促进人们从经验中学习，通过反思促进成长，如图 2－4 所示①。

三　行动学习与在职教师教育

（一）基于行动学习理论的教师教育研究

2000 年以后行动学习才真正引起我国学者的关注，最先关注行动

---

① 顾小清：《面向信息化的教师专业发展研究》，博士学位论文，华东师范大学，2004 年，第 105 页。

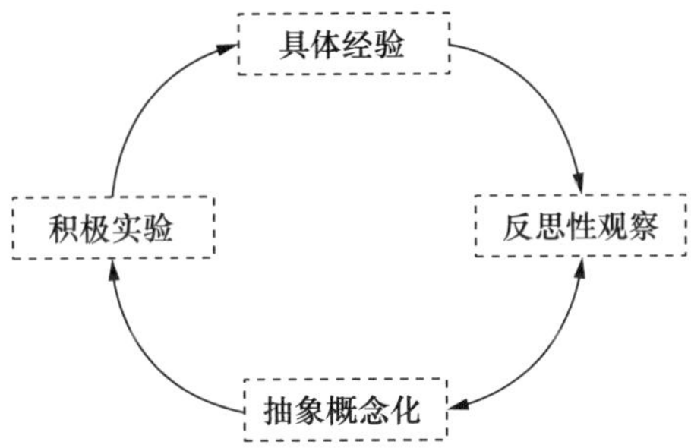

图 2－4　库博的经验学习圈

学习的是企业管理人员培训领域。我国学者对于行动学习在教育领域的应用研究开始于 2003 年，集中于 2004 年和 2005 年。[①] 到目前为止，国内对行动学习在教育领域应用的研究者主要有两个人——华东师范大学的顾小清教授和沈阳师范大学的秦旭芳博士。

顾小清在多年教师信息化教学能力培养实践经验和系统调研的基础上提出行动学习是面向信息化的教师专业发展最为有效的策略。认为面向信息化的教师专业发展涉及教师专业知能内涵以及发展专业知能的方法策略，教师的专业知能是以实践性知识为基础的，实践性知识的最佳学习途径是持续的行动、反思和研究，并且以实践共同体作为创造和学习实践性知识的基本保障。[②] 行动学习是以经验学习循环为基本理论依据的专业发展方法，与教师的日常教学实践密切相关，是教师持续进行的创新探究；行动学习符合知识创造的螺旋过程，以学习共同体为核心，以实践性知识的共享、转化为目标，是行动者不断创造和累积实践性知识的过程。对于面向信息化的教师发展项目而言，行动学习包含了同辈指导、教师做研究、以技术整合的方法学习技术整合的教学等有效的专业发展模式要素，能够在很大程度上弥补目前培训中所存在的问题。在此基础上，提出了设计行动学习项目的

① 王绪红：《行动学习及其在校本培训中的应用》，硕士学位论文，上海师范大学，2007 年，第 2—3 页。

② 顾小清：《行动学习：面向信息化的教师专业发展策略》，《全球教育展望》2005 年第 3 期。

活动框架。[1][2]

秦旭芳将行动学习与行动研究进行了较为深入的比较分析，认为两者共同具有行动性、实践主体与研究主体（或学习主体）的一致性、研究者（或学习者）与研究结果（或学习结果）受用者的统一性、合作性等特征，而在内涵与外延、主体活动形式、目标的侧重点、内容、过程的运作形式等方面存在一定的不同。[3][4] 在此基础上，她对行动学习法的内涵、理论基础及构成要素[5]，行动学习法在教师培训中的价值与作用[6]，行动学习在教师培训中的应用方式[7]，基于行动学习法的教师培训中培训者的身份定位及其作用[8]等进行了全面的理论探索。此后，她在自己的博士学位论文《行动学习法与幼儿教师专业发展关系研究》中明确了行动学习法的理论基础、基本特征、行动学习法与行动研究的关系以及对教师专业发展的作用等基本理论问题。揭示了教师专业发展的现状以及行动学习法对教师专业发展的促进及其作用机制，同时对行动学习法对教师教育的启示意义进行了思考。[9] 在近年来研究的基础上她的研究团队把行动学习法应用于幼儿教师教育和职业教育领域。[10]

---

① 顾小清：《面向信息化的教师专业发展研究》，博士学位论文，华东师范大学，2004 年，第 105 页。

② 顾小清：《教师专业发展：在线学习共同体的作用》，《开放教育研究》2003 年第 2 期。

③ 秦旭芳：《行动学习法与行动研究之比较》，《师资培训研究》2004 年第 2 期。

④ 秦旭芳、庞丽娟：《行动学习法与行动研究辨析》，《比较教育研究》2006 年第 9 期。

⑤ 秦旭芳：《以体验式学习循环建立幼儿教师培训新模式》，《辽宁育研究》2004 年第 11 期。

⑥ 秦旭芳：《行动学习法在教师培训中的价值与作用》，《学前教育研究》2004 年第 11 期。

⑦ 秦旭芳：《在教师培训中如何运用行动学习方法》，《学前教育研究》2004 年第 1 期。

⑧ 秦旭芳：《行动学习法中促进者的身份和作用》，《内蒙古师范大学学报》（教育科学版）2004 年第 9 期。

⑨ 秦旭芳：《行动学习法与幼儿教师专业发展关系研究》，博士学位论文，北京师范大学，2005 年。

⑩ 史平、秦旭芳：《行动导向教学探索与创新》，大连理工大学出版社 2010 年版。

此外，曾兰芳等对行动学习法在教师教育技术培训中的应用进行理论研究，认为行动学习应用于教师培训有如下特点：①尊重教师自身的教学经验；②强调培训中的教师反思；③重在培养教师提出问题、解决问题的能力；④强调理论与实践结合；⑤强调学习小组成员之间的相互支持。[①] 王栋等对行动学习法在外语教师培训中的应用进行了较为深入的研究。[②③] 郑晓梅对行动学习与自主学习的关系进行了研究[④]。

（二）行动学习：教师培训方法 VS. 教师教育模式？

通过对行动学习发展历程，行动学习的核心要素及特征，行动学习与行动研究的关系等问题的系统梳理，使我们对行动学习在教师教育中的前景有了更为肯定的态度。然而，对行动学习在教师教育领域的应用现状分析发现，行动学习经常被视为一种与“参与式培训”等概念类似的教师培训方法或策略。行动学习究竟是一种教师培训方法还是一种教师专业发展模式是需要认真思考的问题。顾小清在深入分析了面向信息化的教师专业发展知能要求及有效教师专业发展项目特征的基础上提出了行动学习作为有效的策略，已经突破了将行动学习视为一种单纯培训方法的局限。然而，在她的研究中只关注了“行动中的学习”，“行动中的学习”以“做中学习”“反思中学”“从经验中学”为重点，却忽视了行动学习的另一个方面，即爱伦·毛姆福特（Alan Mumford）等研究者所强调的“行动驱动的学习”，这种学习可以是从对自己的经验的反思、与同伴的交流中学习，更不能忽视向人类长期积累的知识成果的学习，即行动学习创始人雷吉·瑞文斯（Reg Revans）所说的结构化学习（“P”），只有将从自身经验的探索

---

① 曾兰芳、王艳、黄荣怀：《行动学习法在教师教育技术培训中的应用》，《中国电化教育》2007 年第 2 期。

② 王栋、常留英：《行动学习视角下外语教师实践性知识构建研究》，《宁波大学学报》（教育科学版）2011 年第 6 期。

③ 王栋：《行动学习视角下外语教师实践性知识构建研究》，《教学与管理》2011 年第 16 期。

④ 郑晓梅：《基于行动学习的教师自主发展研究》，《中小学教师培训》2010 年第 7 期。

反思中学习与向人类已有知识成果学习相结合，学习才不至于沦落为简单的“试误”性经验积累。行动学习围绕行动中产生的真实问题展开，它既包括经验中学习、研讨中学习、在催化师的指导下学习等行动过程中的学习，还包括在反思中学习、从理论知识中学习等行动后的学习。因而，它不仅是一种培训的方法也不仅是一种学习的策略，而是一种带动个人展开全方位学习、实现个体和组织共同发展的学习模式。

四　行动学习是一种生态取向的教师教育模式

行动学习围绕学习者的工作实践展开，在实践的过程中提出疑问或产生学习需求，在实践后及时获取结构化知识消除疑问或为问题解决提供补充信息，并在学习的过程中产生新概念或行动思路。这种学习模式有效解决了“知”与“行”的关系问题，亦即“学习”与“行动”的关系问题。学习需求（或问题）产生于行动过程之中，在从已有知识和经验学习的过程中产生“行动创意”，并将这种新的行动创意付诸实践展开新的实践探索。这种“行动”与“学习”的相互依存、相互创生、循环不已的辩证关系与我国的“太极图”所表示的阴往阳来、辐辏轮转、循环无穷的辩证发展关系正相符合。行动学习中“行动”与“学习”的辩证关系如图 2 - 5 所示。[①] 当然，值得指出的是，行动过程本身是一种体验式的学习，图中的学习专指向他人或已有知识学习的行为。

基于对行动学习及其与教师教育关系的深入分析，结合在职教师教育的生态取向研究实践，本书认为教师行动学习是教师为了顺利完成教育教学工作或在完成工作的过程中获得专业发展的一种生态取向的在职教师教育模式，它以教师的日常教研为中心、以教师“知行合一”为主要特征、以教师的实践性知识发展为标志。在这种模式中不但要重视教师“行动中的学习”，更要重视“行动驱动的学习”；不但要重视教师向自身或他人实践经验的反思性学习，更要重视向现有

---

① 这种表达方式受胡德海先生对“教育”和“自我教育”辩证关系图例的启示产生。（胡德海：《教育学原理》，甘肃教育出版社 2008 年版，第 181—186 页。）

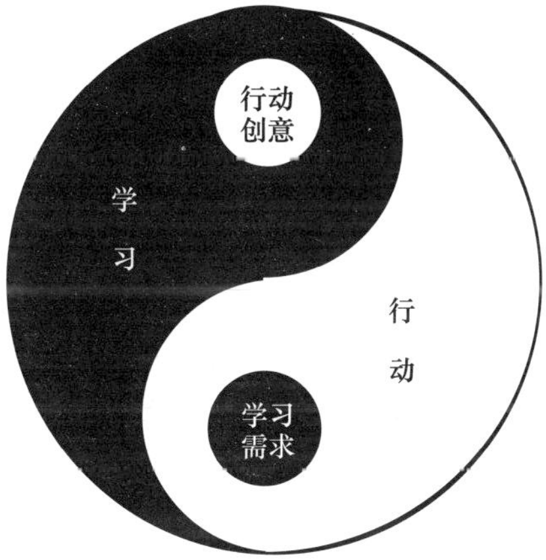

图 2－5　“行动”与“学习”的辩证关系

理论知识的系统性正规学习；不但要重视集体讨论过程中同伴之间的对话性学习，更要重视集体活动背后由问题引发的个别化学习。

第三章　教师专业学习若干本质问题研究

现有教师教育项目的低效大多是由于对教师专业学习规律的把握不足造成的，深入了解教师专业学习的基本原理与规律是有效促进教师专业学习的前提。

第一节　教师专业发展研究现状

一　教师专业成长阶段理论

1969 年，美国得克萨斯大学学者弗兰西斯·富勒（Frances Fuller）以其著名的《教师关注问卷》（Teacher Concerns Statements, TCS）开创了教师发展阶段理论研究的先河。此后关于教师发展阶段的理论便不断出现，研究者根据教师职业发展生涯、不同职业阶段关注的问题或主题、发展需求等因素对教师发展阶段展开研究。

1. 富勒关注（Concern）阶段理论

富勒根据不同职业生涯阶段教师所关注的问题，将教师的发展分为从教前的无关注阶段（Pre - Teaching Phase：Concerns）、从教早期的自我关注阶段（Early Teaching Phase：Concern with Self）、从教后期的学生关注阶段（Late Concerns：Concern with Pupils）三个阶段。从教前的教师仍扮演学生角色，没有教学经验，对教师角色仅停留在想象层面，此阶段主要是职前培养期。从教早期的教师关注阶段又可根据具体的问题分为自我生存关注和教学情境关注两个子阶段，前一子阶段的教师主要关心自己是否能在新的教学环境生存下来，关注的是班级管理、教学内容熟练程度以及上级和同事对自己的评价与接纳，此阶段主要是实习阶段或入职初期；后一子阶段的教师主要关注自身的教学表现，教学教师更多地关注教学所需的知识、能力和技巧的学习及在自己教学情境中的应用。从教后期的教师开始将关注的重点放在学生的学习上，对自己的评价也不再仅仅停留在自身的教学表现上，而是关注适应或满足不同学生的发展需求。[①] 因此，也有后来的研究者将富勒的关注阶段划分为教学前关注（Pre - teaching Concerns）、早期生存关注（Early Concerns About Survival）、教学情境关注（Teaching Situations Concerns）和关注学生（Concerns About Students）四个阶段[②][③]，或无关关注（unrelated concerns）、自我关注（self concerns）、任务关注（task concerns）和影响关注（Impact concerns）四个阶段。[④]

2. 卡茨的教师发展时期理论

美国学者卡茨（Lilian G. Katz，1972）根据自己与学前教师一起工作的经验，运用问卷调查与访谈法，根据学前教师的训练需求和专业发展目标，把教师的发展分为求生存时期（Survival）、巩固时期（Consolidation）、更新时期（Renewal）和成熟时期（Maturiaty）四个阶段。[⑤] 求生存时期的教师刚刚来到新的教育机构，关心的是自己在陌生环境中能够生存下来，教师会发现他们所预想的成功教学与实际教学之间存在差距，感到自己不能胜任或对教师这一角色尚未准备充分，本阶段的教师最需要支持、理解、鼓励和安慰，这个阶段可能会持续1—2年。巩固时期的教师已经掌握了一些处理教学事务的基本知识和方法，能够应对基本的日常教学需要并对自己教师的角色初步

---

① Frances F. Fuller, "Concerns of Teachers: A Developmental Conceptualization", *American Educational Research Journal*, Vol. 6, No. 2, 1969, pp. 207 - 226.

② 任学印：《教师入职教育理论与实践比较研究》，博士学位论文，东北师范大学，2004年，第19—20页。

③ 张世义：《国外教师关注研究综述》，《上海教育科研》2010年第11期。

④ 尹弘飚：《课程改革中教师关注阶段理论的研究述评》，《比较教育研究》2004年第8期。

⑤ Katz, L. "Developmental stages of preschool teachers", *Elementary School Journal*, Vol. 73, No. 1, 1972, pp. 50 - 54.

在心理上确立，并且开始关注个别学生的问题。因此，这一时期的教师最需要有关特殊学生或处理学生问题的各种信息，学校领导、同事和专家在这一时期能给予及时的点拨是非常必要的，这个阶段可能会持续到入职后的第三年或更晚。更新时期的教师对日常繁杂而又刻板的工作开始倦怠，觉得自己的浑身解数已经使完，开始对自己重复性的工作方式感到不满或焦虑，想要寻找创新的事物以改变自己的业绩，因此必须鼓励这个时期的教师参加各种研修活动，与其他教师交换教学心得、经验、方法和技巧，建立自己的专业交往共同体，这个阶段可能会持续到第四年或更晚一些。成熟时期的教师在心理上确认了自己的教师角色，并且有足够的能力来探讨一些较抽象、较深入的问题。因此，应当鼓励这一时期的教师参加各种教师专业发展活动，如参加各种研讨会、加入教师团体组织、外出学历进修等。这个时期一般要持续到入职后第五年或更长的时间。①②

3. 伯顿的教师发展阶段论

20 世纪 70 年代末 80 年代初，美国俄亥俄州立大学的伯顿（Burden）、纽曼（Newman）、皮特森（Peterson）以及弗劳拉（Flora）等合作对教师的发展进行了有组织的系统研究，研究主要通过对处在不同职业生涯发展阶段的教师访谈展开（弗劳拉负责任职 1 年的初任教师，伯顿负责拥有 4—20 年教学经验的教师，纽曼负责拥有 20—30 年教学经验的资深教师，皮特森负责退休教师的访谈），他们在详细分析访谈数据的基础上借鉴前人研究成果，提出了教师生涯发展的理论框架，将教师的发展分为求生存（Survival Stage）、调整（Adjustment Stage）和成熟（Mature Stage）三个阶段。③ 求生存阶段的教师没有实际的教学经验，关于学生、教学活动、教学环境等方面的知识非

① 任学印：《教师入职教育理论与实践比较研究》，博士学位论文，东北师范大学，2004，第 19 - 20 页。

② 杨秀玉：《教师发展阶段论综述》，《外国教育研究》1999 年第 6 期。

③ Burden, Paul R. Teachers' Perceptions of Their Personal and Professional Development. Paper Presented at the Annual Meeting of the Midwestern Educational Research Association (Des Moines, IA, November 20, 1981).

常有限，对自身作为教师角色的认识依赖于自己之前关于教师与教学的印象，他们注重学科知识的传授和资料的呈现、不愿意尝试新的教学方法，将全班学生视为一个整体的教学对象，很少与学生建立联系或关注个别学生，这一阶段常常指从事教学的第一年。调整阶段的教师拥有了较多关于学科知识组织计划方面的知识和经验，更加了解所教学生的特点并能预期课堂事件，放弃了自己原先设想的教师形象，变得更加开放并开始尝试使用新的教学方法来适应学生的学习，对自己的从教能力感到自信，开始关注学生的个体发展并与之建立互动联系，这一阶段常常指从事教学的第二年至第四年。成熟阶段的教师教学经验更加丰富，对教学内容、对象和环境有了充分的了解，能够从容应对教学过程中的突发事件，更加关心学生的学习需要，注重师生之间的交流，但是他们开始缺乏对教学环境变化的敏感性，容易忽视从不同的角度对学生不当行为的分析，无法客观地看待自己，进入这一阶段一般需要5年以上教龄。①②③

4. 费斯勒的教师生涯循环模型（Teacher Career Cycle Model）

20世纪80年代中后期，美国教师发展领域的杰出学者、美国霍普金斯大学教授费斯勒（Fessler，1985）和圣路易斯大学教授克里斯坦森（J. Christens - en）两人历经八年，通过对教师日常教学的观察、对160名教师的访问晤谈和典型研究，结合对成人发展与人类生命发展阶段相关理论的综述，于1985年提出了一套动态的教师生涯循环理论，将教师的发展分为职前教育（Pre - survice）、引导（Induction）、能力建立（Competency building）、热心和成长（Enthusiastic and growing）、生涯挫折（Career frustration）、稳定和停滞（Stable and stagnant）、生涯低落（Career wind down）、生涯退出（Career exit）八个阶段。④ 职前教

① Burden, P. R, Teachers' perceptions of the characteristics and influences on their personal and professional development. Dissertation Abstracts International, 1980, 40, 3404A.

② 任学印：《教师入职教育理论与实践比较研究》，博士学位论文，东北师范大学，2004年，第19—20页。

③ 杨秀玉：《教师发展阶段论综述》，《外国教育研究》1999年第6期。

④ Fessler, R. A model for teacher professional growth and development', in Burke, P. & Heideman, R. (Eds.) Career - Long Teacher Education. Springfield, IL: Charles C Thomas, 1985.

育阶段是为了获得教师角色而在大学或师范大学接受教育的储备工作时期；引导阶段是刚步入教师角色、学习处理日常事务、谋求同伴接纳的阶段；能力建立阶段是教师接受新的思想观念、学习专业知识、加强教学技巧和能力、试图建立自己教学方法体系的阶段；热心和成长阶段的教师具有较高的教学水平、热爱教育工作并追求建立自己的专业形象，不断寻求新的教学方法来丰富其教学活动；生涯挫折阶段的教师由于受到某种现实因素的影响，遇到教学或专业发展中的挫折，对自己的工作满意度逐渐下降甚至怀疑自己选择的教师职业；稳定和停滞阶段的教师不再积极追求上进，对工作采取敷衍或应付的态度；生涯低落阶段的教师准备离开教育岗位，开始对自己的职业生涯反思回顾；生涯退出阶段的教师因工作服务期满而退休，以及自愿性的离职而终止教学工作，或者为了子女的教育等现实问题而暂时离职的教师。①②③

5. 斯德菲的教师生涯发展模式（Life Cycle of the Career Teacher）

20 世纪 80 年代末，美国学者斯德菲（Betty E. Steffy，1989）在借鉴费斯勒等研究成果的基础上，依据心理学派的自我实现理论将教师的发展分为预备生涯（Anticipatory career stage）、专家生涯（Expert master career stage）、退缩生涯（Withdrawal career stage）、更新生涯（Renewal career stage）和退出生涯（Exit career stage）五个阶段。④ 预备生涯阶段的教师包括新任教师和重新任职教师，他们具有理想主义、有活力、富于创新、易于接受新观念、积极进取、努力向上的特点；专家生涯阶段的教师具有较高水平的教学能力和技巧，能够进行有效的班级经营和时间管理，对学生抱有较高的期望，能够多渠道获取教学信息，激发自我潜能，达成自我实现的目的；退缩生涯阶段包

---

① 王蔚虹：《国外教师职业生涯周期研究述评》，《集美大学学报》2008 年第 2 期。

② 任学印：《教师入职教育理论与实践比较研究》，博士学位论文，东北师范大学，2004 年，第 21—22 页。

③ 杨秀玉：《教师发展阶段论综述》，《外国教育研究》1999 年第 6 期。

④ Betty E. Steffy. Career Stages of Classroom Teachers, Lancaster : Technomic Pub. Co., June 1989.

括初期退缩、持续退缩和深度退缩三个阶段，初期退缩阶段的教师表现尽管不尽如人意但也并非最坏，持续退缩阶段的教师表现出倦怠感和埋怨心理，深度退缩阶段的教师在教学上表现出无能为力且不能客观看待自己；更新生涯阶段的教师积极应对了上一阶段可能出现的不良情绪，通过各种方式来追求专业成长，学习吸收新的教学知识；退出生涯阶段的教师由于年龄等原因离开教学岗位，安度晚年或追求生涯的第二个春天。[①②③]

6. 伯林纳的教师教育专长发展阶段理论

20 世纪 90 年代，美国亚利桑那州立大学的伯林纳（David C. Berline，1994）在对教师教学专长发展的研究中，在德勒菲斯（Dreyfus，1980）专业技能获得五阶段模型的基础上，提出了教师教学专长发展的五阶段理论。伯林纳（D. C. Berliner）认为，教师教学水平的发展可以划分为新手（Novice）教师、熟练新手（Advanced beginner）教师、胜任（Competent）型教师、业务精干（Proficient）型教师和专家（Expert）型教师五个阶段。[④] 新手教师是经过系统的师范教育与学习，刚刚从事教学工作的教师，教学行为比较刻板、处理问题缺乏灵活性，常常依据课本上的规律或理论解决问题；在这个阶段，他们需要了解与教学有关的一些实际情况和具体的教学情境，对于他们来说，经验积累比学习书本知识更为重要。熟练新手教师积累了一定的教学经验，教学方法和策略方面的知识有所提高，能结合实践经验和书本知识处理问题，但还不能够很好地区分教学情境中的重要信息和无关信息，对自己的教学行为缺乏责任感。胜任型教师的教学行为有明确的目的性，能够区分出教学情境中的重要信息并选择有效的方法或手段达到教学目标，对自己的行为结果表现出更多的责任心，对于

① 任学印：《教师入职教育理论与实践比较研究》，博士学位论文，东北师范大学，2004 年，第 21—22 页。

② 杨秀玉：《教师发展阶段论综述》，《外国教育研究》1999 年第 6 期。

③ 王蔚虹：《国外教师职业生涯周期研究述评》，《集美大学学报》2008 年第 2 期。

④ Berliner, David C. Expertise: The wonder of exemplary performances. In John N. Mangiere & Cathy C. Block (Eds.), Creating powerful thinking in teachers and students. Fort Worth, TX: Harcourt Brace College, 1994.

成功和失败表现出强烈的情绪情感反应，但教学行为还没有达到快捷性、流畅性、灵活性的程度。业务精干型教师具有较强的直觉判断能力，教学技能方面接近了认知自动化的水平，教学行为已经达到了快捷、流畅和灵活的程度。专家型教师对教学情境的观察与判断是直觉性的，不需要进行仔细的分析和思考，凭借他们的经验便能准确地发现问题，并采取适当的解决方法。从新手教师到胜任型教师阶段，教师处理问题都是理性化的，业务精干型教师是直觉性的，而专家型教师处理问题则是非理性的。①

7. 休伯曼的教师职业周期主题模式

休伯曼（Huberman M.，1993）等依据认识阶段理论，通过对瑞士教师的调研研究，应用社会心理学的分析方法，探索出了教师职业周期各阶段的发展主题，提出了著名的“教师职业周期主题模式”，将教师职业的发展分为入职期（Career entry）、稳定期（Stabilization）、实验和歧变期（Experimentation and diversification）、重新评估期（Reassessment）、平静和疏远期（Serenity and relational distance）、保守和抱怨期（Conservatism and Complaints）、退休期（Disengagement）七个阶段。②③ 入职期的关注主题可概括为“求生和适应”，时间在教师生涯的第1—3年；一方面由于有了自己的班级和教学机会，表现出积极热情的一面；另一方面，由于课堂环境的不稳定性和教师对新环境的陌生，使得新任教师失误连连，这些失误导致新任教师对自己能否胜任教学感到怀疑。稳定期的关注主题可概括为“教学活动”，时间一般在工作后的第4—6年；教师不断改进自己的基本技能，情绪较为稳定，逐渐形成了自己的教学风格。实验和歧变期的关注主题可概括为“教学改革”，时间在工作后的第7—25年；此阶段

① 任学印：《教师入职教育理论与实践比较研究》，博士学位论文，东北师范大学，2004年，第24页。

② Huberman, Michael, “The professional life cycle of teachers”, *Teachers College Record*, Vol. 91, 1898. pp. 31 – 57.

③ Huberman, M. (Ed.). “Research on teachers' professional lives”, *International Journal of Educational Research*, Vol. 13, No. 4, 1989, pp. 343 – 466.

的教师职业动机强烈，开始不满足于自身的教学现状，试图增加对课堂的影响，在教学材料、评价方法等方面展开个性化的改革实验。重新评估期的关注主题可概括为“职业危机”，时间也是在从教后的第7—25年；经过前一阶段的实验探索，教师根据实验效果对自己进行重新评价，改革失败则可能引发自我怀疑，改革成功或未开展改革则有可能对年复一年单调、乏味的课堂生活感到失望，重新审视自己的教学能力甚至是职业选择，产生职业危机感。平静和疏远期的关注主题可概括为“平静应对”，时间在从教后的第26—33年；教师开始平静面对职业危机和课堂教学，逐渐减少精力投入，与学生或学习的关系变得疏远。保守和抱怨期的关注主题可概括为“保守抱怨”，时间也是在从教后的第26—33年。退休期的教师在心理上准备离开教学岗位，其专业上没有太大改变。①②

8. 白益民自我更新取向的教师发展模式

我国华东师范大学白益民博士在综合研究教师发展相关理论的基础上提出了“自我更新”取向的教师专业发展概念。“所谓‘自我更新’取向的教师专业发展，是指教师具有较强的自我专业发展意识和动力，自觉承担专业发展的主要责任，激励自我更新，通过自我反思、自我专业结构剖析、自我专业发展设计与计划的拟订、自我专业发展计划实施和自我专业发展方向调控等实现自我专业发展和自我更新的目的”。③ 根据教师自我专业发展意识所关注的重点与所达到的水平两个方面，可以将教师发展分为非关注、虚拟关注、生存关注、任务关注、自我更新关注五个阶段。④ 非关注阶段是指正式选择教育行业之前的阶段，教师只是一个接受普通教育并无意识地形成自己教育信念的过程；虚拟关注阶段指教师入职前的师范院校学习阶段，他们

---

① 任学印：《教师入职教育理论与实践比较研究》，博士学位论文，东北师范大学，2004年，第17—19页。

② 王蔚虹：《国外教师职业生涯周期研究述评》，《集美大学学报》2008年第2期。

③ 白益民：《教师的自我更新：背景、机制与建议》，《华东师范大学学报》（教育科学版）2002年第12期。

④ 白益民：《自我更新——教师专业发展的新取向》，博士学位论文，华东师范大学，2000年。

的角色是准教师，缺乏对教师职业的体认，对教育对象和环境的接触是“虚拟的”；生存关注阶段指教师刚从事教学后的适应阶段，教师关注的是专业发展结构中的最低要求；任务关注阶段是教师度过初任期后，注意力由关注自我生存转向更多地关注教学上来，目的是为了更好地完成教学任务以获得职业阶梯的升迁或更好的外在评价；自我更新关注阶段的教师不再受到外部评价等因素的牵制，将注意力转移到自身专业能力的切实发展上来。①

9. 澳大利亚国家教师专业标准

澳大利亚国家标准专家小组（NSEWG）和澳大利亚教育研究协会（ACER）从2009年1月着手进行新一轮的澳大利亚教师专业标准的修订工作，并用1年的时间拟成澳大利亚国家教师专业标准的草案（NPST草案）。NPST认为教师的专业发展阶段是一个持续向上的过程，由初级阶段到高级阶段依次是准教师（Graduate Stage）、胜任教师（Proficient Stage）、优秀教师（Highly Accomplished Stage）和领导教师（Lead Stage）四个阶段。②。不同发展阶段的教师在专业知识领域、专业实践领域和专业参与领域等方面的能力和关注点不同③

10. 谢尔的教师专长发展理论

1990年，托马斯·J. 谢尔（Thomas J. Shuell）从知识、经验和技能获得的角度，将教师教学专长的发展划分为新手（Initial phase）、中间（Intermediate phase）、高水平（Terminal phase）三个阶段。④ 新手阶段的教师主要是熟悉所从事的学科的教学活动，在教学过程中可能会经常犯一些小的错误，缺乏实际教学经验；中间阶段是教师学习

---

① 任学印：《教师入职教育理论与实践比较研究》，博士学位论文，东北师范大学，2004年，第26—28页。

② AITSL Australian Institute for Teaching and School Leadership. National Professional Standards for Teachers, February 2011. http://www.aitsl.edu.au/verve/_resources/AITSL_National_Professional_Standards_for_Teachers.pdf.（2013.1.3）.

③ 蹇世琼、饶从满：《澳大利亚最新国家教师专业标准述评》，《比较教育研究》2012年第8期。

④ Shuell T. J.,“Teaching and learning as problem solving”, *Theory into Practice*, Vol. 29, No. 2, 1990, pp. 102－108.

的知识、教学经验和技能，不断巩固和认知自动化过程发展的阶段，主要表现为知识、经验与技能的不断整合，教师的教学效率有所提高；高水平阶段的教师个体的职业专长得到了充分的发展，积累了丰富的知识和经验，认知自动化过程得到了充分的发展。①

11. 多维发展模式

利思伍德（Leithwood K.，1992）在借鉴已有教师发展阶段理论的基础上，认为教师的专业发展是专业知能发展、心理发展和职业周期发展3个维度相互交织、综合发展的过程。② 职业周期发展包括入职、形成稳定的专业志向、新的挑战和关注、专业发展高原期和准备退休五个基本阶段；专业知能发展包括提高生存技能、具有基本教学技能、拓展教学灵活性、掌握教学知识和技能、协助同事提高教学、广泛参加教育决策六个阶段；与其伴随的心理发展在自我、道德和概念等方面也分别经历四个发展阶段。利思伍德的多维教师专业发展阶段模式虽然也有发展阶段的划分，但他的研究从多个角度综合审视教师专业的发展过程，突破了前人单一维度的思维模式，使得这种认识框架使教师专业发展过程既有心理学为依据，又有教育学理论为基础，同时结合教师的职业周期，呈现出立体的特征。贝尔和格尔伯特（B.，Bell and J.，Gilbert）明确反对教师专业发展刻板的阶段模式（Stage model），提出了教师专业发展的演进模式（Progression model）。③ 他们试图在纵向上通过模糊教师专业发展明晰的阶段界限划分，同时在横向上将专业发展和个人发展与社会发展结合起来，更加如实地反映每一位教师专业发展的实际经历。因为模糊了教师发展阶段的明显界限，所以没有使用“阶段”，而是给出了教师专业发展所

---

① 张学民、申继梁：《国外教师教学专长及发展理论述评》，《比较教育研究》2001年第2期。

② Leithwood，K.（1992）The principal's role in teacher development. In：M. Fullan & A. Harg Reaves（Eds.）Teacher Development and Educational Change（London，Falmer），pp. 86－103.

③ Bell，B. & Gilbert，J.，Teacher development：a model from science education. London：Routledge Falmer，1996.（转引自周跃良《信息化环境中的教师专业发展》，科学出版社2008年版，第33—34页。）

遇到的三种情境（situation）：确认与渴望变革（confirmation and desiring change）、重新建构（reconstruction）和获得能力（empowerment）。他们认为教师的专业发展稍迟于社会发展和个人发展。①

此外，我国其他学者也在借鉴现有理论、总结实践经验的基础上对教师发展阶段展开研究。如有研究者将青年教师发展分为适应、分化定型、突破、成熟四个阶段②；根据教师职业专长发展将教师发展分为学徒期、成长期、反思期和学者期四个阶段③；通过对骨干教师成长规律的研究将教师发展分为探索期、适应期、成长期和成熟期四个阶段④；将青年教师成长分为适应期、稳定期、发展期、成熟期四个发展阶段⑤；依据教师教学专长发展将教师发展分为新手教师、熟手教师和专家型教师三个阶段⑥。根据素质、能力表现结合教龄将教师发展阶段划分为适应期、熟练期、探索期、成熟期、专家期五个阶段⑦；通过对优秀教师的成长阶段及影响因素进行考察发现优秀教师的成长由工作适应期、目标定向期、自我探索期和成熟创造期四个阶段构成⑧；通过对美国高校教师的发展研究将其分为适应生存期、初获认可期、相对稳定期、高峰转折期和隐退淡出期五个阶段⑨；还有学者把教师专业发展分为新手、胜任、成熟和专家四个阶段，每个发展阶段所要完成的知识任务分别为理论知识的物质存在形式向心理存在形式转化、理论知识向实践性知识转化、实践性知识的定向迁移和从实

---

① 跃良：《信息化环境中的教师专业发展》，科学出版社2008年版，第33—34页。

② 卢真金：《学者型教师的成长规律及培养策略》，《高等师范教育研究》2001年第1期。

③ 申继亮、费广洪、李黎：《关于中学教师成长阶段的研究》，《天津师范大学学报》2002年第3期。

④ 周立耕：《初中骨干教师成长规律研究》，《师资培训研究》2002年第1期。

⑤ 王笑梅：《关于青年教师成长规律的研究》，《教育探索》2003年第3期。

⑥ 连榕、孟迎芳：《专家—新手型教师研究述评》，《福建省社会主义学院学报》2001年第4期。

⑦ 钟祖荣、张莉娜：《教师专业发展阶段的调查研究及其对职后教师教育的启示》，《教师教育研究》2012年第12期。

⑧ 申燕、吴琳娜、张景焕：《优秀教师成长历程的质性研究》，《当代教育科学》2009年第6期。

⑨ 王春玲：《美国高校教师发展阶段与纬度》，《比较教育研究》2011年第4期。

践性知识向理论知识的转化。[①] 肖正德博士将教师的发展分为适应期、发展期、成熟期和分化期（平和期和创造期）四个阶段，并据此设计了生态取向的教师学习内容层级框架。[②] 国内外较有影响的教师专业发展阶段理论如表 3－1 所示。

表 3－1　　　　国内外较有影响的教师专业发展阶段理论

学者	时间	依据	内容
弗兰西斯·富勒（Frances Fuller）	1969	职业发展主题	教学前关注（Pre－teaching concerns）阶段、早期生存关注（Early concerns about survival）阶段、教学情境关注（Teaching situations concerns）阶段和关注学生（Concerns about students）阶段
卡茨	1972	教学专长发展	生存时期（Survival）、巩固时期（Consolidation）、更新时期（Renerwal）和成熟时期（Maturiaty）
伯顿	1979	职业年资发展	生存（Survival stage）、调整阶段（Adjustment stage）和成熟阶段（Mature stage）
费斯勒	1985	职业年资发展	职前教育（Pre－survice）阶段、引导（Induction）阶段、能力建立（Competency building）阶段、热心和成长（Enthusiastic and growing）阶段、生涯挫折（Career frustration）阶段、稳定和停滞（Stable and stagnant）阶段、生涯低落（Career wind down）阶段、生涯退出（Career exit）阶段
斯德菲	1989	职业年资发展	预备生涯阶段（Anticipatory career stage）、专家生涯阶段（Expert master career stage）、退缩生涯阶段（Withdrawal career stage）、更新生涯阶段（Renewal career stage）和退出生涯阶段（Exit career stage）
Thomas J. Shuell	1990	教学专长发展	新手阶段（Initial phase）、中间阶段（Intermediate phase）、高水平阶段（Terminal phase）

---

① 郑彩国：《教师专业发展的阶段划分及其知识转型》，《教育探索》2007 年第 11 期。
② 肖正德：《论生态取向教师学习内容的层级设计》，《教育研究》2011 年第 12 期。

续表

学者	时间	依据	内容
休伯曼（M., Huberman）	1993	职业发展主题	入职期（Career entry）、稳定期（Stabilization）、实验和歧变期（Experimentation and diversification）、重新评估期（Reassessment）、平静和疏远期（Serenity and relational distance）、保守和抱怨期（Conservatism and Complaints）、退休期（Disengagement）
伯林纳（D. C., Berline）	1994	教学专长发展	新手（Novice）教师、熟练新手（Advanced beginner）教师、胜任（Competent）型教师、业务精干（Proficient）型教师和专家（Expert）型教师
白益民	2000	职业关注主题	非关注阶段、虚拟关注阶段、生存关注阶段、任务关注阶段、自我更新关注阶段
申继亮	2002	教学专长发展	学徒期、成长期、反思期和学者期
王笑梅	2003	职业年资发展	适应期、稳定期、发展期、成熟期
连榕	2002	教学专长发展	新手教师、熟手教师、专家型教师
NPST	2011	教学专长发展	准教师阶段（Graduate Stage）、胜任教师阶段（Proficient Stage）、优秀教师阶段（Highly Accomplished Stage）和领导教师阶段（Lead Stage）

通过以上对教师发展阶段理论的梳理可以发现，对教师专业成长的历程可以从教师教学专长、职业发展主题、职业年资发展等不同角度进行划分。这说明教师的专业成长受其教学年资（教龄）的影响，但教学年资并非是教学专业成长的决定性因素，不同教学年资阶段的教师所具有的教学专长是不同的，其所关注的问题也是不同的。教师发展阶段理论视角的教师学习研究虽然更多地在描述、解释教师专业成长的阶段性特征，但其中以“教学专长”为核心和阶段划分依据的相关研究给我们以极大的启示：教师学习是教师教学专长不断发展的过程，是教师实现从新手教师向专家型教师持续成长的过程。

二　教师专业学习的知识基础研究

（一）知识分析视角的教师知识基础研究

1. 舒尔曼（Shulman）对教师知识的分类

斯坦福大学的舒尔曼及其研究团队在20世纪80年代开始一直坚持教师知识的研究。1987年，通过对在职教师的个案研究发现，教师知识可分为七种类型：①学科内容知识（CK）；②一般教学法知识（GPK）；③课程知识（CurK）；④学科教学知识（PCK）；⑤关于学生及其特征的知识（LK）；⑥教育环境相关的知识（ECK）；⑦关于教育目标、目的、价值以及教学哲学与历史的基础知识（EBK）。在七类知识中，舒尔曼认为学科教学法知识（Pedagogical content knowledge，PCK）是最重要的，是教师教学实践能力的核心体现。[①]

2. 梅纳德·雷诺兹（Maynard Reynolds）的知识分类

1983年，美国成立的师资教育改革中心（Center Change Teacher Education）下设的一个"知识基础行动小组"（Knowledge Base Action Group）为初任教师确立了一套知识基础，并在1989年梅纳德·雷诺兹主编完成的《新教师的知识基础》（*Knowledge Base for the Beginning Teacher*）一书中系统说明。他们认为新教师必备的知识基础包括：①有关任教学科的知识，包括内容知识（Content knowledge）、实质知识（Substantive knowledge）、文法知识（Syntactic knowledge）和学科信念知识（Beliefs about subject matter）；②有关教学理念的知识，包括视教学为文化传递（Teaching as cultural transmission）、视教学为技能训练（Teaching as skills training）、视教学为促进本性的发展（Teaching as fostering natural development）、视教学为促进概念的改变（Teaching as promoting conceptual change）四种教学理念取向；③有关学生与学习的知识；④有关教师组织管理的知识；⑤有关教学的社会、政治、文化背景等知识；⑥有关特殊儿童的知识；⑦有关课程的知识；⑧有关评价的知识；⑨有关各学科特有的教学知识（Subject -

---

① Shulman, L. S., "Knowledge and teaching: Foundations of the new reform", *Harvard Educational Review*, Vol. 57, No. 1, 1987, pp. 1 - 21.

specific pedagogy)；⑩有关阅读及写作的教学知识；⑪有关数学方面的教学知识；⑫有关人际沟通、协调合作的知识；⑬有关教师法定权利与义务的知识；⑭有关教学的道德伦理知识。[①] 梅纳德·雷诺兹的知识分类更加详细，并且更加强调教师课堂教学以外的知识。

3. 塔米尔（Tamir）的知识分类

1988 年，以塔米尔为主的教师知识研究小组认为教师的专业知识可分为以下六类：①一般通识教育（General liberal education）；②个人表现的知识（Personal performance）；③学科内容知识（Subject matter）；④一般教学知识（General pedagogical knowledge）；⑤学科教学知识（Subject matter specific pedagogical）；⑥教学专业基础（Foundations of the teaching profession）。塔米尔的分类更加重视教师的教学技能，将专业知识分为学科教学知识和学科教学技能进行考察。[②]

4. 格罗斯曼（Grossman）的知识分类

运用舒尔曼的定义，格罗斯曼将教师知识分为四类：一般性教学法知识、学科知识、学科教学法知识、背景知识。[③] 1994 年，又将教师知识做了较为详细的定义，认为教师的专业性与其他职业不同的地方在于教师知识的特殊性，主要分为六类：①内容知识（Knowledge of content），包括学科知识及学科教学知识；②一般教学法知识（Knowledge of general pedagogy），如班级组织管理；③学习者与学习的知识（Knowledge of learners and learning），包括学习理论、学生身心、学生认知、学生动机、学生背景等；④课程知识（Knowledge of curriculum），包括课程发展历程，不同年级、学科间知识的衔接等；

---

① Maynard C. Reynolds, "Knowledge base for the beginning teacher", Oxford: New York: Published for the American Association of Colleges for Teacher Education by Pergamum Press, 1989, p. 316.

② Tamir, P., "Subject Matter and Related Pedagogical Knowledge in Teacher Education", *Teaching and Teacher Education*, Vol. 4, No. 2.（转引自孙耀永《教师知识之概念分析》，《教师之友》2001 年第 4 期。）

③ Grossman, P. L., Howey, K. R., "A Study in Contrast: Sources of Pedagogical Content Knowledge for Secondary English", *Journal of Teacher Education*, Vol. 40, No. 5, 1989, pp. 24 - 31.

⑤背景知识（Knowledge of contexts），包括教师工作的整体环境氛围；⑥自身的知识（Knowledge of self），包括个人价值、意向、优缺点及教学哲学观等。[①②]

5. 伯利纳（D. C. Berliner）的知识分类[③④]

1988 年，伯利纳发表了自己对学科知识基础的分类，认为教师的知识有：①学科专长（Subject matter expertise），包括特定的学科内容和学科知识结构；②课堂管理专长（Classroom management expertise）；③教学专长（Instructional expertise），包括教学策略与教学方法的内隐知识和外显知识；④诊断专长（Diagnostic expertise），包括全部学生和个别学生的知识。[⑤] 几种教师知识基础分类研究概括如表 3－2 所示。

综上所述，教师知识基础研究都从知识分类的视角研究教师应该具备什么样的知识结构，特别是舒尔曼（Shulman，L. S，1987）、梅纳德·雷诺兹（Maynard Reynolds，1989）等的研究对教师的知识结构进行了全面详尽的梳理。基于此种认识，教师教育的主要工作就是给教师尽可能地提供各类丰富的知识，认为这样教师的教学能力就会自然而然地得到发展。然而教师教育者多年的实践发现，这种基于理智主义的、从“过程—效果”视角研究教师专业成长的方式存在较大问题，其根本弊端在于教师对理论知识的学习并不必然地导致其教学行为的改变，教师学习中的“理论”与“实践”出现了割裂。因此，教师教育领域对教育理论与教育实践的关系问题展开了深入的思考。

---

① Grossman, P. L. . Teacher's Knowledge. In T. Husen & T. N. Postlethwaite (eds.), The International Encyclopedia of Education (2nd ed.) New York: Pergamon, 1994, p. 56.（转引自刘清华《教师知识的模型建构研究》，中国社会科学出版社 2004 年版，第 66—67 页。）

② 李正义：《国小初任教师实务知识之发展研究》，硕士学位论文，国立台东大学，2005 年，第 10 页。

③ Berliner, D. C. The development of expertise in pedagogy. American Asscoiation of College for Teacher Education. New Orleans, 1988, 17 (17).

④ Berliner, D. C. . Expertise: The wonder of exemplary performance. In J. Mangieri, & C. Block (Eds.). Creating powerful thinking in teachers and students diverse perspectives. Fort Worth, TX: Harcourt Brace, 1994, pp. 141－186.

⑤ 杨翠蓉、胡谊、吴庆麟：《教师知识的研究综述》，《心理科学》2005 年第 5 期。

表 3-2　　教师知识基础分类研究

研究者	年份	研究对象	研究方法	分类依据	内容框架
舒尔曼（Shulman，L. S）	1987	在职教师	个案研究 专家新手教师比较	知识结构	7 类知识
梅纳德·雷诺兹（Maynard Reynolds）	1989	初任教师	称职教师对比	知识基础	14 类知识
塔米尔（Tamir）	1988	在职教师	个案研究	知识基础	6 类知识
格罗斯曼（Grossman）	1989	教师培养	学科教学认知发展	知识基础	6 类知识

（二）"理论—实践"关系视角的知识分类研究

教育理论与教育实践的关系问题是教育研究领域的经典话题。基于对教师学习中"理论"与"实践"割裂状况的认识，教师教育领域从教师学习与发展的视角对这一问题的讨论从未间断，也不断出现新的思想和理论。其中，有代表性的关于"理论—实践"关系的研究成果有以下几种：

1. 科克伦-史密斯（Cochran - Smith，Marilyn）等人的分类

科克伦—史密斯·玛丽琳和利特尔·苏珊（Lytle，Susan）于1999 年从知识生成的角度分析了教师学习与发展过程中"理论—实践"的关系问题，并概括出了理论知识与实践的三种关系①：为了实践的知识（Knowledge - for - practice）、实践中的知识（Knowledge - in - practice）、实践的知识（Knowledge - of - practice）。为了实践的知识关系基于"知道得多就教得好"的理论假设，认为教师只要掌握了由大学教育研究者和学科专家创造的知识就能够成为一名优秀的教师，教学就是在课堂中应用所学理论知识的过程。在这个视角下，教师成为知识的消费者，教师的发展是基于认知主义和行为主义的，以

① Cochran - Smith, M., and Lytle, S. L., "Relationships of knowledge and practice: Teacher learning in communities", *Review of Research in Education*, Vol. 24, No. 1, 1999, pp. 249 - 305.

个人发展为价值诉求的，以远离工作场所的短期集中培训为主要形式。实践中的知识关系视角认为知识是镶嵌于有经验的教师或学科教学专家的探索性实践中的，教学就是在一个易变且充满不确定因素的环境中不断做出理智判断的过程，教师的学习过程就是对自身或他人教学行为（如教学决策）的不断反思与理解，更加关注专家型教师或学科教学专家的发展历程，以此作为新手教师或普通教师模仿的榜样。教师的发展是基于社会建构主义视角的，更加注重在互动情境、学习小组或共同体中的小群体发展。实践的知识关系视角认为学习就是教师在整个职业生涯阶段对自己或他人知识与实践的不断探索，教学是一个师生共同建构知识的过程，教师的发展是教师作为一个研究者，在不同的实践共同体中不断探索学校发展的过程，探索的问题应当嵌入学校所处的文化、社会、经济等大背景下，以谋求学校的变革。教师的发展基于社会文化建构主义，注重更广范围的实践共同体及其基于实践共同体的协作探究和深层次对话。

2. 佐藤学教育理论与教育实践的关系分类

日本东京大学的佐藤学教授阐述了教育理论与教育实践的三种关系[①]：①“理论的实践化”（Theory into practice）：把教育实践作为“科学原理和技术的合理运用”的技术实践的立场。②“实践的典型化的理论”（Theory through practice）：渗透于大量教育学家的教学研究的立场，假定优秀的教学隐含了一定的原理与法则，要求通过教学实践的“典型化”作业抽出其原理与法则。③“实践中的理论”（Theory in practice）把教育实践视为内化理论的外化，研究创造教育实践的教师与儿童活动中内在的发挥作用的“理论”。

3. 吉恩·克兰迪宁（Clandinin，D. J）的“教师的知识”与“给教师的知识”

加拿大阿尔伯塔大学教师教育与发展研究中心主任吉恩·克兰迪宁教授经过多年的课堂教学实践研究，从教师知识与课程开发的关系

① ［日］佐藤学：《学习的快乐——走向对话》，钟启泉译，教育科学出版社2004年版，第210—221页。

视角出发认为“教师的知识”不同于“给教师的知识”，后者被视作教师可以获得和知道的财产、物品；而前者则是根植于其生活、通过实践获得的知识形式。在教师职前教育和继续教育中，应该是不仅关注“给教师的知识”，而且要把“教师的知识”考虑在内。①

4.“信奉的理论”（Espoused theory）与“实践的理论”（Theory - in - use）

组织学习理论专家克里斯·阿吉里斯（Chris Argyris）与唐纳德·舍恩（Donald Schon）认为，人们的行动理论存在两种：一种是信奉的理论或名义理论，即人们宣称自己的行为所遵循的支撑理论，这种理论通常是以一种固定的信仰和价值观的形式表现出来的；另一种是应用理论或实践理论，即人们实际运用的行动理论，这种行动理论只有通过观察人们的实际行动才能够推断出来。在大多数情况下，人们的名义理论与应用理论之间并不是一致的，实际上存在很大的差距，但人们一般很难意识到这种差距的存在。② 教师培训可能改变或丰富教师所信奉的理论，但不一定能够改变其实践的理论。

综上所述，无论是科克伦 - 史密斯·玛丽琳等从知识及其来源的视角，佐藤学从知识及教学实践的视角，还是阿吉里斯从行动理论的分类视角研究理论与实践的关系，都认识到有效促进教师发展与教学实践变革知识的实践性特征，弥合理论与实践的鸿沟是新的教师发展策略必须要慎重思考的问题。对教师有用的应该是“实践的知识”、教师学习应当关注“教师的知识”，教师学习的效果应该考察其“实践的理论”的发展情况。

（三）融合视角的教师实践性知识研究

1. 实践性知识研究的兴起

分类视角的教师知识研究探讨了教师应具备的知识基础，回答的是“教师应该具备哪些知识”的问题；“理论—实践”关系研究从

---

① ［加拿大］吉恩·克兰迪宁：《知识与课程开发：教师教育的新图景》，《教育研究》2009 年第 4 期。

② 李莉春：《“信奉理论”与“使用理论”之辨及其对教育实践的意义》，《外国教育研究》2010 年第 1 期。

“知”与“行”统合的角度分析教育理论与教育实践的关系问题，探讨的是“什么样的知识对教师最有效”的问题。回顾教师知识研究的历史发展，早期受本质主义知识观和行为主义学习理论的影响，人们认为教师知识是超越于个体经验而客观存在的，教师研究遵循“过程—结果”的研究范式，大量研究通过理论探讨研究教师应该具备的知识结构，基于分类视角的教师知识基础研究得以盛行。20 世纪 70 年代以后，传统的知识观念受到挑战，出于对教师教育领域理论与实践割裂这一弊病的批判，基于“理论—实践”关系的研究受到重视。随着建构主义学习理论逐渐盛行，20 世纪 80 年代，对教师“实践性知识”的研究悄然兴起。教师实践性知识的提出，隐含着对教师主体性的重视，可以作为沟通教学理论与实践的媒介，目的在于强化教师的教学专业地位。① 1981 年，加拿大学者艾尔贝兹（Elbaz，F.）通过对有着丰富教学经验的英语教师莎娜（Sarah）的研究，发表了题为《教师实践性知识：案例研究报告》，她在其中指出了实践性知识的五种取向：情境取向（Situational orientations）、理论取向（Theoretical orientations）、个人取向（Personal orientations）、社会取向（Social orientations）和经验取向（Experiential orientations）。② 此后，她通过对这位教师的追踪式调查对实践性知识与经验性学习（Experiential learning）、实践性知识的内容、实践性知识的结构等作了继续深入的研究，并于 1983 年出版了题为《教师思想：实践性知识研究》的专著。③ 20 世纪 80 年代中期以来，加拿大学者康奈利（Connelly，F. M.）和柯兰蒂宁（Clendenin，D. J.）在“教师个人实践知识”（Teachers' personal practical knowledge）的研究方面做出了富有创造性的成就。20 世纪 90 年代中后期，荷兰莱顿大学教育研究院的贝加德

① Beujaard，D.，& Verloop，N.，“Assessing teacher's practical knowledge”，*Studies in Educational Evaluation*，Vol. 22，No. 3，1996，pp. 275 – 286.（转引自姜美玲《教师实践性知识研究》，博士学位论文，华东师范大学，2006 年，第 14 页。）

② Elbaz，F.，“The teacher's“practical knowledge”：Report of a case study”，*Curriculum Inquiry*，Vol. 11，No. 1，1981，pp. 43 – 71.

③ Elbaz，F.，“Teacher Thinking：A Study of Practical Knowledge”，London：Croom Helm，1983，p. 10.

(BeiJaard, D.)、威鲁普(Verloop, N.)和梅婕(MeiJer, P. C.)等对教师实践性知识进行了研究，他们在继承和超越艾尔贝兹、康奈利和柯兰蒂宁等研究成果的基础上从具体学科教学、教师评价、新手教师和专家型教师比较等方面做了深入的研究。可以说，从20世纪80年代初兴起至今，教师实践性知识的研究主要是由艾尔贝兹建构，由康奈利和柯兰蒂宁推动，由贝加德、威鲁普和梅叶等拓展的。我国大体到20世纪90年代中后期开始关注"教师实践性知识"这一作为教师专业发展的核心内涵的研究领域。由于认识的多样性，研究者对其有诸多称谓，如实践知识、实践性知识、教师缄默知识、教师实践智慧、教师个人知识、教师个人理论、教师个人实践理论等，但内涵基本相似。①②

2. 实践性知识的内涵与特征

实践性知识研究在国内外虽然已有多年的历史，但至今对其内涵没有一个明确的界定。西方学者艾尔贝兹认为教师的实践性知识是教师以其个人的价值、信念统整他所有的专业理论知识，并且以实际情境为导向的。③ 柯兰蒂宁和康奈利认为个人实践知识不是某种客观的和独立于教师以外而被习得或传递的东西，而是教师经验的全部。这种知识"存在于教师以往的经验中，存在于教师现时的身心中，存在于未来的计划和行动中"。④ 林崇德等(1996)认为，"教师的实践知识是指教师在面临实现有目的的行为中所具有的课堂情景知识以及与之相关的知识，更具体地说，这种知识是教师教学经验的积累"。⑤ 叶

---

① 刘旭东、吴银银：《我国教师实践性知识研究十年：回顾与反思》，《教师教育研究》2010年第3期。

② 钟启泉、王艳玲：《教师知识研究的进展与启示》，《大学·研究与评价》2008年第1期。

③ Elbaz F. Teaching thinking: a study of practical knowledge, London: Croom Helm, 1983, p. 5.(转引自李锋盈、姚静静、李伟健《教师实践性知识的理论来源：微观学与教理论》，《宁波大学学报》(教育科学版)2010年第4期。)

④ 麦克尔·康奈利·F，琼·柯兰蒂宁·D：《专业知识场景中的教师个人实践知识》，何敏芳译，《华东师范大学学报》(教育科学版)1996年第2期。

⑤ 林崇德、申继亮、辛涛：《教师素质的构成及其培养途径》，《中国教育学刊》1996年第6期。

澜（2001）认为，“实践性知识一般是指教师关于课堂情境和在课堂上如何处理所遇到的困境的知识，是建立在前一时期专业学科知识和一般教学法知识基础上的，是一种体现教师个人特征和智慧的知识，它更能集中反映课堂教学的复杂性和互动性的特征”。[①] 陈向明（2003）从教师的知识构成入手，将教师的知识分成“理论性知识”和“实践性知识”，强调了“教师实践性知识”这一概念的赋权意义和专业建设意义，并指出教师实践性知识“是教师真正信奉的，并在其教育教学实践中实际使用和（或）表现出来的对教育教学的认识”。[②] 姜美玲（2006）认为，“教师实践性知识是指教师在具体的日常教育教学实践情境中，通过体验、沉思、感悟等方式来发现和洞察自身的实践和经验之中的意蕴，并融合自身的生活经验以及个人所赋予的经验意义，逐渐积累而成的运用于教育教学实践中的知识以及对教育教学的认识，它实质地主导着教师的教育教学行为，有助于教师重构过去经验与未来计划以至于把握现时行动”。[③] 基于对教师实践性知识内涵的分析，刘旭东等（2010）认为教师的实践性知识具有情境性、实践性、工具性、缄默性、个体性、反思性等特征。[④]

3. 教师实践性知识的来源

对于教师的实践性知识来源，普遍认为它与教师的个人实践密切相关，但对其来源的具体表述存在差异。陈向明（2003）认为，教师实践性知识既来自个人经验的积累、领悟，同行之间的交流、合作，也来自对“理论性知识”的理解、运用和扩展。[⑤] 范良火（2003）认为，教师教学知识主要来源于作为学习者的经验、职前培训经验和在

---

① 叶澜：《教师角色与教师发展新探》，教育科学出版社2001年版，第200页。

② 陈向明：《实践性知识：教师专业发展的知识基础》，《北京大学教育评论》2003年第1期。

③ 姜美玲：《教师实践性知识研究》，博士学位论文，华东师范大学，2006年，第54页。

④ 刘旭东、吴银银：《我国教师实践性知识研究十年：回顾与反思》，《教师教育研究》2010年第3期。

⑤ 陈向明：《实践性知识：教师专业发展的知识基础》，《北京大学教育评论》2003年第1期。

职经验。[①] 李德华（2005）认为，初任教师的教师实践性知识来源于个人生活史、经验的积累和反思、观摩学习、理论转化。[②] 郑彩国（2006）认为，教师实践性知识来自理论知识的转化，教育教学实践的积累和教师培训。[③] 姜美玲（2006）认为教师的实践性知识一方面源于教育活动过程中的认识、审查与实践经验的反思，另一方面源于教师基于实践背景的重新解读理论概念与原理的活动。[④] 汪贤泽（2009）从教师的个人生活史分析、反思教学实践经验和构建教师学习共同体三个方面发展教师的实践性知识。[⑤] 金忠明等（2009）认为，教师实践性知识的生成途径有三种，即理论知识的转化、教师教育教学实践的积累、教师培训实践。在职教师获取实践性知识的主要途径有：反思个人生活、扎根日常实践、确立专业目标、组织教学观摩、参与教育考察和强化合作互动。[⑥] 张登山（2010）认为，日常的课堂教学实践是教师实践性知识生成的基本途径；教学反思是教师实践性知识生成的催化剂；校本教研是教师实践性知识生成的有效途径；进修培训是教师实践性知识生成的助推器。[⑦] 综合以上分析可以发现，教师实践性知识来源于个人生活史、教学实践、专业反思、观摩学习、理论转化和共同体文化吸收。

4. 实践性知识的发展策略

基于对教师知识性知识来源的认识，研究者对教师实践性知识的发展策略进行了较为深入的研究。蒋茵（2004）提出，要增设对教师

---

① 范良火：《教师教学知识发展研究》，华东师范大学出版社 2003 年版，第 47—49 页。

② 李德华：《新手教师实践性知识的建构——从教师生活史分析》，《当代教育科学》2005 年第 12 期。

③ 郑彩国：《实践性知识：教师专业化发展的逻辑起点》，《新课程研究》（下旬刊）2006 年第 1 期。

④ 姜美玲：《教师实践性知识研究》，博士学位论文，华东师范大学，2006 年，第 148 页。

⑤ 汪贤泽：《论教师的实践性知识》，《全球教育展望》2009 年第 3 期。

⑥ 金忠明、李慧洁：《论教师实践性知识及其来源》，《全球教育展望》2009 年第 2 期。

⑦ 张登山：《教师实践性知识的价值和生成途径》，《当代教育论坛》2010 年第 9 期。

实践性知识开发和交流的渠道与平台，如通过确立教师专业知识、专业技能和专业实践能力并重的培训内容、创建学习共同体、建立教师专业发展学校等途径实现。[①] 刘汉霞（2004）认为，可以通过重视教师知识经验背景、培养教师实践反思能力、开展教师叙事研究、建立教师学习型组织、进行认知学徒制的教师教育来促进教师实践性知识的增长。[②] 蔡亚平（2005）提出，运用叙事方式并结合对话与反思是构建教师实践性话语的有效方式，同时分析了三种建构教师实践性知识体系的策略：重视理性的反思与行为的跟进、倡导案例指向的专业对话、重视现代科技的应用。[③] 朱桂琴（2007）提出，通过临床教学案例研究、倡导反思教学、组织学习共同体等方式建构教师实践性知识。[④] 姜美玲（2006）提出，教师实践性知识的发展路径有教师个人生活史分析、反思教学实践经验和构建教师学习共同体。[⑤] 张立新（2008）在对教师生活史研究和教师实践性知识研究进行系统的文献梳理与理论探讨的基础上，认为教师实践性知识的形成机制体现了教师生活史—教师自我—教师实践性知识三者螺旋循环的过程。[⑥] 陈向明（2009）认为，教师通过行动中反思，与情境（包括学生、研究者、问题本身、环境等）对话，对问题情境进行重构，从而发展自己的实践性知识。[⑦] 陈静静（2009）认为，通过建立以“学生学习”为中心的共同愿景，开展行动研究，加强教师个人实践的展示与共享，促进实践共同体内的协商和研讨，通过对实践的反思等方式促进在职

① 蒋茵：《教师实践性知识的开发与专业成长》，《上海师范大学学报》（教育版）2004 年第 4 期。

② 刘汉霞：《论教师的实践知识及其生成》，硕士学位论文，华中师范大学，2004 年。

③ 蔡亚平：《论教师实践性知识的失误与建构》，《教育理论与实践》2005 年第 11 期。

④ 朱桂琴：《教师培训中实践性知识的缺失及其对策》，《中小学教师培训》2007 年第 1 期。

⑤ 姜美玲：《教师实践性知识研究》，博士学位论文，华东师范大学，2006 年。

⑥ 张立新：《教师实践性知识形成机制研究——基于教师生活史的角度》，博士学位论文，上海师范大学，2008 年。

⑦ 陈向明：《对教师实践性知识构成要素的探讨》，《教育研究》2009 年第 10 期。

教师实践性知识的增长。[①] 高芳（2010）认为，要提高教师的实践性知识，就要让教师成为其实践性知识建构中的主体，在校本培训中推进教师实践性知识的建构，为教师实践性知识的建构创造民主和谐的学校文化。[②] 王栋等（2011）通过对两位高校教师的个案研究认为，反思个人生活、扎根行动研究、组织教学观摩、倡导案例研修是教师实践性知识生成的主要途径。[③] 总结上述观点可以发现，参加理论学习、参与学习共同体、开展行动研究、反思教学实践等是发展教师实践性知识的有效策略。

教师实践性知识研究的兴起的主要原因在于解决教师教育领域教学理论与教学实践脱节的问题，扭转了专注于“教师应具备什么样知识”的专业主义教师知识基础研究。实践性知识是连接理论与实践的桥梁，教师的实践性知识是教师专业能力发展的核心。

三　面向信息化的教师实践性知识研究

要深入研究教师行动学习的机制及行动学习过程中教师实践性知识的发展情况，必将涉及面向信息化的教师实践性知识的构成及其评价问题。针对教师实践性知识评价的研究目前相对较少，但仅有的相关研究为我们指明了教师实践性知识评价的基本路向。

（一）教师实践性知识的结构

弗里曼·艾尔贝兹（Freeman Elbaz）早在其研究中就对教师实践性知识进行了横向和纵向两个方面的划分。从横向上将教师的实践性知识分为五类：①关于自我的知识（Knowledge of self）；②关于教学环境的知识（Knowledge of the milieu）；③学科内容知识（Subject content knowledge）；④课程发展知识（Knowledge of curriculum）；⑤教学知识（Instructional knowledge）；在纵向上将实践性知识分为三个层次：实践规则（Rule of practice）、实践原则（Practical principle）以及

① 陈静静：《教师实践性知识及其生成机制研究》，博士学位论文，华东师范大学，2009年，第232—248页。

② 高芳：《论教师实践性知识的生成》，《教学与管理》2010年第9期。

③ 王栋、常留英：《行动学习视角下外语教师实践性知识构建研究》，《宁波大学学报》（教育学科版）2011年第6期。

意象（Iamge）式。[①] 自此以后，对教师实践性知识的研究便沿着这两个路向展开，纵向分析的结果常常被称为实践性知识的表征形式，横向分类的结果常常被称为实践性知识的构成要素。

1. 实践性知识的表征形式

在表征形式路向的深入研究中，康奈利、柯兰蒂宁和何敏芳提出以意向（Image）、规则（Rules）、实践原则（Practical principle）、个人哲学（Personal philosophy）、隐喻（Metaphor）、周期（Cycles）和节奏（Rhythms）以及叙事主题（Narrative unities）作为教师实践性知识的表征形式。[②] 陈静静认为教师实践性知识的表达主要包括语言表达、行动表达和隐喻表达。[③] 姜美玲提出以意向、隐喻、实践规则、实践原则、个人哲学等作为教师实践性知识的表征，其中：①意向是指客观形象与主观心灵触合成的带有某种意蕴和情调的东西，类似于人们平常所说的头脑中的朦胧的印象或体验。它包含着伦理、情感、审美等维度，例如柯兰蒂宁研究中的教师史蒂芬尼（Stepphnie）对课堂的意向是“课堂即家”（Classroom is home）。②隐喻是一种修辞手法，常用一个词或词组指称的一种物体代替另一种物体，从而暗示它们两者之间存在一种相似性或类推性。隐喻可以表达教师对教学的理解和对教育本真的把握，物理教师使用“魔幻世界”来表征科学给孩子们带来的激动与兴奋，用“教学如登山”来反映教师对教学的认识。③实践规则就是关于人们在遭遇特殊的实践情境中做什么和如何做的简洁的、清晰的正式陈述。例如艾尔贝兹研究中的英语教师莎拉（Sarah）处理一个落后学生的实践规则是“在我完成所有的教学任务之后，我的注意力全部倾注在他身上”。[④] ④实践原则是关于人们在某

① Elbaz, F., *Teacher Thingking: A Study of Practical Knowledge*, London: Croom Helm, 1983, pp. 131 - 146.

② Connelly, F. M., Clandinin, D. J., & Ming Fang He, “Teachers' personal practical knowledge on the professional knowledge landscape”, *Teaching and Teacher Education*, Vol. 13, No. 7, 1997, pp. 665 - 674.

③ 陈静静：《教师实践性知识论：中日比较研究》，华东师范大学出版社 2011 年版，第 74—116 页。

④ 姜美玲：《教师实践性知识研究》，华东师范大学出版社 2008 年版，第 165 页。

种情境下该做什么和如何做的陈述，比实践规则更具包容性。如“无论我们希望孩子们做什么，我们必须首先要做到”，“遇到突发情况冷静处理”等就是教学实践原则。⑤个人哲学是教师在教学情境中思考自身的方式，是个体对教育的整体性理解和认识，包含着教师的教学信念、价值观和行为偏好，通常作为一种无意识的假设支配着教师的行为。例如“没有教不好的学生，只有不会教的老师”就是一种对教育作用无限乐观的个人哲学观。[①]

从上面的分析可以看出，从表征形式路向展开的研究试图从某个特定的视角来识别教师的实践性知识，虽然对教师实践性知识的表现形式作了细分，但依然是从较为整体、概括和宏观的视角来静态描述教师实践性知识。教师要在这种宏观的层面产生变化是需要较长时间周期的，因而它对新手教师和专家教师之间差异的比较、教师职业生涯中实践性知识变化历程研究较有意义，但对短期的教师实践性知识发展性研究灵敏度不够。

2. 实践性知识的构成要素

继弗里曼·艾尔贝兹研究之后，日本和我国研究者也对教师的实践性知识展开了深入的研究。陈向明（2003）认为教师实践性知识包括教师的教育信念、教师的自我知识、教师的人际知识、教师的情境知识、教师的策略性知识和教师的批判反思知识六个方面。[②] 刘汉霞（2004）总结出了六方面的内容：有关教师的教育信念、有关教师自我的知识、有关教师关于学科内容方面的知识、课堂教学与管理技术方面的知识、有关学生及其特点方面的知识以及有关反思性的知识。[③] 姜美玲（2006）认为，教师实践性知识呈现于日常教育实践中，涵盖了学科内容知识、学科教学法知识、一般教学法知识、课程知识、教

① 姜美玲：《教师实践性知识研究》，华东师范大学出版社 2008 年版，第 146—180 页。

② 陈向明：《实践性知识：教师专业发展的知识基础》，《北京大学教育评论》2003 年第 1 期。

③ 刘汉霞：《论教师的实践性知识及其生成》，硕士学位论文，华中师范大学，2004 年。

师自我知识五个层面。[①] 通过以上分析可以发现，目前关于教师实践性知识的构成要素的研究虽然没有达成统一的认识，但这些研究得出的结论却都与舒尔曼对教师知识基础的研究有密切的关系。

1987 年，美国斯坦福大学教师舒尔曼通过对在职教师的个案研究发现教师知识可分为七种类型：①学科内容知识；②一般教学法知识；③课程知识；④学科教学法知识；⑤关于学生及其特征的知识；⑥教育环境相关的知识；⑦关于教育目标、目的、价值以及教学哲学与历史的基础知识。在七类知识中，舒尔曼认为学科教学法知识（Pedagogical Content Knowledge，PCK）是最重要的组成部分，是教师教学实践能力的核心体现。[②] 在舒尔曼看来，PCK 是学科内容知识、教学法知识和学生知识等多种知识相交形式的复合成分，是教师根据实际情况将学科内容知识转化为有利于教学的各种形式的知识，PCK 是“教师个人独一无二的教学经验，教师独特学科内容领域和教育学的特殊整合，是教师对自己专业理解的特定形式”。[③] “PCK 是教师对关于怎样帮助学生理解特定学科内容知识的理解，具体包括如何细化学科的主题、问题、各相关因素如何组织、表现、如何适应学生各种兴趣和能力，以何种形式呈现知识等。PCK 是特定内容或者特定学科的教学知识，是构成高效教学所需要的部分。而且，对这种特定领域知识的理解，影响教师的实践，有益于教学和教师教育的发展”。[④] 从这个意义上讲，国内外许多研究都将教师的实践性知识（Practical Knowledge，PK）和舒尔曼关于教师的学科教学法知识（PCK）等同视之，正如 Rowan（2001）在研究中指出：“在舒尔曼看来，学科教学法知识（PCK）是教师用来指导他们在高度情境化的课堂中行动的一种形式的实践性知识（PK）。这种形式的实践性知识包括：a）关

① 姜美玲：《教师实践性知识研究》，博士学位论文，华东师范大学，2006 年。

② Shulman, L. S., “Knowledge and teaching: Foundations of the new reform”, *Harvard Educational Review*, Vol. 57, No. 1, 1987, pp. 1 – 21.

③ Shulman, L. S., “Those Who Understand: Knowledge Growth in Teaching”, *Educational Researcher*, Vol. 15, No. 2, 1986, pp. 4 – 14.

④ Shulman, L. S., “Knowledge and teaching: Foundations of the new reform”, *Harvard Educational Review*, Vol. 57, No. 1, 1987, pp. 1 – 21.

于在教学中如何组织和向学生呈现学科知识的知识；b）关于学生学习特定内容时遇到的常规概念、迷思概念和学习困难的知识；c）关于在特定教学环境中开展教学以满足学生学习需要的教学策略。PCK知识是建立在其他形式专业知识之上的一种关键性——或许是最重要的教学知识基础的构成要素。”① 基于研究者对学科教学法知识（PCK）和实践性知识（PK）的认识，可以发现PK实际上与舒尔曼知识框架中的最核心的复合成分PCK所代表的内涵极为相似，只是从不同视角研究得出的不同概念，因而在有些情况下可以将它们等同视之。

3. 实践性知识形态研究

基于纵向视角对教师实践性知识表征形式的研究有助于具体地、感性地识别和描述教师实践性知识，但这种表征形式对教师实践性知识发展的反应灵敏度有限；基于横向视角对教师实践性知识的构成要素展开的研究有助于揭示教师的实践性知识所包含的内容，但这种研究方法是静态的，难以有效解释教师实践性知识的形成过程。基于以上认识和对教师实践性知识结构的系统分析，我国东北师范大学张立忠博士从纵向、动态视角分析了教师实践性知识的构成。他通过分析公共（理论）知识、信奉的实践性知识、使用的实践性知识（具体包括大脑中的实践性知识和实践中的实践性知识）等不同形态知识之间的关系对实践性知识的结构展开了动态性、生成性的分析，如图3－1所示。②

张立忠博士从知识形态的视角对教师实践性知识结构展开的研究思路对于从认知层面理解教师实践性知识的形成过程有重要启示意义，即教师实践性知识不是凭空产生的，也不是教师经验的简单积累，而是由实践中的公共知识经历多种中间知识形态发展而成的。然而，在他的分析中对信奉的实践性知识、大脑中的实践性知识和实践

---

① Rowan, B. et al., “Measuring teachers’ pedagogical content knowledge in surveys: An exploratory study”, *Consortium for Policy Research in Education*, 2001.

② 张立忠：《课堂教学视域下的教师实践性知识研究》，博士学位论文，东北师范大学，2011年，第71—77页。

中的实践性知识之间的区别较为模糊，因而难以清楚地解释实践性知识的生成与发展过程。笔者认为，从实践性知识生成的角度看，其理论模型中的"信奉的实践性知识"应该是我们经常说的"信奉的理论（知识）"，而"大脑中的实践性知识"并未经过实践检验，是一种概念形态的知识，可以称为"成熟概念"，"实践中的实践性知识"则是经过实践经验检验和确证的知识，才是真正意义上的实践性知识。此外，实践性知识具有极强的个体依附性，但它还有可能进一步总结发展而成为较为系统的个人实践理论，为其他教师所共享。

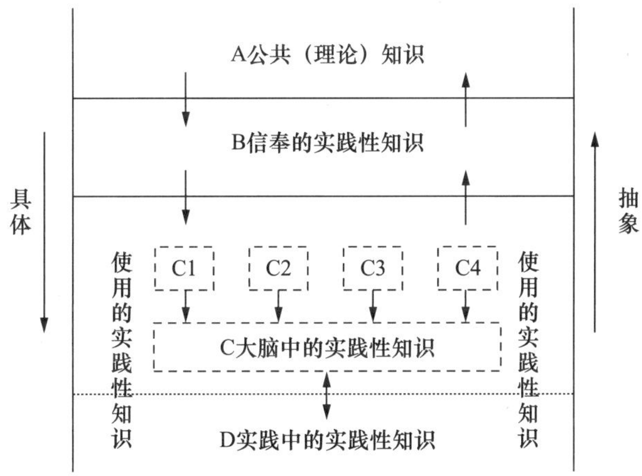

图 3－1　教师实践性知识结构

（二）面向信息化的教师实践性知识结构

1. 面向信息化的教师实践性知识构成要素

近年来，随着现代信息技术在教育领域中的渗透，对教师在信息化环境下开展有效教学的能力构成研究得到重视。在舒尔曼（1986）学科教学法知识（PCK）的基础上，技术被作为一种活跃的因素考虑进来，整合技术的学科教学法知识（Technological Pedagogical Content

Knowledge，TPACK）框架相关的研究近年来快速兴起。[①②③] TPACK框架由美国密歇根大学米什拉和科勒（Punya Mishra and Matthew Koehler，2005）首次提出，他们认为教学是一种应用灵活和整合性知识高度复杂的实践活动（Shulman，1986）[④⑤]，教学实践活动是在一个复杂、动态的环境中进行的，需要将学生学习方面的知识、学科知识、技术性知识有机整合。与教学法知识、内容知识和技术知识相互交叉的部分形成教师知识的一个特别分支——TPCK 知识。[⑥] TPACK框架将教学法知识、学科内容知识、技术性知识以不同方式结合，便构成了信息化时代教师知识基础的结构。具体包括：①CK（Content Knowledge）：即学科教师所教授的学科知识，它是教师从事特定学科教学的重要前提。②PK（Pedagogical Knowledge）：即教学法知识，通常是为所有学科所共享的一般教学法。③TK（Technological Knowledge）：即关于技术的知识，包括传统技术（如黑板、粉笔、教科书等）和现代技术（如电视、广播以及计算机、网络等技术），它是当前教师知识中最具变化性的成分。④PCK（Pedagogical Content Knowledge）：即学科教学法知识，由学科知识与教学法知识综合而成。⑤TCK（Technological Content Knowledge）：技术内容知识，是由技术与特定的学科知识（或教学内容）相互作用产生的。⑥TPK（Techno-

① KoehlerJ. , & Mishra, P. M. , Introducing TPCK. In Committee on Innovation and Technology AACTE (ed.), The handbook of technological pedagogical content knowledge. Mahwah, NJ: Lawrence Erlbaum Associates. 2008, pp. 3 – 29.

② Mishra & Koehler, M. J. P. , "Technological pedagogical content knowledge: A new framework for teacher knowledge", *Teachers College Record*, Vol. 108, No. 6, 2006, pp. 1017 – 1054.

③ Harris Koehler, M. J. J. , & Mishra, P. , "Teachers' technological pedagogical content knowledge and learning activity types: Curriculum – based technology integratioin reframed", *Journal of Research on Technology in Education*, Vol. 41, No. 4, 2009, pp. 393 – 416.

④ Shulman, S. L. , "Those who understand: Knowledge growth in teaching", *Educational Researcher*, Vol. 15, No. 2, 1986, pp. 4 – 14.

⑤ Shulman, S. L. , "Knowledge and teaching: Foundations of the new reform", *Harvard Educational Review*, Vol. 57, No. 1, 1987, pp. 1 – 22.

⑥ Mishra, P. , Koehler, M. J. , & Henriksen, D. , "The seven trans – disciplinary habits of mind: Extending the tpack framework towards 21st century learning", *Educational Technology*, Vol. 11, No. 2, 2011, pp. 22 – 28.

logical Pedagogical Knowledge)：整合技术的教学法知识，是由技术和一般教学法相互作用产生的。新技术不仅可以用于强化原有的教学方法，也可以产生新的教学方法，反之亦然，教师所采用的教学方法也会影响技术的设计与开发。⑦TPCK（Technological Pedagogical Content Knowledge)：整合技术的学科教学法知识[①]，即如何利用信息技术进行学科知识教学的知识。这个概念是在舒尔曼的PCK概念基础上整合技术要素而形成的，也是由以上所有类型的知识综合而成的复合成分。TPACK教师知识框架如图3-2所示。

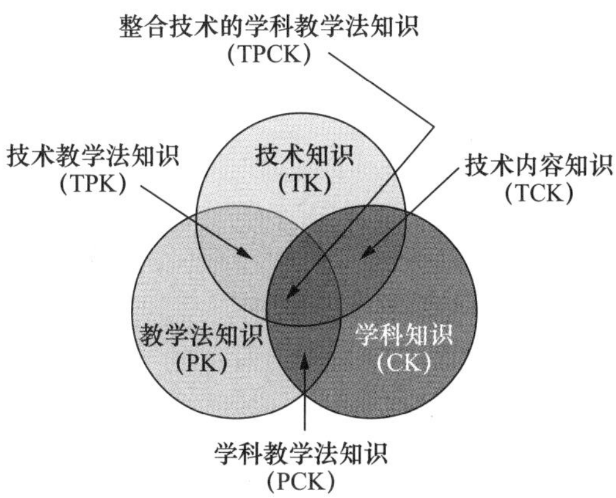

图3-2 TPACK教师知识框架

TPACK框架发展了舒尔曼的教师知识基础分类研究，并且对技术性因素在教师知识结构中的重要性给予了很大的关注，这对我们理解信息化时代教师实践性知识的结构有很大启示。然而，TPACK框架对教师知识的研究延续了舒尔曼对教师知能结构的研究，一方面将教师知识局限在教学法知识（PK)、学科内容知识（CK）和技术知识（TK）三个方面，没能跳出框架的限制而涵盖实践性知识所涉及的课

---

① TPACK和TPCK原是同一个英文的不同缩写。最先使用TPCK简写，后来为了发音的方便加上“a”，成为TPACK。一般情况下两者通用，但在最近研究中形成了一种默契，当指代整个框架名称时用“TPACK”而指其中的一种具体知识成分——整合技术的学科教学法知识时用“TPCK”。

程知识、学生知识、教育环境知识等更广泛的要素；另一方面，三个方面两两交叉而形成的复合元素与独立元素存在较大重复，在分析中难以清晰界定或所占比例很小，例如 TCK、TPK 等知识元素。因此，TPACK 框架难以充分解释教师面向信息化的教师实践性知识的全部内涵。

我国学者刘清华博士通过系统的分析研究和实践研究，提出了比较符合我国实际情况的教师知识结构模型。他认为中小学教师知识可分为八类：①学科内容知识（Subject Matter Knowledge，SMK）；②一般教学法知识（General Pedagogical Knowledge，GPK）；③学科教学法知识（Pedagogical Content Knowledge，PCK）；④课程相关知识（Curriculum Knowledge，CUK）；⑤关于学生的知识（Knowledge of Learners，LK）；⑥教师的自我知识（Knowledge of Self，SK）；⑦教育情境知识（Knowledge of Contexts，CONK）；⑧教育目标及价值知识（Knowledge of Education Ends and Values，EEVK）。其中，学科教学法知识（PCK）处于核心地位①，如图 3－3 所示。刘清华（2004）博士的教师知识结构模式能够较全面地反映教师实践性知识的构成要素，并且将“学科教学法知识（PCK）”置于教师知识的核心，对我们理解教师实践性知识（PK）与学科教学法知识（PCK）的关系有很大的启示，然而他的研究与米什拉和科勒（2005）的研究恰恰相反，忽视了技术因素在当前教师实践性知识中的重要地位。

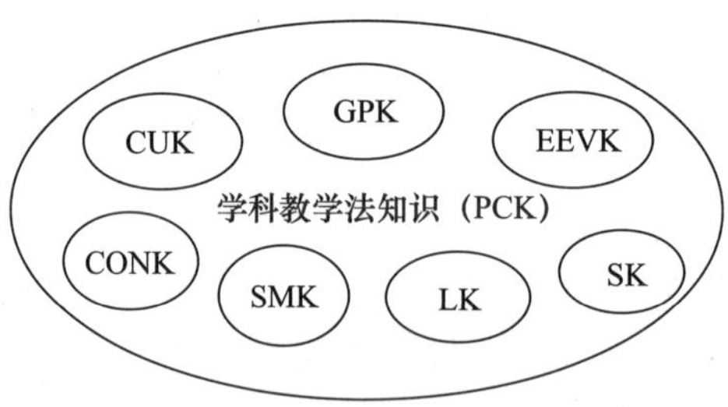

图 3－3　教师的教学知识基础

① 刘清华：《教师知识的模型建构研究》，博士学位论文，西南师范大学，2004 年。

基于以上分析，笔者认为教师实践性知识（PK）与学科教学法知识（PCK）、整合技术的学科教学法知识（TPCK）有着密切的联系，这些教师知识基础中的复合元素可以被认为是信息时代教师实践性知识的核心。正如有研究者认为："融合技术的学科教学法知识（TPACK）是技术知识与学科知识、一般教学法融合后产生的一类特殊的知识，是教师信息化教学能力的最高知识要求，也是教师信息化教学能力发展中，教师获得知识的最高境界与追求。"① 结合以上研究对教师知识结构的认识，研究提出面向信息化的教师实践性知识结构包括如下内容：①学科内容知识（SMK），主要包括所教学科有关的概念、理论、观念、组织框架、证据和证明，以及获得学科发展的实践和途径等，该部分也包括 TPACK 框架中整合技术的学科知识（TCK）所涵盖的内容。②一般教学法知识（GPK），包括教师对教学实践、过程、程序、策略以及教与学的方法的认识，也包括关于教学目标、教学评价以及对学习过程的知识，该部分也还包括 TPACK 框架中整合技术的教学法知识（TPK）所涵盖的内容。③课程相关知识（CUK），不仅指课程材料的使用、编排，而且还包含一定的课程理论知识，像课程内容、课程设计、课程实施及课程评价等。④学科教学法知识（PCK），涉及学科知识的重新组织与加工，并根据教学情境的需要进行传输与呈现，也包括对课堂突发事件的处理、对具体教学活动的设计安排等。⑤关于学生的知识（LK），包括学习者特征、已有知识基础、兴趣爱好以及对学生学习中的困难或错误的诊断、评价、分析与纠正等方面。⑥教师的自我知识（SK），包括教师对自我能力的认识与反思等。⑦教育情境知识（CONK），包括教学所在的环境资源、政策文化等方面。⑧技术知识（TK），关于传统技术与现代技术的本体知识及操作方面的知识。⑨整合技术的学科教学法知识（TPCK），代表教师能够根据具体教学情境，综合考虑学科知识、教学方法和技术知识，设计恰当的教学方案。换句话说，就是把技术转

---

① 王文君、王卫军：《教师信息化教学能力实践分析》，《现代远距离教育》2012 年第 3 期。

化为解决学科教学问题方案的知识。面向信息化的教师实践性知识结构要素如表 3－3 所示。

表 3－3　　面向信息化的教师实践性知识结构要素

内容	代码	英文解释	详细解释
学科内容知识	SMK	Subject Matter Knowledge	包括学科内容知识解释、介绍
一般教学法知识	GPK	General Pedagogical Knowledge	包括教育理念、教学理论、教学方法、教学原则等
课程相关知识	CUK	Curriculum Knowledge	课程标准、课程结构、课程目标价值等
学科教学法知识	PCK	Pedagogical Content Knowledge	根据教学实际组织教学的方法、策略；教与学效果评价等
关于学生的知识	LK	Knowledge of Learners	包括学习者特征、已有知识基础、兴趣爱好等方面
教师的自我知识	SK	Knowledge of Self	自我能力评价、自我反思等
教育情境知识	CONK	Context Knowledge	教学环境、设备资源、政策制度
技术知识	TK	Technological Knowledge	包括技术操作、应用注意事项、技术功能等
整合技术的学科教学法知识	TPCK	Technological Pedagogical Content Knowledge	包括信息化教学原则、信息化教学方法、信息化教学模式等方面

2. 面向信息化的教师实践性知识结构形态

以上从构成要素的角度对面向信息化的教师实践性知识展开了分析，认为它包括学科内容知识（SMK）、一般教学法知识（GPK）、课程相关知识（CUK）、学科教学法知识（PCK）、关于学生的知识（LK）、教师的自我知识（SK）、教育情境知识（CONK）、技术关于知识（TK）、整合技术的学科教学法知识（TPCK）等构成要素。结合张立忠博士对教师实践性知识结构的研究，笔者认为面向信息化的教师实践性知识发展会经历公共知识、信奉的理论、成熟概念、实践性知识和个人理论等几种不同形态，不同形态间的转化关系如图 3－4 所示。

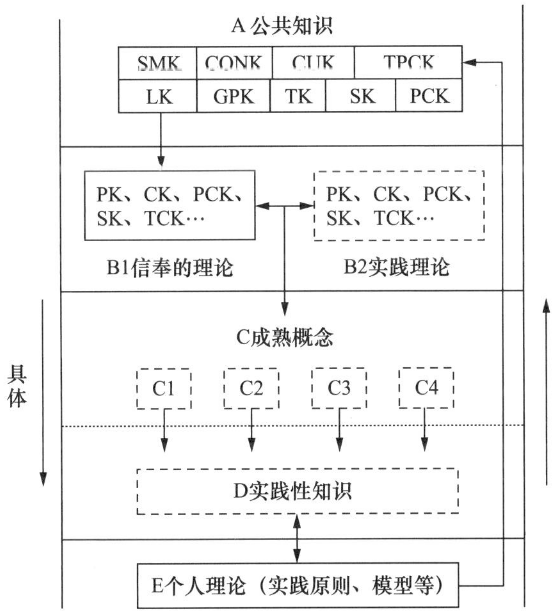

图 3-4 生成视角的教师实践性知识结构

其中，“公共知识”是为教师共同体所共享的知识，可以是以书面文字、口头语言等方式表述，以理论知识、教学案例、意见建议等为主要形式的显性知识；也可以是无法用语言文字表述的以组织文化、行为习惯、潜在规则等为主要形式的隐性知识。显性的公共知识一般以相互分离的知识要素形态存在，如 PCK 知识、TK 知识等。“信奉的理论”是个体将公共知识内化吸收后的知识形态，为教师所理解和接受，但并不一定实际指导教师行动；由于没有经过实践情境整合，“信奉的理论”形态的各类知识可能依然处于离散分离状态，甚至会和教师原有的“实践理论”形成对立状态。“成熟概念”是个体将“实践理论”“信奉的理论”与具体教学实践结合后形成的一种观念形态的知识，这种观念虽然是针对具体情境而形成的较为成熟的构想，但由于没有经过实践统合，因而是零散和不连贯的；“成熟概念”经过实践检验、修正和统合后才会成为与教师实践理论相匹配的真正的“实践性知识”。当这种实践性知识被进一步总结提升之后，就可能成为一种能够被他人直接掌握的个人理论知识，个人理论知识为实践共同体成员广泛接受又会成为公共知识的内容。

（三）面向信息化的实践性知识评价问题

实践性知识的研究是从对教师知识基础及知识结构研究的批判反思中发展起来的，因其具有缄默性、个体性、综合性等特征而造成对其抽离和拆分的困难。但是研究中为了更好地分析和理解实践性知识的构成及发展，又必须在保持其完整性的情况下对其进行必要的剥离和分解，这就涉及教师实践性知识的评价问题。

基于表征形式路向的研究者认为教师对话（Conversation）、讲故事（Story telling）、绘图（Drawing）、隐喻（Metaphor）、教育叙事（Story writing）等方式是展示教师实践性知识的有效方式。[①] 目前国内对教师实践性知识的研究也大多采取这种路向，主要采用教育叙事的方式来揭示和分析教师的实践性知识。然而，基于这种路向的教师实践性知识研究虽然最大限度地保持了教师实践性知识的完整性，但却存在着较大的模糊性和随意性，即同样的教育现象可以采取不同的解释方式。这种思路对于静态的、描述性的、解释性的教师实践性研究有较大帮助，而对发展教师实践性知识的研究，特别是发展周期较短的研究实用性较小。

基于构成要素路向的研究者的分析视角为我们深入认识教师实践性知识指明了方向。1996 年，荷兰莱顿大学教育研究院的贝加德（Beijaard）、威鲁普（Verloop）等发表了对实践性知识评价影响深远的文章《评价教师实践性知识》（*Accessing Teachers' Practical Knowledge*），文章认为教师实践性知识是教师素质的内核，因此它也是教师评价的重心。研究在描述实践性知识特征及研究教师实践性知识意义的基础上对教师实践性知识的评价展开了讨论，实践性知识虽然是高度情境化的综合性知识，但从知识评价的视角看，应当认同教师所

---

① Black, A. L., Halliwell, G., “Accession practical knowledge: how? why?”, *Teaching and Teacher Education*, Vol. 16, 2000, pp. 103 – 115.

应用的核心知识（Core knowledg）在其中的作用，在此基础上它将对实践性知识评价分为包括学科知识、学科教学知识、课程知识等在内的六个方面。① 这就说明教师实践性知识发展的评价可以从教师知识结构的分析视角展开，不管使用何种具体方法（如测试、问卷、叙事、话语分析等），对实践性知识按其构成要素来分析和评价是可行的。

此外，我们知道，知识可以用语言来表达，实践性知识也不例外，正如马克斯·范梅南认为的，语言创造和描述的是主体间的生活世界、语言使我们知道我们在经历什么。② 因此，我们认为实践语言是教师实践性知识最有效的表征之一，包括同伴讨论过程中的话语、教师反思日志中的语言等。教学行为是实践性知识的具体应用。实践性知识如其他知识一样存在三种状态：可言传的，可以意识到但不能言传的，无意识的、内隐含的。实践性知识本身具有无限性，但我们可以通过有限（的语言）来把握这种无限，通过合理的理解和解释来获得对实践性知识的全局性把握。③ 因此，可以通过对教师话语的分析来了解其实践性知识的发展变化情况。

第二节 教师专业学习研究的进展述评

一 教师专业学习研究的历程

教师专业学习这一研究领域最早兴起于美国，1985 年由美国教育部教育研究与改进办公室资助，在密歇根州立大学教育学院建立了“美国教师教育研究中心”（National Center for Researchon Teacher Edu-

---

① Beijaard, D. & Verloop, N., “Assessiing teachers’ practical knowledge”, *Studied in Educational Evaluation*, Vol. 22, No. 3, 1996, pp. 275 – 286.

② ［加］马克斯·范梅南：《生活体验研究——人文科学视野中的教育学》，宋广文等译，教育科学出版社 2003 年版，第 4 页。

③ 陈静静：《教师实践性知识论：中日比较研究》，华东师范大学出版社 2011 年版，第 74 页。

cation, NCRTL)，主要研究教师教育的途径、目的、特点与质量，以及教师教育在教师专业学习中所起的作用。经过五年的研究，该中心研究人员发现教师发展研究必须重视对教师专业学习的研究。因此，该中心于1991年更名为“美国教师学习研究中心”（National Center for Research on Teacher Learning, NCRTL)，着力于研究教师的认知目标、认知身份、认知对象和认知实践四个基本要素。1991年，该中心主任肯尼迪（Kennedy）发表了一篇题为“教师学习研究日程”的特别报告，主张“界定这一新的领域，将是该中心所要作出的最主要的贡献”[①]，表明了自觉建立这一领域的重要性，由此拉开了教师专业学习这一研究领域的序幕。[②]

随着时代的发展，教师教育的道路呈现出“师范教育—教师培训—教师教育—教师学习”的大致脉络，教师学习成为当代教师教育发展的逻辑走向。[③] 转向教师学习研究不仅是时代发展的必然，也是课程改革走向深入的必由之路；不只是名称的变换，更是理念的转变和研究重心的转移。“西方教师教育研究中，教师专业发展概念向教师学习概念的转换，不仅表现为一种名词术语的更替，更是体现了教师教育观念的更新。在研究者针对教师专业发展概念进行分析与批判之后，一种主动性、持续性、情境性，以及围着学生学习质量提升的教师学习观念正在逐渐形成”。[④] 正如我国学者毛齐明认为，转向教师学习的首要意义在于强调教师的主动性；其次，转向教师学习也意味着突出教师学习的日常性；最后，转向教师学习意味着突出教师知识的内生性。[⑤] 教师学习研究的意义在于：重新认识教师持续学习的重要性，探索新形势下教师专业学习的内容、方式、途径等及其与教师

① Marry, M. M., An Agenda for Research on Teacher Learning.

② 毛齐明：《教师学习——从日常话语到研究领域》，《华东师范大学学报》（教学科学版）2010年第1期。

③ 樊香兰、孟旭：《逻辑与走向：当代教师教育道路的演变》，《教育研究》2009年第10期。

④ 王凯：《教师学习：专业发展的替代性概念》，《教育发展研究》2011年第2期。

⑤ 毛齐明：《国外“教学学习”研究领域的兴起与发展》，《全球教育展望》2010年第1期。

专业发展的关系；探讨和深化教师自主学习理论，了解教师学习需求和动机，激发教师作为学习者的学习热情；为营造教师学习文化，为教师专业学习创造良好的环境和条件。①

二　教师专业学习的内涵研究

（一）教师专业学习的概念

教师专业学习概念提出已有二十多年的历史，但随着近年来学习科学的兴起研究者才对教师专业学习给予了应有的重视。美国学者芬韦克（Fenwick，T.）在2004年的研究结果表明："在过去十年以来，出现了两个对于教师发展的观念和态度产生重要影响的趋势：一是越来越试图以'教师终身学习'一词来代替'教师专业发展'；二是从注重教师个体学习转向通过实践共同体来促进教师学习"。② 然而对教师学习的研究至今未有突破性进展，正如霍班（Hobban，F. G）所说："在教师学习方面，历史上相关的教育文献基本上都是不系统的。"③ 甚至对于教师学习的基本概念认识也是莫衷一是。有学者认为，"所谓教师学习，指任何与工作有关的能够导致教师的认知和行为发生变化的过程"。④ 联合国教科文组织（UNESCO）在2007年颁布的教育规划中主张把教师学习当作一个连续体，认为教师学习连续统（The continuum of teacher learning）包括教师用来获得和提升教学能力的所有活动，不仅包括教师入职前所接受的师范教育和入职后所开展的在职学习，还包括他们在中小学阶段作为学生时从自己的教师

---

① 孙传远：《教师学习：期望与现实》，博士学位论文，上海师范大学，2010年，第14页。

② Fenwick，T. J.，"Teacher Learning and Professional Growth Plans：Implication of a Provincial Policy"，*Journal of Curriculum and Supervision*，Vol. 19，No. 3，2004，pp. 259－282.（转引自毛齐明《国外"教学学习"研究领域的兴起与发展》，《全球教育展望》2010年第1期。）

③ Hobban，F. G.，*Teacher Learning for Educational Change：a System Thinking Approach*，Buckingham：Opening University Press，2002，p. 4.

④ Zwart，R. C.，Wubbels，Th.，Bolhuis，S. & Bergen，Th. C. M.，"Teacher learning Through Reciprocal Peer Coaching：an Analusis of Activity Sequences"，*Teaching and Teacher Education*，Vol. 24，No. 4，2008，pp. 982－1002.

及学习经历那里习得的教育知识。[①] 我国学者赵明仁等从建构主义的视角给出了教师学习的概念，认为教师学习是“教师以主动发现和探究的态度与过程，在拓展和提升原有知识和经验的基础上获致丰富教育理想和知识、增进专业理解和技能，不断更新自我，培育创造性生命力的成长过程”。[②] 孙传远博士认为，“教师学习是指教师在外部环境支持下主动寻求自身整体素质的提升，持续追求专业发展和个人发展相互统一的整体性活动”。[③] 张敏认为，“教师学习是指教师在自身努力或外部环境的影响下，其专业知识和能力的获得和生长变化”。[④] 弋文武博士认为，教师学习是“为促进学生的全面发展，教师利用一切可以利用的学习资源，以教学实践中遇到的现实问题为主导，开展的个体或群体性的、正规或非正规的学习活动”。[⑤] 孙洋洋认为，“教师学习是教师通过自身努力和外部环境的影响，在整个职业生涯发展阶段获得与生成专业知识、专业素养以及各方面能力的过程”。[⑥] 张勇认为，教师学习是以教师为学习主体，以教师工作的学校为主要场所，教师根据已有的知识基础和需要，具有主动学习的意识和动力，自觉承担专业发展的主要责任，通过所选择的内容、采取有效方式、途径与策略而进行的学习，其目的用以提高教育教学水平，促进教师专业可持续高质量地发展。[⑦] 无论如何定义，教师学习的实质是教师内在的思想、能力和情感的变化；教师所有生活经验都会对教学的能力及知识产生影响；从“研究”教师知识的角度讲，教师的学习可以采取连续统的思想，但从促进教师发展的“实践”角度看，教师的学

---

① John Schwille, Martial Dembélé, Jane Schubert, Global Perspectives on Teacher Learning: Improving Policy and Practice. UNESCO, International Institute for Educational Planning, 2007, pp. 29 – 34.

② 赵明仁、黄显华：《建构主义视野中教师学习解析》，《教育研究》2011 年第 2 期。

③ 孙传远：《教师学习：期望与现实》，博士学位论文，上海师范大学，2010 年，第 22 页。

④ 张敏：《教师学习策略结构研究》，《教育研究》2008 年第 6 期。

⑤ 弋文武：《农村教师学习问题研究》，硕士学位论文，西北师范大学，2008 年，第 35 页。

⑥ 孙洋洋：《教育教师专业发展的教师学习研究》，《基础教育》2010 年第 3 期。

⑦ 张勇：《论教师学习的内涵与特点》，《天津市教科院学报》2011 年第 11 期。

习研究应当面向未来。从这个意义上讲，所谓的“教师学习”（Teacher Learning），一般特指“教师学习如何教学”即“学习教学”（Leaning Teaching）或“学会教”（Leaning to Teach）。

通过对已有教师学习概念的梳理发现，教师学习虽然已经成为当前教师教育领域的核心概念之一，但对教师学习的理解仍然没有达成统一的认识，甚至存在一些混乱。究其原因在于，研究者对教师学习展开研究的过程中存在以下问题：①在对教师学习的讨论上对概念的理解处在不同的层面，至少在以下三个层面展开：一是将教师学习理解为一个研究领域来讨论，二是将教师学习作为教师的一种具体行为来讨论，三是将教师学习作为一种心理活动来分析；②在对教师学习的分析上所关注的焦点存在顾此失彼的问题，主要表现在以下两个方面：一是在教师外显行为与内部心理机制之间徘徊，二是在个体学习和群体学习之间漂移。因此，为了对教师学习有更为准确的理解，有必要对学习的相关理论梳理回顾。

（二）学习理论的发展

对世界是由什么构成的这一问题的回答形成了哲学中的本体论流派。在特定本体论关照下，对人类是如何认知或学习的以及如何才能有效促进人类学习这类问题的回答形成了学习理论。学习理论是在特定本体论基础上关于人类学习机制的系统化解释以及促进人类学习策略的理性设想，是关于人类学习的认识论及其基础上的实践理性。通过对各学习理论流派关于学习及其结果观点的分析可以为我们提供多种视角以全面理解教师学习。

人类关于学习本质诸多问题的叩问早已有之，但早期的学习理论都渗透在哲学论述当中，并且更多地从认识论的层面思考人是如何获知的。古希腊哲学家柏拉图的“先验论”、洛克的“原子论”都是对人类学习问题的解答。柏拉图（Plato，公元前428—前347年）通过对人类知识从何而来这一问题的不断叩问，认为知识要么来自后天学习、要么来自先天预置。他认为知识是天赋的，在人们诞生之前灵魂通过凝望永恒存在而学得真理，只是由于灵魂投生肉体后被肉体玷污而暂时忘记了先验的理念，学习的任务就在于摆脱肉体的干扰，去发现已经存在于人类心智的理念。洛克认为人类有一些获取最简单概念的生物性能力，通过生物性学习能力获得的一些“简单概念”，再通过综合和抽象产生“复杂概念”，形成了自己的“原子论”思想。早期关于人类学习的研究所采用的研究方法仍属哲学思辨层面的，因而这些关于学习的论述也鲜有被学习理论相关著述提及。直到19世纪末，心理学才逐渐从哲学分离出来成为一门独立的学科，特别是19世纪70年代现代实验心理学的诞生，才使得心理学研究开始专门关注人类学习，真正意义上的现代学习理论相继问世。“19世纪初，赫尔巴特为教育现象的解释找到了心理学的基础，对沿用几千年的文学叙事和哲学思辨的研究范式提出了挑战，使教育学开始走上科学发展的道路。”① 现代学习理论先后出现了以下几种主要流派：

1. 行为主义（Behaviorism）

行为主义是20世纪前半叶主导人类认知的心理学流派。行为主义建基于客观主义本体论之上，坚持认知者（Knower）与外部世界分离的认识论，以个体行为及其产生的诱因为研究对象。学习就是在特定环境刺激下产生特定行为的过程。行为主义认为学习的结果就是人类行为的持久性改变。20世纪30年代之前以巴甫洛夫（Pavlov）、华生（Waston）、桑戴克（Thorndike）等为代表人物的行为主义被称为早期行为主义，30年代后以托尔曼（Tolman）、赫尔（Hull）和斯金纳（Skinner）为代表人物的行为主义被称为新行为主义。19世纪末，早期行为主义理论以对所谓的“精神第一性论”的反对发展而来。它反对内省研究方法，将俄国神经生理学家巴普诺夫（Pavlov）的条件反射研究进行了延伸。1913年，华生在其堪称行为主义宣言之作的《行为主义者心目中的心理学》（*Psychology as the Behaviorist Views It*）论文中第一次用到了“行为主义者”这个术语。② 早期行为主义者只关注可观察的人类行为研究，无视有机体的内部过程，招致了心理学

① 张红霞：《全球化背景下教师教育研究范式转变带来的挑战》，《北京大学教育评论》2011年第3期。

② ［瑞士—法国］安德烈·焦尔当：《变构模型——学习研究的新路径》，裴新宁、杭零译，教育科学出版社2010年版，第14—15页。

界的强烈批评。30 年代后受操作主义思想（操作主义认为由于测量操作的不同方式，同一客观概念并不总是具有同一意义）和逻辑实证主义（逻辑实证主义认为只要有可被观察的事实作为基础，通过逻辑演绎而得到的命题和概念也是可以接受的）的影响，新行为主义者强调有机体作为“中介变量”在行为中的重要性，将对学习过程的理解由简单的“刺激（S）—反应（R）”变成了“刺激（S）—个体生理、心理（O）—反应（R）”。斯金纳（B. F. SKinner）的教学机器以及程序教学将行为主义推向了发展的高峰。波顿（Burton et al., 1996）总结了行为主义的三种学习方式[①]：①经典条件反应的应答性学习；②操作性条件反射的刺激—反应联接学习；③基于经验或模仿的观察学习。

2. 认知主义（Cognitivism）

认知主义是伴随着 20 世纪 50 年代认知革命（Cognitive Revolution）的发展而兴起的，它反对行为主义对学习的研究忽视人类意识的做法，认为应该重新关注人类意识的研究，正如布鲁纳所说，“这场革命的目的是关于人类学习的研究在经过了一个客观主义独霸的漫长冬天之后重拾对人类‘意识’的关注。”[②] 认知主义坚持人类认知的“计算机”隐喻（Mind - as - computer metaphor），将认知机能比作“图灵机”的计算状态，人类学习过程就是信息加工处理或认知符号处理的过程，学习的结果是长时记忆系统中信息存储量的增加。认知主义虽然自称是对心理学研究中客观主义的终结，但它依然建基于主客体分离的客观主义，聚焦于个体的知识结构的丰富与呈现。

3. 认知建构主义（Cognitive Constructivism）

认知建构主义认为存在一个独立于认知个体的外部世界，但这个世界我们是无法直接知晓的，个体对世界的认识不是简单机械的“反映”，而是在自身经验之上的一种解释，因此认知建构主义将研究的

---

① Burton, J. K., Moore, D. M., and Magliaro, S. G.. Behaviorism and instructional technology. In Jonassen, D. H.. Handbook of Research for Educational Communications and Technology. New York: Macmillan, 1996, pp. 46 - 73.

② Bruner, J. S., *Acts of Meaning*. Cambridge, MA: Harvard University Press, 1990.

重点放在个体心智概念系统的形成与发展，关注个体的认知自组织（Cognitive Self - organization）过程。① 认知建构主义的创立者是瑞士发展心理学家让·皮亚杰（Jean Piaget），他认为人类思考与学习的能力正是人类的一个适应性特征，这样可以帮助个体有效地应对周围环境，他很认同功能主义的观念：活的有机体是通过生物结构来执行重要的功能的（如通过肺或腮完成呼吸、通过心脏完成血液循环）。基于此，他认为人是通过心智或认知结构来完成学习的。虽然这种结构是不可观察的，但皮亚杰认为如果能够谨慎对待证据，则对无法观察的事物进行研究也是科学的。他借用生物学上同化（Assimilation）、顺应（Accommodation）以及平衡（Equilibration）等概念来解释认知结构的发展。在发展的不同阶段儿童会利用既有的认知结构来与环境互动，当新概念与个体认知结构相符合时（认知平衡），新概念会被纳入已有认知结构，即“同化”发生；当新概念无法纳入原有认知结构时，认知平衡被打破，认知结构调整自身以纳入新的概念，重新达到认知结构的平衡状态，即“顺应”发生。皮亚杰的研究更为准确的称谓应当是“认知结构主义”，但它的研究打破了早期认知主义，特别是信息加工认知主义对个人认知能动性的忽视，人们开始用解释主义的知识观来分析人类认知和学习，推动了当代“建构主义运动”的发展，产生了建构主义的诸多流派，如激进建构主义（Radical Constructivism）、心理建构主义（Psychological Constructivism）、社会建构论（Social Constructivism）等流派。认知建构主义虽然承认个体经验及外部环境在认知过程中的作用，但依然建基于知识是由单独个体建立起来的观点，关注的重点是个体的学习是如何发生的，内部知识结构或认知图式是如何建立起来的。

4. 社会文化（Sociocultural）/历史主义（Historicism）

社会文化主义者认为学习者总是隶属于某个社会团体，个体的成

---

① Kathy L. Schuh & Sasha A. Barab. Philosophical Perspectives. In J. M. Spector, M. D. Merrill, J. V. MerriËnboer, M. P. Driscoll. Handbook of Research on Educational Communications and Technology (3rd ed.). London, NY: Lawrence Erlbaum Associates, 2010, pp. 67 - 81.

长受惠于其所处的社会文化环境，认知分布于环境中个体和对象之间，知识创造是一个共享而非个体建构的过程，发生在社会协商过程中。20 世纪 20 年代中后期，苏联心理学家列夫·维果斯基（Lev Vygotsky，1896—1934）认为人类社会文化对人的心理发展以及社会交互作用对认知发展都起着重要作用，他并不像皮亚杰那样非常重视对儿童所处“发展阶段”的分析，而更加注重学习者的潜能，他认为同处于某个发展阶段或拥有相同智商的两个儿童，若能给予适当的激发，他们的发展潜能可能会有显著差异，因而他提出了“最近发展区”（Zone of proximal development）的概念。维果斯基将人类和动物心理机能分为作为动物进化结果的低级心理机能和作为历史发展的高级心理机能，认为人的发展就是高级心理机能发展的过程。为了解释高级心理机能发展“机制”，他提出了中介结构理论，认为低级心理机能从其结构而言都是直接的，但是高级心理机能在结构上则多了一个中介环节，因而使其具有间接性质。他认为人类所学到的事物当中有许多是借助“心理工具”从别人那里学来的。心理工具是人类社会发明的，用来帮助个体有效应对环境的人造系统，如文字、逻辑、符号转换等。文化历史发展理论在苏联 30 年代后期曾遭受严厉的批判，甚至被定性为“唯心主义”，维果斯基的两位同事鲁利亚（Aleksandr Romanovich Luria，1902—1977）和列昂节夫（Alexei Nikolaevich Leontev，1903—1979）继续坚持进行了大量的科学研究并发展了该理论，最后形成社会文化历史学派。直到维果斯基去世 20 年后苏联心理学界才重新评价了他的学术成就。20 世纪 70 年代，美国著名教育心理学家布鲁纳等将其成果介绍到西方世界，社会历史学派才受到人们的广泛关注。其实在世界另一端的美国哲学家、教育学家、实用主义哲学创始人约翰·杜威（John Dewey）也深刻认识到学习的社会本质，他强调“学校即社会”。同时，新行为主义者班杜拉的社会学习理论也十分重视学习中的社会因素。

5. 情境理论（Situativity Theory）

情境学习理论建基于生态学理论，认为个体是高度关联系统中的一部分，个体在其成长的既定环境中感知和行动。认知必须被视为个体所属物理、社会和文化环境的有机组成部分，学习的过程就是客体在实践社区中合法的边缘性参与。以瑞兹尼克（Lauren B. Resnick）、布朗（Brown，J. S）、科林斯（Collins，A.）、杜吉德（Duguid，S.）等为代表的教育心理学家认为学习与认知是情境化的，人的认知行为是发生在复杂的社会环境中的，社会、历史、文化、同伴等外部因素都对人的认知和符号处理系统产生影响。知识是活动、背景和文化产品的一部分，知识正是在活动中、在其丰富的情境中、在文化中不断被运用和发展的（情境认知）。以萨奇曼（Lucy Suchman）、莱夫（Jean Lave）、温格（Etienne Wenger）为代表的人类学家从人类学的视角，通过对从业者（如裁缝、产婆）学习的“学徒模式”进行反思，认为学习与实践是不可分离的，学习不是实践活动的准备阶段，而是实践活动的一个方面。学习不是命题知识的获得，而是对实践共同体的文化的吸收、融入和参与创造的过程，是个体和共同体意义与文化的建构过程。学习的过程也是学习者通过“合法的边缘性参与”（Legitimate Peripheral Participation）实现从新手成长为专家的过程，是通过共同体成员间的协商、意义制定与认同形成个体身份的过程（情境学习）。情境学习的知识观认为知识具有建构性、社会性、情境性、复杂性、默会性等特征。[①]

（三）学习理论对教师专业学习研究的启示

通过对人类学习理论的梳理发现，柏拉图直接思考的是人类知识从何而来的问题，他对立地认为要么来自后天学习、要么来自先天预置，最终使自己走向了“先验论”。洛克认为人类有一些获取最简单的概念的生物性能力，通过生物性学习能力获得的一些“简单概念”，再通过综合和抽象产生“复杂概念”，形成了自己的“原子论”思想。洛克将柏拉图对人是否拥有一些先验知识的问题转换成了人是否拥有先天认知能力的问题，但他没有回答这些先天能力——无论是简单生物性能力还是“综合”“抽象”能力从何而来。行为主义者所持

① ［美］David H. Jonassen & Susan M. Land：《学习环境的理论基础》，郑太年，任友群译，华东师范大学出版社 2002 年版，第 24—53 页。

观点是人拥有某些先天的生理组织或机制，才使得各种条件反射得以发生。格式塔学派则将这种学习应先天具备的条件归结到了人脑固有的神经连接。认知主义认为人类拥有一些简单的学习能力器官（感觉器官）和一个复杂的内部处理存储组织（人脑）及其机制（控制机制），至于这一切从何而来，未作出回答从而留下了一系列问题。杜威受达尔文进化论的影响则解释了这种先天学习和思考的能力经由进化而来，引发了实用主义或功能主义的学习观点。认知建构主义在认知主义的基础上回答了内部认识结构是如何建立和丰富起来的。社会文化理论和情境学习理论则强调了个体学习与其所处环境及共同体的交互关系。各学习理论所建立的认识论和本体论基础、在研究学习过程中的分析单元以及对学习过程与结果的理解如表3－4所示。

表3－4　　不同流派学习理论对学习的认识

学习理论	认识论/本体论	分析单元	学习过程	学习结果
行为主义	视心智与人体为一体，坚持客观主义一元论	个体（行为）	学习就是特定内外部环境刺激下的个体行为的持久变化	行为（态度）的持久改变
认知主义	人脑与外部环境分离的客观主义、理性主义	个体（知识外部结构）	信息加工处理的过程（学习的计算模式隐喻）	建立与外部世界对应的认知结构或长时记忆信息量的增加
认知建构主义	心智与外部环境分离的理性主义或现实主义	个体所感知的外部世界的心理结构	学习就是个体在自身经验基础上对外部世界的一种解释	认知结构的扩展或重组
社会文化/历史主义	个体和环境二元对立的相对主义	个体与环境的关系	学习是意义协商和知识共享过程	知识共享或高级心理机能发展
情境理论	生态现实主义的交互理论	个体所处的生态系统	合法的边缘性参与	知识建构、社会关系的建立

在行为主义者视野中，教师专业学习就是教师在外部条件的支持下自身教学能力与教学行为的持久改变，即教师通过训练形成应对课

堂问题的教学基本技能；在认知主义者看来，教师学习就是学科知识、教育学知识等不同类型的知识输入教师头脑的过程，教师学习的目的就是使教师拥有大量理论知识以应对教学过程中遇到的各种问题；在建构主义者看来，教师学习就是教师在自身教学经验基础上对教育现象的解释或对现有理论知识的理解，教师学习的目的就是教师个性化认知结构的发展和个人知识的生成；在文化历史主义者看来，教师学习就是教师与其所处的环境进行意义协商和知识建构的过程，教师的发展受其所处环境的影响，教师学习是知识共享而非个体建构的过程；在情境理论者看来，教师学习就是教师在实践共同体中合法的边缘性参与，教师学习与其教学实践是不可分离的，学习不是实践活动的准备阶段，而是实践活动的一个方面。

基于以上分析，教师学习可以理解为教师在有外部条件支持的实践共同体中通过意义协商、知识共享和实践练习建构实践性教学知识、改变教学行为、生成组织文化和实现自身角色转变的过程，是内部认知结构形成和外部教学行为改变的统一、是教师个体学习与其所处组织学习的统一。

此外，通过以上的分析可以发现：学习研究的分析单位由关注个体外部行为、个体内部认知结构、个体与环境的关系到对处在环境中的个体互动的分析，体现出学习研究中关注视角的拓展和深入。这启示我们应当将教师的学习置于他们所处的环境中进行考察，既要关注个体的外部行为和内部认知活动，又要关注个体与环境的相互作用以及个体之间的互动关系。

三　教师专业学习的性质研究

对于教师专业学习的性质，研究者从不同视角切入得出不同的结论。我国学者肖正德、张素琪在综合已有研究成果的基础上将教师专业学习的性质总结为以下几点：教师的学习是以问题解决为基点的行动学习。教师专业学习的主要目的不是为了系统掌握某个方面的知识，形成完整的体系①，而是要解决自己在教学过程中所遇到的各种

① 邓友超：《论教师学习的性质与机会质量》，《教育研究与实验》2006 年第 4 期。

复杂的问题。教师专业学习发生的主要场域是学校教育教学情境，必须以教学实践问题为基点进行行动学习，才能将学习和实践结合起来；教师专业学习是基于专业成长的自我导向学习；教师专业学习是教师群体为基础的合作学习；教师专业学习是在实践经验基础上的反思学习；教师专业学习是一个即学即用、持续不断的过程。[①] 有研究者根据科克伦·史密斯（Cochran Simith）和莱特（Lytle）关于教师知识与实践的关系，从不同侧面理解教师的学习：教师专业学习是一个掌握和应用已知的教学法和学科内容知识的过程，教师专业学习的主要目的是扩展其“知识基础”（Knowledge Base）；教师专业学习是通过经验的反思进行的实践知识的建构过程，教师专业学习的主要方式是通过反思理解自己的教学行为；教师专业学习的过程是教师教学所需要知识的创建和生成过程，教师专业学习是在具有探索性的共同体中对其工作进行理论化建构以产生“实践的知识”的过程。[②③] 我国学者王凯认为教师专业学习及其研究有以下性质：教师专业学习旨在促进学生有效学习，教师专业学习应该采取自主导向的方式，教师专业学习需要关注工作场景中的真实探究，教师专业学习追求学校变革中的持续性自我更新。[④] 邓友超认为教师专业学习是由经验性学习、基于问题的学习、自我导向的学习、同伴互助式学习、职场学习等组成的综合体，学校为教师专业学习提供的机会日渐增多，但像校本学习和做课题中学习这样的机会更有质量。[⑤] 教师专业学习属于一种成人学习，属于一种经验性学习，教师专业学习属于一种源于问题的学习，教师自主学习属于一种行动学习。[⑥] 胡庆芳认为教师专业学习是

① 肖正德、张素琪：《近年来国内教师学习研究：盘点与梳理》，《全球教育展望》2011 年第 7 期。

② 张敏：《教师自主学习调节模式及其机制》，博士学位论文，浙江大学，2008 年，第 3 页。

③ 毛齐明：《教师有效学习的机制研究》，博士学位论文，华东师范大学，2010 年，第 23—24 页。

④ 王凯：《教师学习：专业发展的替代性概念》，《教育发展研究》2011 年第 2 期。

⑤ 邓友超：《论教师学习的性质与机会质量》，《教育研究与实验》2006 年第 4 期。

⑥ 张勇：《论教师学习的内涵与特点》，《天津市教科院学报》2011 年第 11 期。

基于案例的情境学习、教师专业学习是基于问题的行动学习、教师的学习是基于群体的合作学习、教师的学习是基于原创的研究学习、教师的学习是基于经验的反思学习。[①]

众所周知，教师专业学习首先具有成人学习的特点。波士顿大学教育学教授、成人教育学（Andragogy）奠基人马科姆·诺尔斯（Malcolm Knowles）在对成人学习者与儿童学习者作了系统比较研究的基础上，提出了成人学习的五个基本假设：成人有独立的自我概念并能指导自己的学习；成人积累的丰富生活经验是其学习的重要资源；成人的学习需求与其变化着的社会角色紧密相关；成人以问题为中心进行学习，并且对可以立即应用的知识感兴趣；成人的学习动机主要来自内部而不是外部。[②] 1998 年，茨梅约夫（S. I. Zmeyov）在总结前人研究成果的基础上，将成人学习者的特征加以系统概括，认为他们已经拥有相当丰富的实践经验、社会经验和职业经验；他们深知自己的生活目标以及通过终身学习掌握知识和技能与这些目标的相关性；就准备加强学习的领域而言，他们通常已经获得了某种程度的背景知识；他们常常认为有必要尽快完成新的学习。[③] 通过以上对教师专业学习性质和成人学习特点的分析，可将在职教师专业学习的性质归结为以下几点：

（1）基于工作环境的自我导向学习。教师作为成人学习者，他们的学习行为与自己的工作生活密切相关，学习的动机来自内部自我专业成长的需要，有独立的自我概念并能够指导自己的学习。因此，教师专业学习是以教师工作环境为场域、以专业成长为目的的自我导向学习。

（2）基于问题解决的行动学习。教师专业学习是围绕自己工作中遇到的实际问题为中心展开的，问题激发了教师专业学习的需求、定向了教师专业学习的内容。学习是在解决问题的行动过程中展开的，

---

① 胡庆芳：《教师专业发展背景下的学习与学习文化的重建》，《上海教育科研》2005 年第 3 期。

② H. S. Bhola, *World Trends and Issues in Adult Education*, UNESCO, 1988, pp. 48 – 49.

③ ［加拿大］纳普尔、克罗普利：《高等教育与终身学习》，徐辉等译，华东师范大学出版社 2003 年版，第 47—50 页。

是基于实践问题的行动学习，因而他们常常对可以立即应用于自己问题解决的知识很感兴趣。

（3）基于教学案例的情境学习。在职教师的学习常常发生在自己教育教学的实践场域，并且他们已经积累了丰富的教学实践经验，这些经验是其开展学习的基础和资源，他们学习的关键是如何解决实际问题，因而基于典型案例的学习效果远远超过对抽象理论的学习，教师更喜欢通过观摩分析真实情境中的典型案例开展学习。

（4）基于实践经验的反思学习。教学作为一种高度复杂的实践工作，教师不可能通过预设的学习和知识储备来应对所有的真实教育问题，他们需要在具体实践情境中灵活生成问题解决策略并付诸实践，并对实践效果进行持续反思，在实践反思中提高自身的教学能力，从这个视角来看，教师专业学习是一种经验学习，是基于实践经验的反思学习。

（5）基于同伴互助的合作学习。教师专业学习有个体学习和群体学习，但个体学习行为也往往以群体学习行为为基础和驱动。因而其学习行为常常是以各种形式的实践共同体为背景的（如学科教研组、跨学科的课题组、校际协作共同体等），学习是在与同伴不断交流、研讨、观摩的合作学习过程中展开的。

四　教师专业学习的途径研究

美国学者约翰·D. 布兰斯福特（John D. Bransford）等于2000年在《人是如何学习的——大脑、心理、经验及学校》中按教师专业学习机会将教师专业学习途径分为从自己的教学实践中学习，在与其他教师的互动过程中学习，在自己学校内参与学位课程学习，报名参加研究生课程学习以及在正式工作外获得学习等。[①] 瓦莱士（M. Wallace）在研究各种教师专业学习模式的基础上概括出工艺模式、应用科学模式和反思模式三个教师专业学习基本模式，工艺模式即教师以“名师”或“专家教师”为榜样，向他们学习，观察和模

① ［美］约翰·D. 布兰斯福特、安·L. 布朗、罗德尼·R. 科金：《人是如何学习的——大脑、心理、经验及学校》，程可拉等译，高文审校，华东师范大学出版社2002年版，第211页。

仿他们的教学言行，观看他们的教学录像，从中学习他们的教学风格；应用科学模式即教师专业学习自己所教学科课程的专业知识、学科教学法以及相关学科的知识，通过这些知识及其适当方法建构应用于课堂教学实践的学习模式；反思模式即教师通过自己教学、观摩其他老师的课或回忆过去经历，然后自己反思或与他人讨论。[①] 香港大学徐碧美（Amy B. M. Tsui，2003）教授认为教师专业学习的有效策略包括反思和思考、不断探索和实验、质疑“没有问题”的问题和积极回应挑战等。[②] Van Eekelen 等通过访谈研究区分出行动学习、交互学习、阅读学习和思考学习四类主要的教师专业学习行为。[③]

我国学者张敏用解释结构模型法经过探索性分析和验证性分析提炼出了教师专业学习的七个具体行为，包括反思实践、专业对话、阅读规划、观摩学习、拜师学艺、记录研思、批判性思维。[④] 还有学者认为教师的学习经验来源于学校教育场景和日常生活场景，在学校教育场景中教师经验的来源主要有教师自己的教育教学实践、观摩别人的教育教学实践和学校的教育传统习俗，在日常生活场景中的经验来源包括参与和体验日常教育活动、观察和模仿其他教育活动、社会相互作用和社会文化因素等。[⑤] 孙传远博士认为教师专业学习的途径或方式是多种多样的，包括教学与观摩课、学历提升、研讨会与专家讲座、教研组活动、同伴互助交流、参加课题研究、阅读教育理论刊物、撰写反思日记、网络学习等。[⑥] 毛齐明博士总结我国教师日常学

---

① Wallace, M., *Training Foreign Language Teachers: A Reflective Approach*, Cambridge: Cambridge University Press. 1993, pp. 5 – 6.（转引自李志厚《教师校本学习研究》，博士学位论文，西北师范大学，2005 年，第 27 页。）

② Amy B. M. Tsui, *Understanding Expertise in Teaching: Case Studies of Second Language Teachers*, New York: Cambridge University Press, 2003, pp. 86 – 296.

③ I. M. Van Eekelen, H. P. A. Boshuizen, J. D. Vermunt, "Self – Regulation in Higher Education Teacher Learning", *Higher Education*, Vol. 50, No. 3, 2005, pp. 447 – 471.

④ 张敏：《教师学习策略结构研究》，《教育研究》2008 年第 6 期。

⑤ 陈振华：《论教师的经验性学习》，《华东师范大学学报》（教学科学版）2003 年第 9 期。

⑥ 孙传远：《教师学习：期望与现实》，博士学位论文，上海师范大学，2010 年，第 124 页。

习的主要方式包括团队研讨式学习（教研活动、科研活动）、结对传承式学习、个体反思性学习、理论接受式学习（个人阅读、读书会、专家讲座）。[①] 朱仲敏认为教师的有效学习方式分别是有意义的接受性学习（读书、听报告、参加学术会议等）、实践参与性学习（日常课堂教学实践、观课评课、上公开课、专题研讨等）和研究性学习（做课题、写论文等）。[②] 周冬祥等将教师的学习分为基于个人专业自主发展的研修学习、基于同伴互助共同发展的研修学习、基于教师与专家互动交流的研修学习三种方式。[③] 郭绍青等认为教师的学习可分为基于专业成长的自主学习、基于教学案例的情境学习、基于教学问题解决的行动学习、基于群体交互的协作学习等基本方式。[④] 周跃良认为教师培训、教师成为研究者、自我实践反思以及构建教师实践共同体应该成为教师专业发展的主要途径。[⑤] 不同研究者关于教师专业学习途径、方式、策略或行为的分析总结见表3－5。

表3－5　教师专业学习途径、方式、策略或行为的分析总结

研究者	年份	层次	分类结果
Amy B. M. Tsui	2003	策略	反思和思考、不断探索和实验、质疑“没有问题”的问题和积极回应挑战等
陈振华	2003	途径	教师自己的教育教学实践、观摩别人的教育教学实践、学校的教育传统习俗、参与和体验日常教育活动、观察和模仿其他教育活动、社会相互作用和社会文化因素等
Carolin Kreber	2005	策略	阅读有关教学的实践文章、参与同伴的咨询项目、与同事讨论教学问题、阅读学科杂志上教育学方面的文章、师从一位指导者、进行教学研讨、主动从学生那里寻求反馈、用可选择的教学方式进行实验、阅读教学的理论文章、进行教学研究、参加教学研讨会

① 毛齐明：《教师有效学习的机制研究》，博士学位论文，华东师范大学，2010年，第37页。

② 朱仲敏：《论中学教师的学习方式及其实现途径》，《教育探索》2008年第5期。

③ 周冬祥、陈佑清：《论教师的研修学习方式》，《教育研究与实验》2009年第4期。

④ 郭绍青、金彦红、赵霞霞：《技术支持的教师学习研究综述》，《现代教育技术》2012年第4期。

⑤ 周跃良：《信息化环境中的教师专业发展》，科学出版社2008年版，第42页。

续表

研究者	年份	层次	分类结果
Van – Eekelen	2005	途径	行动学习、交互学习、阅读学习、思考学习
张敏	2008	策略、途径	反思实践、专业对话、阅读规划、观摩学习、拜师学艺、记录研思、批判性思维
孙福海①	2008	途径	教师培训（进修）；校本培训；教师行动研究或研究性学习；案例、课题研究；教师专业发展学校
周冬祥等	2009	方式	基于个人专业自主发展的研修学习、基于同伴互助共同发展的研修学习、基于教师与专家互动交流的研修学习
孙传远	2010	途径	教学与观摩课、学历提升、研讨会与专家讲座、教研组活动、同伴互助交流、参加课题研究、阅读教育理论刊物、撰写反思日记、网络学习等
毛齐明	2010	方式	团队研讨式学习（教研活动、科研活动）、结对传承式学习、个体反思性学习、理论接受式学习（个人阅读、读书会、专家讲座）
赖志超	2010	途径	教育培训、自主反思、校本教研等方面，主要形式有专家讲座、脱产进修、教学观摩、教研组"听—说—评课"、自我反思、案例教学、与课题结合的教育教学研究、阅读自学、网络与博客等
韩继伟等	2011	途径	自身教学经验与反思、和同事的日常交流、教学观摩活动、阅读专业书刊、教育见习实习、教育类课程、学科教学法课程、专业课程、在职专业培训、入职后的学历教育、微格教学、课例观摩
郭绍青	2012	方式	基于专业成长的自主学习、基于教学案例的情境学习、基于教学问题解决的行动学习、基于群体交互的协作学习

通过上面的分析可以发现人们对教师专业学习方式的研究处在不同的层面，有的研究关注的是较为宏观的学习方式、有的研究关注的是较为抽象的实现途径、有的则是学习的具体方法、有的则关注学习

① 孙福海:《"教师学习"与教师专业发展》,《新西部》（下半月）2008 年第 16 期。

中用的策略。本书认为学习方式指的是学习者在完成学习任务过程中基本的认知和行为倾向，如自主学习、探究学习、合作学习等；学习途径则是指学习者完成学习任务时可能的策略与方法的选择，如通过观摩案学习、通过试验学习等；学习方法则指学习者为获得知识与技能所采用的具体手段和行为序列，如阅读书籍、听讲座等。基于以上理解，教师专业学习途径可分为在行动中学习、通过反思学习、通过观摩学习、在同伴交流中学习和通过理论知识获得学习等。

五　教师专业学习机制与影响因素

（一）教师专业学习的机制模型

1. 教师专业学习的个人建构模型

Banks、Leach 和 Moon 等的研究试图提出一个比 1987 年舒尔曼提出的框架更为成熟的教师知识观，如图 3－5 所示。他们的模型（Banks、Leach 和 Moon 的模型）建基于与教师共同开展的深度开发工作，

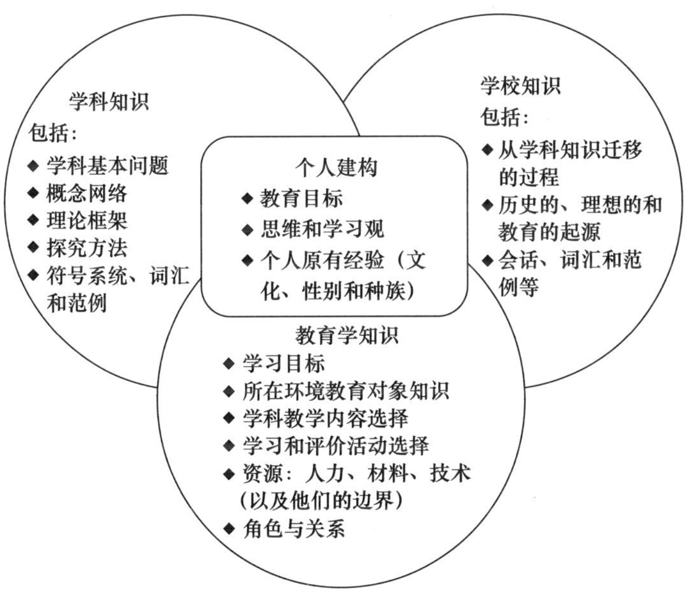

图 3－5　在创建一个教育情境中的教师知识

认为教师知识不仅包括舒尔曼所说的学科知识、教学法知识，还受政治环境因素和教师本人等诸多因素的影响。两位学者将“个人建构”置于模型（或他们思想）的中心位置，模型展示了一个动态的、交互的及容许复杂性和细微差别的教师知识观。①②③

2. 教师专业学习的系统模型

Hoban 在充分借鉴复杂性理论的基础上建立了自己的教师专业学习系统模型（Professional Learning System，PLS），该模型是支持教师专业学习的概念模型和实践模型，教师知识被看作始终是在经验及与他人交互过程中不断地重构的。Hoban 的专业学习系统理论描述了教师长期学习的一种有效方法的情境，这种动态的、情境化的、社会性的教师知识观是与机械论的“一蹴而就”的培训模式不相容的；尽管如此，该模型特别强调概念输入，即来自本地情境之外的新观点对教师专业学习的重要意义④⑤⑥，如图 3 -6 所示。

3. “多才多艺”教师模型

L. S. Shulman 和 J. H. Shulman 以对“多才多艺”教师特征研究工作为基础，认为一个多才多艺的教师是一个专业社群中的一个成员，他/她是有准备的（有远景）、有意愿的（有动机）、有能力的（不仅知道该做什么，而且能做该做的事情）、反思的（从经验中学习）以及团体的（作为一个专业社群中的一员），他/她善于从自己的教学经验中学习。该模型展示了多才多艺教师发展的特点，同时也是教师专

---

① Tony Fisher, Chris Higgins, Avril Loveless. Teachers Learning with Digital Technologies: A review of research and projects. Futurelab innovation in education（2012 -11 -10）

② Banks, F. , Leach, J. & Moon, B. . New understanding of teachers' pedagogic knowledge. In J. Leach & B. Moon, Learners & pedagogy. London: Paul Chapman Publishing Ltd. 1999pp. 89 -110.

③ ［英］Tony Fisher、Chris Higgins、Avril Loveless:《数字技术支持的教师学习：研究项目综述（上）》,《远程教育杂志》2008 年第 4 期。

④ Hoban, G. , *Teacher Learning for Educational Change*, Buckingham: Open University Press, 2002.

⑤ Tony Fisher, Chris Higgins, Avril Loveless. Teachers Learning with Digital Technologies: A review of research and projects. Futurelab innovation in education（2012 -11 -10）.

⑥ ［英］Tony Fisher、Chris Higgins、Avril Loveless:《数字技术支持的教师学习：研究项目综述（上）》,《远程教育杂志》2008 年第 4 期。

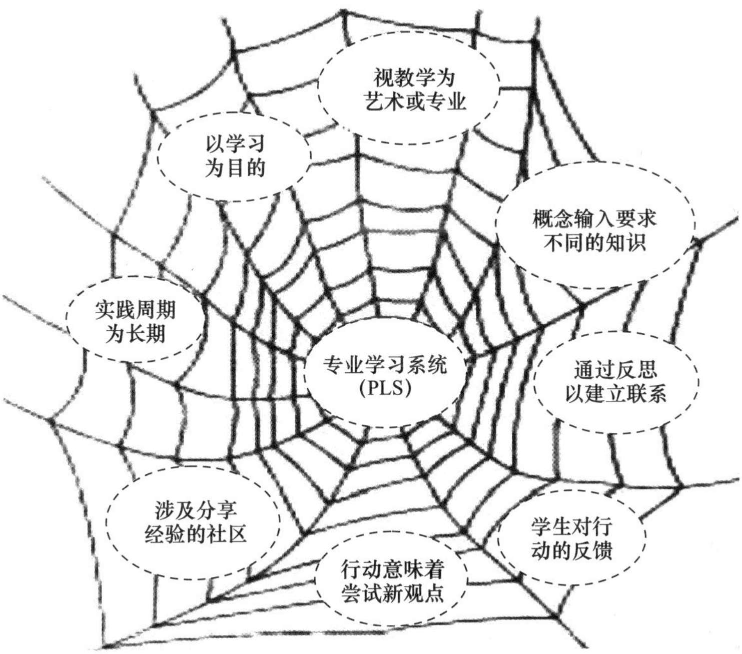

图 3－6　专业学习系统中教师学习的条件

业学习的特点，这些特点包括：远景、动机、理解、实践、反思和社群。Shulman 的模型提出了一个“鸟巢式”的图形表示，个人反思被置于中心位置。以反思为核心的个人学习受个体层面、社群层面和政策/资源层面诸多因素的影响①②③，如图 3－7 所示。

（二）教师专业学习的关键要素

通过以上对教师专业学习机制和影响因素相关模型的研究可以发现，有效的教师专业学习过程通常涉及以下几个关键要素。

（1）实践反思（Reflection）。教师真正的改变必须源于对自身教

① Shulman, L., & Shulman, J., “*How and what teachers learn: A shifting perspective*,” *Journal of Curriculum Studies*, Vol. 36, No. 2, 2004, pp. 257－271.

② Tony Fisher, Chris Higgins, Avril Loveless. Teachers Learning with Digital Technologies: A review of research and projects. Futurelab innovation in education (2012－11－10)

③ ［英］Tony Fisher、Chris Higgins、Avril Loveless:《数字技术支持的教师学习：研究项目综述（上）》,《远程教育杂志》2008 年第 4 期。

学相关现实状况的清醒认识和理解，这种认识和理解关键来源于教师对自身实践的不断反思。杜威（Dewey）早在1993年就鼓励教师在反思中学习和成长，他指出教师反思的功效在于将自己从一个混沌、模糊、冲突的认知状态转移至一个清晰、明确、和谐的新情境。舍恩（Schon）也多次主张教师要成为“反思性实践者”，主张行动前的反思、行动中的反思和行动后的反思。以上三个模型中都强调了个体反思在教师学习中的重要性。

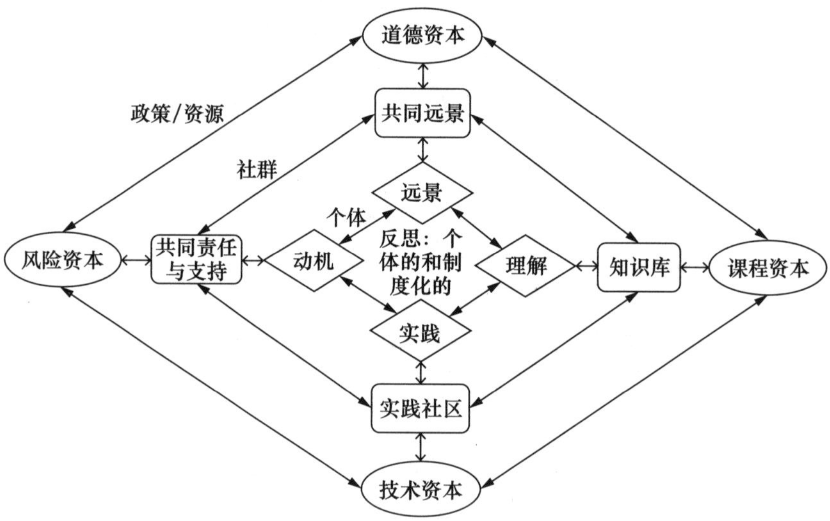

图3－7　分析的水平：个体、社群与政策

（2）行动经验（Practical Experience）。在经验中学习是所有成人有效学习的关键。在职教师作为成人学习者，拥有的大量实践经验是他们学习得以发生的基础和有效资源。对于新的变革措施和教育理念，只有教师通过自身的实践和行动才能较深入地理解其真实理念和价值所在。教师在知识、观念和行为等方面的真正改变必须通过实践检验和确认。

（3）实践社区（Comuunity）。教师实践社区可以加强教师之间的沟通和交流，让所有成员对自己和他人的教学实践有一个认识和反思的机会。在这种交流和反思中实现知识和经验的共享，实现知识和观念的创新。上面介绍的三个教师学习模型都强调教师所处的环境及实践社群对教师学习的重要意义。

（4）概念输入（Conception Inputs）。当教师在实践反思、行动体验和社群交往中有所感悟，尝试改变课堂教学实践的时候，他们固有的思维模式会限制他们对已有理论方法的实践落实、缺乏有效的革新创意。在这种情况下适当地给予教师认识层面的输入，拓展他们的视野，让他们跳出自己的思维框架展开实践探索，如 Hoban 模型中将“概念输入”作为有效教师学习系统的关键要素。

（5）反馈信息（Feedbank Information）。当教师通过各种方式的知识学习对相关教学问题有了新理念、新想法之后，会将其尝试性地应用在自己的教学实践之中。如果实践取得了良好的效果，获得了学生或同事的积极反馈，他们才会“确认”所学知识的正确性，进而长期地改变自己的教学行为。

六　教师专业学习研究述评总结

教师专业学习可以理解为教师在有外部条件支持的实践共同体中通过意义协商、知识共享和实践练习建构实践性教学知识、改变教学行为、生成组织文化和实现自身角色转变的过程，是内部认知结构形成和外部教学行为改变的统一，是教师个体学习与其所处组织学习的统一。教师学习是基于工作环境的自我导向学习、基于问题解决的行动学习、基于教学案例的情境学习、基于实践经验的反思学习、基于同伴互助的合作学习。教师学习的途径可分为在行动中学习、通过反思学习、通过观摩学习、在同伴交流中学习和通过理论知识获得学习等多种。教师学习的结果或发展的目标是丰富实践性知识、提升教学专长，实现教师职业生涯健康发展。有效教师学习的关键要素是实践反思、行动体验、实践社区、概念输入和反馈信息等。因此，在教师行动学习模式的设计中应该要体现教师学习的性质、特点和关键要素。此外，博科尔（Borko，2004）提出了教师学习研究可选择的三个分析单位：①以教师个体为分析单位，侧重描述教师个人的学习活动及相应的心理变化；②以教师群体为分析单位，侧重分析教师所处的实践共同体及其相应学习活动的特点；③采取教师个体和教师群体双重分析单位，考察个体与环境的互动对教师学习的影响①，本书中对教师学习的分析采取第三种分析方式。

---

① Borko, H., "Professional development and teacher learning: Mapping the terrain," *Educational Researcher*, Vol. 33, No. 3, 2004, pp. 3 – 15.

第四章　技术支持的教师专业学习研究

第一节　技术场域观的确立

一　技术是什么

（一）技术本质论

1877 年，德国地理学家、哲学家恩斯特·卡普（Ernst Kapp）发表了《技术哲学纲要》一书，标志着技术哲学的诞生。从此，对"技术是什么""技术包括什么"等问题的思考便成为技术哲学研究者无法绕开的基本问题，由此引发的关于技术的概念与本质的争论便从未停止过。但到目前为止，技术哲学领域并未对技术的概念和本质问题达成统一的认识。正如德国另一位当代哲学家弗里德里希·拉普（Friedrich Rapp）所说："只要试图给'技术'一词下定义，人们就会发现离开这个术语的模糊性，就等于不适当地减少了问题的复杂性，从而抹杀了所要研究对象的复杂性。"① 根据不同研究者对技术的理解和定义，可以将对技术本质的认识分为以下几种②：

（1）技术能力（技能）说。技能说认为技术就是经过熟练而获得的经验、技能和技艺。这一观点的代表人物当推亚里士多德，他将技术定义为"人类活动的技能"。苏联学者布罗诺夫斯基将技术定义为"人类用以改变环境的各种不同技能的整体"。日本学者村田富二

---

① ［德］拉普：《技术哲学导论》，刘武等译，辽宁科学技术出版社 1986 年版。

② 王树松：《论技术合理性》，博士学位论文，东北大学，2005 年，第 59—62 页。

郎将技术定义为在生产现场中，直接或间接被充分利用的，只有经过特定训练的人才具备的特定能力。

（2）技术知识说。技术知识说以“知识”为基础，将技术理解为一种特殊的知识形态或知识体系。德国的贝克曼（E. O. Beckmann）认为技术是“指导物质生产过程的科学或工艺知识”。美国的西蒙（L. A. Simon）认为，“技术不是物体，而是知识”，“技术是关于如何行事，如何实现人类目标的知识”。邦格于1977年在《技术的丰富哲理》中将技术定义为“为按照某种有价值的实践目的用来控制、改造和产生自然的事物、社会的事物和过程，并受科学方法制约的知识总和”。美国管理学家哈罗德·孔茨（Harold Koontz）认为，“技术是我们进行工作的方法所需知识总和的综合表示”。[①] 我国的《辞海》对技术的定义是：“技术是人类在争取征服自然力量，争取控制自然力量的斗争中，所积累的全部知识与经验。”陈文化教授和禹智潭认为，“技术是人类利用、控制与改造自然、社会、思维的方式方法的集合，是关于怎么‘做’的知识体系，即实践性的知识体系”。[②] 张华夏与张志林两位教授认为：“技术是一种特殊的知识体系，一种由特殊的社会共同体组织进行的特殊的社会活动。不过这种知识体系指的是设计、制造、调整、运作和监控各种人工事物与人工过程的知识、方法与技能的体系。”[③] 技术知识论是技术与认识论相结合的产物，它将技术从知识的角度来认识。由于“知识”这一概念本身的模糊性，技术知识论受到了来自外部的批判。

（3）技术工具（方法）说。技术工具说将技术理解为实现目的的物质手段或工具体系的总和。技术工具论者认为技术就是工具，以物化技术体系存在，技术活动就是创造或使用物化技术体系的过程。技术与人性无关，技术作为人体器官的延伸，与人有偶然的、外在的

---

① 李保明：《一种大技术观》，《自然辩证法研究》1994年第5期。

② 禹智潭、陈文化：《技术：实践性的知识体系》，《科学技术与辩证法》1998年第6期。

③ 张华夏、张志林：《从科学与技术的划界来看技术哲学的研究纲领》，《自然辩证法研究》2001年第2期。

关系。如法国的狄德罗把技术定义为，“完成特定目标协调一致的方法、手段和规则的体系”。埃吕尔认为，技术是“在一切人类活动领域中通过理性得到的（就特定发展状况来说）具有绝对有效性的各种方法的整体”。[①]《简明不列颠百科全书》认为，“技术是人类改变或控制客观环境的手段或活动”。苏联大百科全书将技术定义为“为实现生产过程和为社会的非生产需要服务而创造的人类活动手段的总和”，认为“生产技术中最积极的部分是机器”，“技术就是生产体系中劳动手段的总和”[②]。我国学者于光远先生主编的《自然辩证法百科全书》中把技术定义为“是人类为了满足社会需要，而依靠自然规律和自然界的物质、能量和信息，来创造、控制、应用和改进人工自然系统的手段和方法”[③]。技术工具论把技术的本质固定在物的对象中来理解，人造物成为技术工具论研究的基本单元，而忽视了人类的实践活动。工具论的观点一直是支配技术观念的主导观念之一。

（4）技术行动（过程）说。技术行动说是从实践行动或活动过程的角度理解技术，它具有悠久的历史并在技术哲学中有重要影响。西班牙哲学家 X. 奥尔特加·伊加塞特认为，技术是改变和改造大自然的实践活动。海德格尔、米切姆等都认为技术是人的行动或活动的观点。[④] 我国技术哲学学者远德玉认为，技术是一个独立的存在，技术是客观的手段同主观的能力相结合的产物，技术是主体与客体相结合而形成的一个动态过程，没有过程便无所谓技术。正如他所说：“一项技术乃是人们为了一个特定目的，根据已有的知识和经验所形成的原理，利用一定的手段和方法，对自然实行控制和改造过程的总

① 张弘政：《从技术的二重性看技术异化的必然性与可控性》，《科学技术辩证法》2005 年第 5 期。

② 李永红：《技术认识论探究——关于技术的现代反思》，博士学位论文，复旦大学，2006 年，第 35 页。

③ 陈昌曙：《技术哲学引论》，科学出版社 1999 年版，第 95 页。

④ 王树松：《论技术合理性》，博士学位论文，东北大学，2005 年，第 59—62 页。

和。这种过程不仅是人所创造的，而且又是由人来操作和控制而实现的。”① 他和陈昌曙教授认为，“不能把技术归之于是设计、制造和调整、运作和监控人工过程或活动的知识体系，技术就是设计、制造和调整、运作和监控人工过程或活动本身。简单地说，技术问题不是认识问题，而是实践问题，实践当然离不开认识，但不能把它归结为认识”②。

（5）知识应用说。应用说将技术理解为科学知识、规律或其他结构化知识在实践中的应用。邦格提出技术是科学的应用，他在《技术的丰富哲理》中将技术定义为，“按照某种有价值的实践目的用来控制、改造和创造自然的事物和过程”③。日本技术哲学家武谷三男及其学生星野芳郎提出，技术是人们在实践中对客观规律的有意识的应用，他们认为，“技术是在生产实践中客观规律性的有意识的运用”④。美国学者杰恩瑞（Cass G. Gentry）给技术下的定义是：整体地或逻辑地应用行为科学和物理科学概念以及其他知识解决问题。⑤ 德索尔把技术定义为“技术是通过有目的的形式和对自然资源的加工，而从理念得到的现实”。加尔布雷斯（Galbraith）将技术定义为“科学的或其他结构化的知识在实践任务中的系统应用”。⑥ 在 Michael Spector 等主编的《教育传播与技术研究手册（第三版）》［*Handbook of Research on Educational Communications and Technology*（*third edition*）］中也将技术定义为，“科学知识或其他结构化知识在实践任务中的应用”（The application of scientific or other organized knowledge to

---

① 远德玉：《技术是一个过程——略谈技术与技术史的研究》，《东北大学学报》（社会科学版）2008 年第 3 期。

② 陈昌曙、远德玉：《也谈技术哲学的研究纲领》，《自然辩证法研究》2001 年第 7 期。

③ 陈昌曙：《技术哲学引论》，科学出版社 1999 年版，第 95 页。

④ 汪基德：《中国教育技术学科的发展与反思》，博士学位论文，西北师范大学，2007 年，第 79 页。

⑤ 刘美凤：《教育技术学学科定位问题研究》，教育科学出版社 2006 年版，第 68 页。

⑥ ［英］Michael Molenda、Rhonda Robinson：《教育技术的含义》，彭绍东等译，《现代教育技术》2005 年第 3 期。

practical tasks）。[1]

（6）技术实体论。技术实体论者明确反对“工具论”的技术本质观，认为在现代技术中起支配作用的是一种“超验的”自主性力量，它来自一个外在的理性王国，以第二自然的身份冲击着社会生活。海德格尔以“座驾”指称，马尔库塞以“技术理性”指称，埃吕尔以“系统”指称。在他们看来，现代技术的鲜明特征是其统治性和奴役性。这种技术本质观实际是技术实践论和技术行动论的上位称呼。[2] 他们一致的假设是将技术视为独立的系统，认为技术的充分运用对于人和人性的重要意义远远超过了使用它的表层目的。[3]

从上面的分析中可以看出，技术究竟是个体的技能技巧，是一种实践性知识体系，是已有知识的应用，是实现目的的工具手段，还是解决问题的过程本身，抑或是实体论者认为的一匹“脱缰的野马”？到目前为止并无一致的认识，然而要研究技术支持教师学习的问题，必须确立自己明确的技术观。为此，有必要从技术词源的角度展开解析以深入理解技术的内涵。

（二）技术的内涵

（1）技术释义。“技术”在古代汉语中并不是一个单词，“技”和“术”是分开使用的。“技”有两种意思：一是技艺、技能；二是工匠。“术”则包括方法、策略和途径等意思。两者合在一起形成的“技术”一词则包括三种意思：一是指与个人涉身经验相关的能力和本领，如手艺、技艺、技巧、诀窍、技能；二是指一般意义上的知识、方法、途径和策略，如艺术、方式、方法、手段、策略等；三是指作为职业分工的工匠。值得注意的是，“技”“术”和“技术”的本来含义中都并不包括外在工具、设备这层含义，古代常常用“器”

---

① Michael Molenda Historical Foundations. In J. M. Spector, M. D. Merrill, J. V. Merrienboer, M. P. Driscoll, Handbook of Research on Educational Communications and Technology (3rd ed.), London, NY: Lawrence Erlbaum Associates, 2010, pp. 3 – 20.

② 吴致远：《技术的后现代诠释》，博士学位论文，东北大学，2006 年，第 115 页。

③ 张成岗：《理解“技术实践”——基于科学、技术的划界》，《安徽大学学报》（哲学社会科学版）2009 年第 6 期。

来表达这个意思，所以有“工欲善其事，必先利其器”的说法。欧洲语言中传统意义上的“技术”通常也包含两个义项：一是实际行动或活动方面的技巧（skill），二是一般意义上的方法和窍门。如希腊文中用“techne”表示，主要指技巧、技能；德文中用“technik”表示，法文中用“arts”“technique”表示。随着工业化社会的到来和西方现代技术的传入，我国“技术”的第三层意思，即“工匠”的意思便逐渐弱化或去掉，增加了新的义项，即工具、设备、装备等意思，而且由于西方现代技术以大量的现代化设备区别于古代技术，“技术”新的义项中“现代技术”的含义不断得到凸显，这和英语环境中“technique”和“technology”的用法转义有密切关系。在现代语境中，与“技术”相对应的英语单词常常用“technology”而非“technique”。technique 主要是指制作事物的具体操作和专门方法，例如干燥、算析、激光探测等，前者是指对多种“technique”的系统研究。从构词法上看“technology”后面加“-logy”后缀，应该表示的是对“技术”进行解释和研究的一门学问，表示具体的“技术”的应该是“technique”。造成这种情况的原因在于英语中的“technology”发生了转义和意义拓展，使得“technology”所指更加广泛，不仅包括传统意义上的“technique”之义，而且有所特指，即往往与科学的应用、大工业体系、机械设备等相联系，更多的是指“现代技术”“科学化的技术”“高新技术”“系统化技术”等。①

随着各种文化体系下“技术”一词的相互影响和形塑，当前“技术”（英文 technology，德文 technik，法文 technique）一词主要包含四个义项：①与个人身体实践相关的技巧、技能、技艺、技法；②体现在行动和做事情之中的方法、手段、途径；③物化了的工具、设备、设施、装备；④工业技术、工程技术、应用现代科学的后现代技术。②

（2）技术与科学。科学并不是汉语固有的一个术语，而是通过日本从西方引进的一个词，英文为“science”、德文为“die wissen-

① 吴国盛：《技术释义》，《哲学动态》2010 年第 4 期。

② 同上。

schaft”、法文为“scientin”，均源于拉丁文“scientia”，取其“知识”“学问”之义。17 世纪中叶的明末清初，传教士将西方的自然知识体系带入中国，“science”被译为“格致”“格致学”“西方格致”等，“格”在这里是“穷究”的意思。《大学·礼记》上说“致知在格物，格物而后知至”，意思是指通过研究事物的原理而获得知识。19 世纪末，康有为和梁启超把日本的“科学”一词引进中国，随后梁启超、王国维、严复、杜亚泉等开始频繁使用“科学”一词，形成了 20 世纪头十年“科学”与“格致”并存使用的局面。1912 年，时任中华民国教育总长的蔡元培下令取消了“格致科”，1915 年，美国康奈尔大学的中国留学生任鸿隽等创办了影响深远的杂志《科学》，标志者“格致”退出历史舞台，“科学”成为“science”的定译。① “科学”一直以来就是一个变化、发展的概念。古代的科学是和哲学融合在一起的，它泛指种种知识。亚里士多德认为科学是一种从观察上升到一般原理，然后再返回到观察的活动，他研究的对象是没有人参与的自然界，科学的重要功能在于解释，即从有关某事实的知识过渡到关于这个事实的原因的知识。② 苏联自然辩证法专家 B. 凯德洛夫和哲学家 A. 斯皮尔金指出：“科学的概念既用于表示科学知识的加工过程，也用于表示由实践检验其客观真理性的知识的整个体系。”③《中国大百科全书》这样定义：“科学是以范畴、定理、定律形式反映现实世界多种现象的本质和运动规律的知识体系。有时还指生产知识的活动和过程。”④ 可以说目前“科学”并没有一个公认的界定，但整体而言其包括如下基本内涵：科学是系统化、理论化的知识体系；科学是创造知识的社会活动；科学是一种社会建制。⑤

在当代，科学与技术之间的概念已经逐渐模糊，以致出现了科学

① 吴国盛：《现代中国人的“科学”概念及其由来》，《人民论坛》2012 年第 1 期。

② 亚里士多德：《物理学》，商务印书馆 1982 年版，第 16 页。

③ B. 凯德洛夫、A. 斯皮尔金：《科学》，知识出版社 1985 年版，第 284 页。

④ 邱仁宗：《论科学的合理性》，博士学位论文，中国社会科学研究院研究生院，2001 年，第 25 页。

⑤ 同上书，第 25—27 页。

技术一体化现象，“科技”一词成为这一现象的直接“产物”，英文中甚至也出现了“technoscience”一词。这一方面是由于科学知识向技术应用转化的时间间隔在缩短。例如，18 世纪第一次产业革命的主要技术纺织机和蒸汽机所依赖的基本力学知识早在古希腊就已发现；19 世纪后期第二次产业革命中的主要技术电动机所依赖的电磁感应原理法拉第早在 57 年前就发现了；无线电发明距麦克斯韦建立电磁波理论就缩短为 35 年；原子弹等技术在实际中的应用与其原理发现的时间只有短短几年。另一方面由于现代技术所依托的科学原理越来越复杂，与技术相关的知识逐渐膨胀并与科学知识相互混杂。科学与技术的混淆造成了诸多不良后果，模糊了科学与技术的本质内涵。正如学者陈昌曙认为的：“给技术下一个简明的定义是必要的，但更有必要和更有助于理解的是从诸方面展开描述技术的特征，从技术与科学、技术与生产的种种关系中把握技术的属性。”① “科学是一种社会活动，其直接职能是不断探求和系统总结关于客观世界的知识，形成一定的知识体系，这种知识体系还可以物化为社会生产力。技术则是指为满足社会需要而利用自然规律在实践活动中创造的劳动手段、工艺方法和技能体系的总和，技术既具有自然属性又具有社会属性。”② 两者在对象、思维方式、目的等方面有所不同。科学的研究对象是客观地独立于人类的自然系统；技术的研究对象是人工自然系统，即被人类加工过的为人类目的而制造出来的物理的、化学的、生物的和社会的人工系统。科学解决的是“什么样”的问题；技术解决的是“如何做”的问题。科学的目标与价值在于探求真理，弄清现实世界中事物的规律，寻求人类知识的增长；技术以达到控制自然、改造世界、增长社会财富为目的。由于目的不同，对科学的评价强调真理性标准，对技术的评价则强调功利性标准；“科学无国界”，科学知识不需要保密，但技术则具有民族性、区域性等，需要以专利或法律形式

① 陈昌曙：《技术哲学引论》，科学出版社 1999 年版，第 93 页。

② 张成岗：《理解“技术实践”——基于科学、技术的划界》，《安徽大学学报》（哲学社会科学版）2009 年第 6 期。

保护。

日本诺贝尔奖获得者江崎，曾对科学与技术作了如下的区别，他说："通过对自然的探索和认识，以揭明对自然的好奇，这就是科学；而怀着明确的目的，利用自然科学知识，对自然进行控制，这就是技术。"① 在米切姆看来，科学主要解决一个"真"（认识论问题）的问题，其根本的价值向度是求真，是对客观真理的追求与探索。②

从以上对技术的释义及科学与技术的关系分析来看，对技术的理解应该采取一种动态而综合的视角：技术是应用科学知识改造自然世界或人工世界的实践过程，同样的科学知识由不同实践者的应用可能会形成不同的方法、策略，这和实践者本身固有的技能、技巧和思维模式等涉身因素有关；当这些方法、策略被实践检验和完善之后，会逐渐积累形成面向实践的技术性知识体系；当这种技术性知识体系足够成熟和完善后，又可以据此设计制作成实体形态的技术工具；这些不断产出的技术工具应用于实践，改变了我们的生存环境和生活方式；这些技术性知识或技术工具在使用的过程中可能出现"异化"，从而又以一种人类难以预料和控制的方式影响人类本身。

二　技术的形态论研究

对技术表现形态的研究是理解技术内涵及其本质的重要途径。目前，对技术形态的研究有以下几种主要观点。

（一）米切姆的技术概念框架

美国当代技术哲学家卡尔·米切姆（C. Mitcham）在《通过技术思考——工程与哲学之间的道路》（*Thinking Through Technology: The Path between Engineering and Philosophy*）一书中阐述了技术哲学研究的工程传统和人文传统，在此基础上提出了"技术作为人工物（object）、技术作为知识（knowldge）、技术作为过程（activity）、技术作为意志（Volition）"这一整合的技术类型概念框架。米切姆技术概念

① 远德玉：《技术是一个过程——略谈技术与技术史的研究》，《东北大学学报》（社会科学版）2008 年第 3 期。

② 田鹏颖：《从技术的思想到技术的伦理学转向》，《哲学动态》2005 年第 4 期。

框架以强大的解释力和开放性开阔了技术哲学的多种研究进路。

（1）技术作为人工物——技术的客体形态。当提到“技术”（technology）一词时，人们很容易把它与人工物联系在一起，如工具、机器等人工制品，包括装置、工具、机器和各种消费品。这表明技术是同人工制品联系在一起的，在这个前提下，米切姆提出了“技术是人工物”的观点。技术人工物是技术存在方式的基础，是技术在文化、历史意义上存在方式的最基本的标志和前提，是技术的客体形态。正如米切姆所说：“技术的客体形态不是技术展现自身的最简单的方式，但却是一种最直接的方式，客体包括各种物质形态的人工制品。”① 关于技术人工物有两个基本哲学问题需要回答：人工物是什么？如何理解人工物这一存在形态？对两个问题的回答是通过人工物与自然物的区别来进行的。现象学技术哲学通过将技术人工物还原后认为技术人工物的本质规定性在于：人工物首先同所有的自然物一样具备物的特征，具有一定的结构；更重要的是人工物是人所“创造”的，是人通过感性活动对自然物或已经存在的人工物改造和利用的结果，在人工物上凝聚着人类的意向。和自然物的结构与功能的二重性相比，人工物则是结构与意向（功能）的二重性。人工物之中既有物的因素，也有人的因素，是客观世界的规律性与人类的意向性的统一。因此，技术人工物是人类智慧的结晶。②③④

（2）技术作为知识—技术的智能形态。仅仅将技术作为人工物理解是不够的，“技术这个词包含很多种意义和内涵，它可以指人类发明的产品和人工制品，也可以表示创造这种产品所需要的知识体系”。⑤ 如果人们注意到制造和使用过程中所包含的知识和技能，那么

① Mitcham C. *Thinking Through Technology*: *The Path between Engineering and Philosophy*, Chicago: the University of Chicago Press. 1994, p. 61.（转引自钱钱《米切姆技术哲学思想初探》，硕士学位论文，大连理工大学，2004 年，第 13 页。）

② 陈向阳：《论当代技术教育的四种可能进路》，《自然辩证法研究》2011 年第 10 期。

③ 田鹏颖：《从技术的思想到技术的伦理学转向》，《哲学动态》2005 年第 4 期。

④ 牟焕森：《技术哲学的历史及其逻辑结构》，《探求》2005 年第 1 期。

⑤ 国际技术教育协会：《美国国家技术教育标准：技术学习的内容》，黄军英译，科学出版社 2003 年版，第 20—21 页。

"技术就是知识"，基于这个前提米切姆提出了"技术作为知识"的观点。这些知识包括技能、技术准则或关于科学工作的经验法则、描述性定律、技术理论等。正如莱顿在《作为知识的技术》一文中指出"技术知识是关于如何做或制造东西的知识，技术变迁的本质是知识变迁"。他认为恰恰是知识，而非人工制品，才是技术的根本。① 卡彭特（Carpenter，1974）提出了技术知识分类框架，即工匠技能技术、格言描述性法则和科学理论②；米切姆赞同这种分类框架并对这一分类做了改进，将科学理论改为技术理论③；罗泼尔（Ropohl）继续扩展了卡彭特—米切姆的分类框架，增加了社会—技术理解来陈述明言知识的价值，形成了五类技术知识的类型，即技艺诀窍、功能规则、结构规则、技术定律以及社会—技术理解等。④ 正因为技术具有知识形态，技术工艺、过程、方法等才可能代代相传，使得技术的传播和发展更快捷、更系统。技术的发展与应用以知识为基础，同时技术的发展中又产生新的技术知识。⑤

（3）技术作为过程——技术的活动形态。密切姆认为尽管提到技术人们首先想到的是技术的人工物形态，但技术的基本范畴是活动过程。在与技术活动相联系的基本行为类型中，最常见的技术活动包括工艺、发明、设计、制作、使用和维护等，他们基本上是围绕着"制造"和"使用"两个主题展开的。将过程和活动当成技术的基本范畴，这是工程师和社会科学家这两个不同职业群体的共同特征，工程师注重过程，强调制造的一面，而社会学家注重使用。⑥ 米切姆指出：

---

① 陈向阳：《论当代技术教育的四种可能进路》，《自然辩证法研究》2011 年第 10 期。

② Carpenter S. R.，"Modes of knowing and technological Actioin"，*Philosophy Today*，Vol. 18，No. 2，1974，pp. 162 – 168.（转引自陈向阳《论当代技术教育的四种可能进路》，《自然辩证法研究》2011 年第 10 期。）

③ ［美］卡尔·米切姆：《通过技术思考——工程与哲学之间的道路》，辽宁人民出版社 2008 年版，第 215 页。

④ Ropohl G.，"Knowledge Types in Technology"，*International Journal of Technology and Design Education*，Vol. 1，No. 1 – 2，1997，pp. 65 – 72.

⑤ 钱钱：《米切姆技术哲学思想初探》，硕士学位论文，大连理工大学，2004 年，第 13 页。

⑥ 吴国盛：《技术哲学经典读本》，上海交通大学出版社 2008 年版，第 24 页。

“应用技术知识生产技术制品的活动和使用技术制品的相关行为中，都体现出‘技术是活动’”。[①] 美国《国家技术教育标准》指出：“技术”这个词还可以表示技术知识的产生过程以及技术产品的开发过程。[②] 尝试对技术活动进行分类，不像对技术客体和技术知识进行分类那么容易，但米切姆还是将技术活动划分为发明、设计、制作和使用四种基本类型。他认为制作和使用实践活动的程度比发明和设计要多，而发明和设计更能体现技术的知识形态或技术的意志形态，制作和使用是技术活动的本质特征。与制作和使用相比，发明和设计所蕴含的创造性成分相对较多，更能体现活动主体的主观意愿。

（4）技术作为意志——技术的意志形态。作为意志形态的技术包括意愿、动力、目的、动机、欲望、意图、抉择等。米切姆认为在不同的技术哲学家那里，技术经常被赋予不同的意志特征。如在刘易斯·芒福德（Lewis Mumford）看来技术是控制和激励的意志，在席梅尔（Eberhard Zschimmer）看来技术是自由的意志，在拉朱莫夫斯看来技术则是对效率追求的动机，在荷西·奥德嘉·贾塞特（José Ortegay Gasset）看来技术是自我观念实现的动机。显然，这些不同的意志体现将产生不同类型的技术，对技术本质的这种理解意味着技术的共性与个性之间的矛盾，意味着自我理解与意志水平之间的矛盾。而当代哲学家海德格尔从现象学的基础存在论出发对技术所作的形而上学思考中，也体现了这种非人格化的意志倾向。[③④]

（二）技术类型三分法

我国东北大学技术哲学学者陈凡教授认为技术的本质是人类在利用自然、改造自然的劳动过程中所掌握的各种活动方式的总和。它根据作为技术本质具体表现形态的技术要素，将技术的表现形态分为经

---

① Mitcham C. *Philoso Phizing about Technology*: *Why Should We Bother*? *In the Bulletin of the Institute for Business*, Technology & Ethics, No. 7, 2001, p. 4（转引自钱钱《米切姆技术哲学思想初探》，硕士学位论文，大连理工大学，2004 年，第 13 页。）

② 国际技术教育协会：《美国国家技术教育标准技术学习的内容》，黄军英译，科学出版社 2003 年版，第 20—21 页。

③ 黄欣荣：《论奥特加的技术哲学》，《科学技术与辩证法》2003 年第 6 期。

④ 田鹏颖：《从技术的思想到技术的伦理学转向》，《哲学动态》2005 年第 4 期。

验形态的技术、实体形态的技术和知识形态的技术三类。[①] 我国教育技术学学者李芒教授也以这种分类方式为基础对教育技术展开哲学思考。[②]

（1）经验形态的技术要素。经验形态的技术要素主要是指经验、技能等主观性的技术要素。所谓经验，是人们在长期实践活动中的体验，这种体验主要是在生产过程中，是对工作方式及方法的直觉体验的积累和综合。所谓技能，则是以技术知识、劳动工具和经验为基础，在劳动过程中所表现出来的主体活动能力，包括技巧、诀窍等实践知识。经验技能在不同的历史时期表现出不同的形式，如古代是以手工操作为基础的经验技能，近代是以机器操作为基础的经验技能，到了现代则是以技术知识为基础的经验技能。三种形式的经验技能代表了人类在利用和改造自然的过程中主体活动能力或方式的不同发展阶段。[③] 与此相对，不同的职业人群所表现出来的经验技能也有所不同，作为教师的经验技能则是以教师实践性知识为核心的教学设计、媒体使用、课堂管理、突发事件处理等经验技能。

（2）实体形态的技术要素。实体形态的技术要素主要是指以生产工具为主要标志的客观性技术要素。按照米切姆的观点，可以将实体技术按主动性和被动性分为以技术手段为标志的“活技术”和以技术成果或技术对象为特征的“死技术”。与经验技能相类似，实体形态的技术也可以按照不同历史时期分为手工工具、机械装置、自动机床和智能设备等不同表现形态，不同形式的实体技术表现了人类应用自然、改造自然的物质手段的不同发展阶段。[④] 教育技术中的实体性要素则是指以教学工具和教学机器等媒体为主要标志的客观性技术要素。以媒体为主要标志的实体性要素也包括作为技术成果的“死技术”和作为技术手段的“活技术”，前者指硬件技术或设备，后者指对各类教学媒体的运用技术，而活技术是占主导地位的。因此，教育

① 陈凡：《论技术的本质与要素》，《自然辩证法研究》1988 年第 1 期。
② 李芒：《关于教育技术的哲学思考》，《教育研究》1998 年第 7 期。
③ 陈凡：《论技术的本质与要素》，《自然辩证法研究》1988 年第 1 期。
④ 同上。

中的实体性要素的关键不在于使用什么设备和工具，而在于怎么使用和为什么使用这些设备和工具。[①]

（3）知识形态的技术要素。知识形态的技术要素是指以技术知识为象征的主体化技术要素。所谓技术知识，是人类在劳动过程中所掌握的技术经验和理论，包括经验知识和理论知识两种表现形式。经验技术知识就是关于生产过程和操作方法规范化的描述或记载，而理论技术知识则是关于生产过程和操作方法的机制或规律性的阐述。不同形式的技术知识表现了人类利用自然、改造自然和认识能力的不同发展阶段。[②] 知识形态的技术要素是一种非物质性的，具有抽象性的，甚至是具有方法论意义的技术要素。纵观教育技术的发展历程可以看出，伴随着教学媒体的不断革新，新媒体不断涌现，教育技术的知识理论要素在不断丰富和深化，从视听教学理论、传播教学理论、教学媒体理论，直到教学系统方法理论及现代教学设计理论，都可视为知识形态的技术。[③]

（三）技术类型的二分法

对技术作实体形态和物化形态的区分似乎只在教育技术研究领域受到重视，这是因为在教育技术发展的早期，人们普遍简单地将技术理解为媒体工具。詹姆斯·芬恩（James D. Finn）和唐纳德·伊利（Donald Ely）在纠正人们认识上偏差的过程中强调技术并不仅仅意味着机器与设备等外化的物质实体，也不仅仅意味着基于硬件基础之上的软件系统，还应该包括对硬件设备和软件系统设计和使用的知识在内。[④⑤] 我国教育技术学者李龙教授基于以上对教育技术本质的认识，结合李克东先生提出的“教育技术的层次图”，认为教育技术由物化技术和智能技术组成，物化技术也称为媒体技术，体现的是教育技术

---

① 李芒：《关于教育技术的哲学思考》，《教育研究》1998 年第 7 期。

② 陈凡：《论技术的本质与要素》，《自然辩证法研究》1988 年第 1 期。

③ 李芒：《关于教育技术的哲学思考》，《教育研究》1998 年第 7 期。

④ 郑旭东：《技术是答案，但问题是什么——解读伊利的教育技术观》，《电化教育研究》2007 年第 1 期。

⑤ 梁林梅、郑旭东：《美国教育技术领域的先驱、智者和引路人——詹姆斯·芬恩研究》，《电化教育研究》2008 年第 10 期。

的“手段”，智能技术也称为观念技术，体现的是教育技术的“方法”。①

（1）物化技术。教育技术中的物化技术主要和教学媒体有关，因此又称为媒体技术。媒体技术包括硬件技术和软件技术两个层次。硬件技术指与设备、工具相关的使用、维护和开发的能力；软件技术指对相应软件的使用、管理、评价以及设计、开发的能力。物化形态的技术对应的是技术的实体形态和知识形态，体现的是教育技术的“手段”。

（2）智能技术。智能技术包括系统技术和整体技术两个层次。系统技术指运用系统科学理论分析教育、教学中的问题和需要，提出目标、设计解决方案、试行并评价其结果、在评价的基础上进行修正的一种方法体系。整体技术是在系统论的技术上更加强调各系统之间的协调发展。整体技术是在复杂学科思想，如系统论、信息论、控制论；突变论、协同论、耗散结构理论；混沌论、分形理论、超循环理论等的技术上形成的。智能形态的技术是技术的知识形态、经验形态和意志形态，体现的是教育技术的“方法”。

三　技术的价值论研究

价值观是人对事物的价值属性的主观反映。在技术的价值观问题上，即技术是否负荷价值的问题，存在技术中性论和技术价值论两种基本的观点。

（一）技术中性论

技术中性论（value-neutral）有时又称为技术工具论（Instrumentalism），认为技术只不过是达到人类目的的手段和工具体系，技术在政治、伦理和文化上是中性的，技术本身是价值中立的。它听命于人的目的，只是在技术使用者手里才成为施恶或行善的不同力量。技术中性论者假定：技术与其应用无关，预期服务的目的无关，技术仅仅提供可能性，偶然地与人的目的联系起来；技术的价值选择是人的事

① 国际技术教育协会：《美国国家技术教育标准技术学习的内容》，黄军英译，科学出版社 2003 年版，第 64—65 页。

情，人既通过理性进行工具的创造，又通过理性进行价值的选择。[①] 技术中性论的代表人物有梅塞纳和雅斯贝尔斯等，德国存在主义哲学家雅斯贝尔斯（Karl Jaspers，1953）认为，“技术只是一种手段，对于自身来说，既没有什么善，也没有什么恶，一切决定于人；技术对于将如何利用它是漠不关心的”。[②] 梅塞纳（Emmanuel G. Mesthene）认为，“技术为人类的行动创造了新的可能性，但也使得对这些可能性的处置处于一种不确定的状态。技术产生什么影响，服务于什么目的，这些都不是技术本身所固有的，而是取决于人用技术来做什么”。[③]

（二）技术价值论

与技术中性论对立的是技术价值论，认为技术是负荷价值的，不仅技术所产生的效用因人类的应用方式不同而存在善恶之分，技术本身也存在向善或趋恶的区分。技术不仅仅是工具手段，它在政治、伦理和文化上并非是中立的。正如邦格所说：“技术在伦理上绝不是中性的（像纯粹科学那样），它涉及伦理学，并且游移在善和恶之间。”[④] 技术价值论又可分为技术决定论和社会建构论两种主要表现形态。

（1）技术决定论（determinism of technology）。技术决定论思潮产生于20世纪二三十年代。技术决定论者认为“技术已经成为一种自主的技术”。[⑤] 它断言或暗言技术表现出某种特定的结构和要求，它将不可避免地引发某些结果，引起人和社会做特定的调整，不管我们是

---

① 张成岗：《理解“技术实践”——基于科学、技术的划界》，《安徽大学学报》（哲学社会科学版）2009 年第 6 期。

② 达夫里扬：《技术、文化、人》，薛启亮等译，河北人民出版社 1987 年版，第 98 页。

③ Emmanuel G Mesthene, *Technological Change: Its Impact on Man and Society*, New York: New American Library, 1970,（转引自李宏伟《技术的价值观》，《自然辩证法通讯》2005 年第 5 期。）

④ ［美］邦格：《技术的哲学输入和哲学输出》，《自然科学哲学问题》1984 年第 1 期。

⑤ Jacques Ellul. Technological Society, New York: Alfred A. Knopf, Inc., 1964, p. 14.（转引自李宏伟《技术的价值观》，《自然辩证法通讯》2005 年第 5 期。）

否愿意，这种影响是强加于人类自身及社会生活的。“技术规则渗透到社会生活的各个方面，技术成为一种自律的力量，按照自己的逻辑前进，支配、决定社会、文化的发展。”[①] 技术决定论又可根据其对技术价值的判断进一步分为技术乐观主义和技术悲观主义两种思想。①技术乐观主义。技术乐观主义者相信技术是解决人类一切问题并能给人类带来更大福祉和生存的保障。它是在经过两次技术革命后形成的影响很大的技术理念和态度，代表人物有伯格曼、丹·贝尔、沃·罗斯托、阿·托夫勒等。伯格曼认为现代技术的本质是一种“装置”，决定着人类和社会行为的基本的社会存在。生活在技术环境中的人不自觉地以技术的方式看待每一个问题、每一种情况，技术不是简单的手段，而是已经变成了一种环境的生活方式。他称为技术的“实质性”的影响。[②] 技术乐观主义者以极大的热情充分肯动了技术的积极意义和绝对价值，高扬了人类利用技术改造自然、控制自然并建立自然的主动性、能动性和主体性。在他们看来技术似乎是无所不能、战无不胜的。然而技术乐观主义者只看到了技术的正面作用，却看不到技术的负面作用。技术乐观主义者构想了一个“技术乌托邦”，认为在技术的推动下，一切都将变得更加美好。②技术悲观主义。技术悲观主义者认为技术在本质上具有非人道的价值取向，现代技术的非理性发展和“异化”将会给人类社会及其文化带来灾难性的后果。技术悲观主义者、法兰克福学派的领军人物马尔库塞认为技术的进步使社会对人的控制可以通过电视、电台、电影、收音机等传播媒介无孔不入地侵入人们的闲暇时间，从而占领人们的私人空间，使人们满足于眼前的物质需要。以牺牲自由为代价去换取一种舒服但不自由的生活。科学技术导致社会生活发生了巨大的变化，使人的本能遭受严重的压抑，使人变成单向度的人。技术悲观主义者恐惧技术所产生的后果，强调了技术活动对社会与自然带来的破坏作用和消极影响，认为

---

① 李宏伟:《技术的价值观》,《自然辩证法通讯》2005 年第 5 期。

② 谷娟、刘志业、张召媛:《关于技术工具论与技术价值论的哲学思考》,《湖北经济学院学报》(人文社会科学版) 2010 年第 9 期。

技术在本质上具有不可确定的性质，它既不是万能的，也不是至善的；技术对解决人类社会问题在本质上是无能的，对处置人与自然的关系在本质上是有害的，对丰富人性、完善人格在本质上是有百害而无一利的。[①]

（2）社会建构论（social constructivism）。技术的社会建构论是一种从社会学视角对技术进行考察的研究路线，其核心是探讨技术是如何在多种社会因素的相互作用中形成的。支持社会建构论的技术批判论者假定：技术是非中性的社会性产物，在技术的使用和设计等环节都涉及了人的目的和社会价值；技术与政治、意识形态、文化、经济等密切关联；技术不仅提供了技术的可能性，还提供了社会的可能性。[②] 社会建构论认为技术的发展依赖于特定的社会情景，技术活动受技术主体的经济利益、文化背景、价值取向等社会因素决定，在技术与社会的互动整合中形成了技术的价值负载，技术不仅体现技术价值判断，更体现出广泛的社会价值和技术主体利益。[③] 技术的社会建构论思潮产生于20世纪80年代中后期，它的兴起既和对技术决定论的批判有关，又有赖于科学知识社会学的出现。1982年，深受科学知识社会学影响的荷兰技术社会学家比克（M. Bijker）和美国技术社会学家平齐（T. Pinch）把科学知识社会学的理论渗透和扩张到技术领域，提出了技术的社会建构方法。技术建构论的诞生以1984年在荷兰屯特大学召开的“技术的社会建构”研讨会及1987年出版的由比克和齐平任主编的《技术系统的社会建构：技术社会学和历史学中的新方向》会议论文集为标志。依据建构程度的不同，西斯芒多（Sergio Sismondo）将社会建构论分为“强”与“弱”社会建构论。“弱”形式的社会建构论表明科学技术在某种程度上受到社会因素的影响，包括社会构成方法和操作子网络理论；“强”形式的社会建构论认为科学与技术的内容是由社会建构的，即科学知识的真理性和技术的有

① 王树松：《论技术合理性》，博士学位论文，东北大学，2005年，第13页。

② 张成岗：《理解“技术实践”——基于科学、技术的划界》，《安徽大学学报》（哲学社会科学版）2009年第6期。

③ 李宏伟：《技术的价值观》，《自然辩证法通讯》2005年第5期。

效性并非来自自然，而是由社会因素决定的。[①] 社会建构的出现影响了技术哲学研究范式的转变：使对技术的研究从宏观转向微观、从外部研究转向内部研究、从重点在“批判”转向批判后的“重建”。正如法兰克福学派技术批判理论家安德鲁·费恩伯格（Andrew Lewis Feenberg）所言：“社会建构论对我的主要影响是在方法论方面的影响。它教我如何在社会背景下研究技术，它非常有用，使法兰克福学派的观点更具体、更具经验性。同时，它对在两个方面理解技术决定论的观点非常有用，其一是非常有助于解释技术决定论错误的原因，其二是有助于解释为什么社会能非常有力地影响技术，而且可以解释它们是如何变化的。因此，我在关于我的技术的哲学研究的方法论中，把‘解释学的建构论’放到第一的位置。”[②]

四 技术哲学研究现状述评

（一）技术哲学研究述评

技术哲学界对技术本质问题（技术是什么）、技术形态问题（技术包括什么）、技术价值问题（技术是否负荷价值）等问题存在诸多争论，主要原因在于对技术相关基本概念缺乏统一的认识，主要表现在以下几个方面：①将“科学”与“技术”之间的概念模糊，这是技术本质问题之争的根源；②将“技术”与“技术人工物”简单等同，这是技术形态问题之争的隐弊；③在“静态”与“动态”研究视角对立的前提下讨论技术的价值，这是技术价值问题之争的成因。根据前面的相关论述，我们这里可以通俗地理解：科学是关于客观世界的一套知识体系，它指向于描述客观世界；而技术是科学知识的应用，它指向于改造世界。当然“科学”与“技术”是可以相互转化的，成形的科学知识只有进行技术转化才能实现其社会价值；同时，成熟的技术又会成为科学知识体系中的内容。这一循环往复的过程是科学知识不断丰富、技术价值不断附加的过程。从这个层面上看，对

---

① 邢怀滨、孔明安：《技术的社会建构与新技术社会学的形成》，《河北学刊》2004 年第 4 期。

② 朱春艳：《技术批判理论的理论基础和发展趋势——安德鲁·费恩伯格教授访谈录》，《哲学动态》2008 年第 6 期。

技术作有形与无形、实体与智能之分是没意义的，但也是可以理解的。因为，随着科学和技术的不断发展与科学技术价值社会化和产业化诉求的不断提升，附加于单项技术之上的科学知识不断增加，以致技术要实现其价值对于普通民众来说已经相当困难，于是“技术”本身又向前发展，出现了“技术人造物”，技术人造物是原有技术形态的转化，但已经不是原来的技术本身。技术人造物之所以受到关注是因为附加于其上的科学知识不断增加，普通人对其所承载的价值难以实现。比如，榔头是一项技术人造物，其背后的“技术”是力与物体的关系问题，而技术背后的科学知识是力学的相关知识。然而，由于附加于这项技术产品背后的技术与科学知识是有限的，一般的人都可以使用，所以，几乎没有人专门研究榔头该如何应用。当今社会的“电气锤”“捣固机”等技术产品由于其背后包含的“技术”与“科学”含量不断增加，负载的价值增多，所以需要有专业的人去使用它。当前，有许多教育技术实践者感到迷茫，研究者对一些问题认识不清，其主要是由于对“科学”“技术”与“技术人造物”等概念的不加区分、简单等同造成的。

（二）技术哲学研究的趋势

随着人类技术实践活动的不断拓展，技术本身的内涵不断丰富，技术对人类生活所产生的影响也越来越具有革命性。技术哲学对技术的研究逐渐发生了重大转变，主要表现在以下几个方面：

（1）技术研究的基本单元：由单项技术转向技术体系。随着社会需求和技术自身的发展，单项技术逐渐难以解决人类所遇到的难题，需要把多种技术结合在一起或在同一技术产品中叠加更多的技术知识。人类技术实践活动中所形成的技术已经由单项技术转向多项技术的复合，甚至是更为宏观的技术体系。在系统论、混沌理论等现代复杂性学科的影响下，人们对技术的研究由之前对单项技术的研究拓展到了对技术体系的整体性研究。埃吕尔认为，“所有的技术不可分割地结合在一起。一切都紧密地凝聚在技术世界中，正如在机械的世界中所凝聚的那样"[①]，"所有这些技术的行动方式和必然性结合成一个整体，每一部分都支持和增强其他部分。它们形成纵横交错的现象，没有一个要素能与其他要素分开"。[②]"各种技术不是一盘散沙，而是相互配合、互为支持，结成一个有机整体，即技术系统。"[③]因此，不能将技术作为独立的部分来研究，而应该用系统的方法从技术体系的整体视角展开研究。所谓技术体系，就是社会中所有技术类型按照一定的技术规范组成的、能够满足社会整体目的需要而具有综合功能的技术整体。技术体系中各类技术都有其独特的功能，它包括主导技术和主导技术群两大部分。主导技术是指在一定历史时期内各种技术中处于主导地位的技术，它代表一定时期技术发展的趋势和主流；主导技术群是指与主导技术相关的一系列技术。[④]技术哲学家埃吕尔赞成把技术看成历史概念，他认为，"我们不加区别地去谈论任何时代的技术，觉得似乎任何时代作为技术本质的东西没有发生变化是极端错误和危险的。因为，这种认识不能使人看清现代技术和社会的真实情景"。[⑤]现代社会中与人类教与学密切相关的主导技术无疑是网络技术，它和围绕网络技术展开形成的网络技术群共同构成现代社会的技术体系。以伊尼斯、麦克卢汉和博斯曼为代表的媒介环境学派最先关注了文化、科技与人类传播之间的互动共生关系。[⑥]"媒介环境学派认为，新传播媒介技术的出现将渐次地引起符号表达、人机交互、社会交流结构的变化，进而系统地改变一个社会的传播生态环境和社会制度环境。"[⑦]正如媒介环境学派的集大成者尼尔·波兹曼（又译尼

---

① Jacques Ellul, *The Technological Society*, Translated by Wilkinson J., New York: Alfred A. Knopf, 1964, p. 96.

② Ibid.

③ 刘电光、王前：《埃吕尔的技术环境观探析》，《自然辩证法研究》2009年第9期。

④ 陈效玲：《技术体系创新初探》，《河南教育学院学报》（哲学社会科学版）2002年第2期。

⑤［美］巴伯：《科学与社会秩序》，顾昕等译，生活·读书·新知三联书店1991年版。

⑥ 林文刚：《媒介环境学：思想沿革与多维视野》，何道宽译，北京大学出版社2007年版。

⑦ 郭文革：《教育的"技术"发展史》，《北京大学教育评论》2011年第3期。

尔·波斯曼）所指出的：媒介生态学研究的目的是分析技术影响，分析媒介环境如何创造语境以改变我们思考和组织社会生活的方式。基于媒介环境学派的影响，有研究者认为："从电化教育（视听教育）走向信息化教育，隐含着一个前提的变化，即对媒体的看法和认识发生了改变，我们对媒体的看法和认识由电化教育（视听教育）阶段的单一媒体观走向了信息化教育阶段的环境资源观。"① 自20世纪90年代后期，"媒介融合"（Media Convergence）日益成为传媒领域和学术界最为常用的词汇。正如美国密苏里大学新闻学院副院长布莱恩·布鲁克斯和章于炎博士于2006年6月在中国人民大学新闻学院所作的关于"媒介融合"的讲座中所说的：媒介融合是一个新闻学上的假设，也叫媒体融合，其核心思想就是随着媒体技术的发展和一些藩篱的打破，电视、网络、移动技术的不断进步，各类新闻媒体将融合在一起。媒介融合是不同形态的新旧媒介在数字传播技术的支持下相互汇聚、交融，多功能一体化的过程。② "媒介融合"理论的提出反映了现代媒传技术在传播形式、功能等方面的整合，我国的"三网融合"正是顺应媒体融合大趋势所做的努力。

从上面的分析中可以看出，随着技术哲学研究的基本单元从单项技术转向技术体系，人类学习环境隐含前提也由单一媒体观转向环境资源观。这就启示我们对于人类学习的研究，应当置于更广阔的技术视域中来考察，技术对人类学习的支持已经由单项技术、个别媒介工具的应用转向更高层次的技术体系对人类学习方式的变革。

（2）技术价值问题的研究：由工具论与价值论的"对立"转向"统一"。技术中性论和技术价值论都是对技术自然属性和社会属性的割裂，是一种割裂的技术价值观。技术中性论的立论根基是以"技术本身"作为前提条件，技术的中立性是指技术作为工具和手段的中立性。因此，它将"技术本身"与"技术应用"分离，其实质是把技

① 俞树煜：《从单一媒体观到环境资源观：一个信息化教育隐含前提的变化》，《电化教育研究》2006年第4期。

② 马梅、孙静：《媒介融合语境下的新媒体与公民社会构建》，《新闻学论集》2010年第24辑。

术看作脱离了社会环境相互作用的非历史的、现成的静态存在[①]；技术中性论关注的是技术的自然属性和技术内在价值的存在。技术价值论只承认技术所负荷价值判断的社会属性，而忽视了技术具有不含任何价值判断的自然属性，将技术的"潜在价值"简单等同于技术的"实际价值"。技术其实是由其自然属性和社会属性构成的矛盾统一体，也是其内在价值和外在价值、潜在价值和实际价值的统一体。因此，费恩伯格试图寻找一个具有自然属性和社会属性的"交叉域"，这种"交叉域"就是"技术编码"和"人类控制"的统一。在费恩伯格研究的基础上，我国学者远德玉教授从技术形态演化的视角讨论了技术的价值负荷问题：科学原理（自然规律性）+目的性→技术原理（合目的的自然规律性）+功效性→技术发明（技术可能性实现）+经济、社会性→生成技术（社会经济可行性实现）。[②] 从他对技术形态的演化模式分析中可以看出，对技术的研究不应该是静态的，而应在动态发展的过程中考察。由科学原理转化为技术原理，附加了主体的目的性；由技术原理转化为技术发明，附加了技术的功效性；由技术发明转化为生产技术，附加了主体的社会性。"由于技术形态的演化自始至终都伴随着特定主体的价值负荷，所以，技术形态的演化与技术本身价值形态的演化是同一技术发展方向上的同一过程，都经历了一个技术自然属性与社会属性（价值负荷）相互结合、从量变到质变的演化过程。"[③] 因此，对技术价值问题的研究开始更加关注技术自然属性和社会属性的统一。技术工具论与价值论的统一启示我们不能简单地研究技术有没有价值、技术应用有没有效果；而是研究如何更好地实现技术的价值，将技术的内在价值转变为外在价值，将潜在价值最大限度地转化为实际价值，在问题解决中"实现"技术的价值。

---

① 李宏伟：《技术的价值观》，《自然辩证法通讯》2005年第5期。

② 陈昌曙：《自然辩证法概论新编（修订版）》，东北大学出版社2000年版，第258—289页。

③ 毛牧然、陈凡：《论技术本身价值负荷的演化模式》，《科技进步与对策》2012年第19期。

（3）技术与社会关系的研究：由技术效果论转向技术生态位。技术与人、社会之间存在怎么样的关系，一直以来是技术哲学必须回答和解决的问题，其实际依然是对技术本质问题的追问。随着技术研究基本单位由单项技术向技术系统发展，对技术与人、社会关系的研究也从生态学的视角展开了深入的研究。最早关注技术生态问题的国外学者汉娜和弗里曼（Hannah and Freeman）认为技术的发展总是呈共生态，单一技术的发展离不开技术生态系统。[①] 1917 年，美国生物学者格林内尔（Grinnell）首次提出完整的生态位概念："物种在群落和生态系统中所占据的最终分布单元。"[②] "生态位理论主要研究的是生物种群在生态系统中的空间位置、功能和作用，反映了生态系统的客观存在，是生态系统结构中的一种秩序和安排。"[③] 最有代表性的三类生态位概念包括以物种分布关系和环境安排为研究重点的"空间生态位"、以物种所处位置和角色为重点的"功能生态位"和以空间和功能兼顾的"多维生态位"。自然界的各种物种之间、物种与环境之间相互依赖、相互制约，形成了有组织与机能的生态系统。与此类似，各项技术之间、技术与环境之间相互作用也可形成"技术生态系统"。荷兰学者 Rip 和 Schot 等（1992）把生态学的"生态位"概念引入技术创新领域，提出"技术生态位"概念，并将其定义为可持续发展的、突破性的技术创新所建立的一个避免和主要竞争的保护空间。[④] 技术生态就是在一定的时空下，技术系统与环境之间，以及技术系统内的各项技术之间相互制约、相互依赖而形成的具有稳定结构和有机联系的统一整体。[⑤] 我国学者张丽萍等将技术生态划分为外生态和内

① Hannah & Freeman, "The Population Ecology of Organization", *American Journal of Sociology*, No. 83, 1977, pp. 929 – 984.

② Grinnell J., "The niche relationship of the California thrasher", *The Auk*, Vol. 34, No. 4, 1917, pp. 427 – 433.

③ 叶芬斌、许为民：《技术生态位与技术范式变迁》，《科学学研究》2012 年第 3 期。

④ 叶芬斌、盛晓明：《生态位视域中的技术进化的经验研究》，《自然辩证法研究》2011 年第 12 期。

⑤ 毛荐其、刘娜：《基于技术生态的技术协同演化机制研究》，《自然辩证法研究》2010 年第 11 期。

生态两部分，内生态就是技术系统本身，是各种技术通过一定的方式相互匹配耦合形成的能够相互依赖与制约的有机整体；外生态就是技术系统作为一个整体与所处环境相互作用形成的关系。① 如果说对技术与人、社会关系的研究之前更多地聚焦于技术对人及社会产生的效果，争论的焦点在于技术的"工具论"和"价值论"，由此产生对技术"异化"的批判，引发"技术恐慌"，那么现代技术哲学的研究已然达成了技术负荷价值的共识，将技术与生活、社会的关系从生态学的视角展开考察，关注重点在于技术系统的创新及技术作为弥散性的元素对人类社会生活的重构。因此，研究技术之于人类学习的影响不能继续局限在单项技术对人类学习效果的研究，而应当侧重于技术对人类学习方式的革新。

五　技术场域观的确立及对教师学习研究的启示

技术研究的基本单位从单项技术转向技术体系，对技术价值问题的探讨由工具论与价值论的"对立"转向"统一"，对技术与人、社会关系的研究由效果论转向生态位的考察，折射出技术哲学研究的综合化取向和技术系统发展的复杂化趋势。"技术是一种杠杆，可放大自然力量和社会力量，从而引起另一部分自然和社会的巨大变化。"② 美国技术哲学家阿尔伯特·伯格曼（Albert Borgmann，1984）所提出的"装置范式论"就是对这一转变的哲学思考，他认为技术不是简单的手段，而是已经变成了一种环境和生活方式。这是技术的"实质性"（substantive）影响。③ 技术不仅已经变成了一种生活方式，甚至可以说已经变成一种越来越重要的文化力。④ "伯格曼之所以提出'装置范式'，主要是针对当代社会生活的特点，他认为，现代世界是

① 张丽萍、吕乃基：《生态学视野下的技术》，《科学技术与辩证法》2002 年第 1 期。

② 曾鹰、乔瑞金：《技术的文化解释学：对人类"自身"的一种理解》，《社会科学战线》2009 年第 3 期。

③ Albert Borgmann, *Technology and Character of Contemporary Life. A Philophy Inquiry*, Chicago and London, the University of Chicaco Press, 1984, p. 204.（转引自陈凡、傅畅梅《"装置方式论"研究纲领的内在逻辑演进》，《自然辩证法研究》2007 年第 6 期。）

④ Albert Borgmann, "Technology as A Cultural Force: For Alena and Griffin", *Canadian Journal of Sociology*, Vol. 31, No. 3, 2006, pp. 351 - 360.

技术的世界，当代生活的特点由技术所塑造和决定，技术已经在现实世界中留下了很深的印记，并已形成一定的范式。”① 技术对人类生活、学习的影响已不仅仅是个别技术产品对学习活动的局部影响，生存在现代社会中的人类学习也不仅仅是利用个别技术手段强化传统的学习方式，应将人类的学习置于各项现代技术形成的“技术场域”内考察。技术场域是由技术系统内各类技术（实体形态、知识形态、经验形态）构成的技术实践空间，它可以是技术活动发生的时域、地域空间，更是一种功能性环境和活动系统，类似于物理电磁场，是一种可以激发作用力的空间。技术场域内积累和分布着各种可以产生作用力的要素，这些实体性和功能性要素相互作用，构成了技术活动得以发生的技术情境。② 正如我们生活的现代社会，以互联网技术及其衍生技术、无线通信技术及其衍生技术等为主体构成了一个现代社会生活得以发生的“技术场域”，人们解决问题的思维和途径会在这种场域下进行，利用不同的技术人工物和相关的方法、策略，形成了一种解决具体问题的“技术情境”。“技术场域是客观存在的，是技术认知、技术行动得以发生的物理空间和功能空间；技术情境则是人为规划的，是技术认知、技术行动得以被支持的二次功能空间和动力源泉。”③ 技术情境是技术认知、技术行动发生的具体环境，技术场域则是技术情境得以建立的基础和技术活动发生的宏观背景。

因此，基于广义技术视角下的场域技术观，对技术支持的人类学习研究的主要路向是在现有技术场域下创立具体的技术情境，“技术”重构了问题解决的思路框架，而非利用个别的技术人工物（技术产品）来改善人类的学习。

---

① 陈凡、傅畅梅：《“装置方式论”研究纲领的内在逻辑演进》，《自然辩证法研究》2007 年第 6 期。

② 王丽、夏保华：《从技术知识视角论技术情境》，《科学技术哲学研究》2011 年第 5 期。

③ 同上。

第二节　信息技术支持教师学习的关键策略研究

随着技术的不断发展，信息与传播技术不但成为教师学习的重要内容，也成为促进教师学习的有效途径。国际经济合作与发展组织（Organisation for Economic Co-operation and Development，OECD）将信息传播技术（ICT）定义为借助电子化手段促进信息获取、存储、处理、传播和呈现的系列活动①；研究者根据各自研究需要可将其理解为信息管理过程、通信技术设施、信息应用服务、信息部门或产业等。本书所理解的 ICT 是指以互联网技术为主导技术形成的现代信息传播技术群，既包括无线技术、数字技术、视频技术等基础技术，也包括个人电脑、数字电视等硬件技术以及以它们为基础衍生的视频点播（VOD）、即时聊天（IM）、在线论坛（BBS）、视频会议（VC）等软件技术及应用服务。正如研究者指出的：技术是教师专业发展的内容之一，它构成了通过发展意欲提升的教师技能中的一部分；同时，技术构成了教师专业发展的手段、途径、方式、方法和环境。②技术场域观指导下的技术支持教师学习的方式是发挥技术优势创造教师学习的技术情境。国内外已有大量利用 ICT 支持教师专业学习的实践探索，深入分析这些实践项目的成功经验，探究 ICT 支持教师专业学习的关键干预策略及其基本原理，对于开发利用 ICT 促进教师专业学习的新项目具有重要的实践指导意义。为此，本部分首先通过文献研究和内容分析法遴选出 7 个 ICT 支持教师专业学习的典型案例；继而以典型案例为研究对象，运用多案例分析法剖析各案例所采取的主要措施及成功经验，在此基础上梳理总结出 ICT 支持教师专业学习的

---

① Measuring the Information Economy. Paris：OECD. ［2013 - 10 - 16］. http：//www.oecd.org/sti/ieconomy/1835738. pdf.

② 焦建利、汪晓东、秦丹：《技术支持的教师专业发展：中国文献综述》，《远程教育杂志》2009 年第 1 期。

核心元素和关键措施。

一　技术支持教师学习的典型案例分析

（一）技术支持的教师学习项目

1. 项目实践案例簿（Case Book of Project Practices，CaPPs）

项目实践案例簿是美国密歇根大学（University of Michigan）基于项目的科学小组（Project-Based Science Group）于20世纪90年代末开发的多媒体图书馆系统，用以支持教师学习基于项目的科学教学（Project-Based Science）创新实践。多媒体系统的资源结构以案例展示的方式组织，即每个案例学习材料依照教师在实施基于项目的科学教学中将会遇到的问题或情境组织。包括怎样指导学生设计方案，开展调查，收集、分析和解释研究数据，如何帮助学生撰写研究报告等。针对每个问题，CaPPs提供了多个1—4分钟的视频片段案例，全方位地向教师展示PBS教学的真实情境。为引导学习者关注每个视频所聚焦的PBS教学的特殊问题，CaPPs还提供了与视频片段案例相关的拓展材料，包括：①案例背景信息（如案例背景介绍、执教者简介等）；②结合视频片段的详细评论，告诉用户通过观看视频片段将会学到什么；③执教者本人对视频的反思和评论；④以提问的形式辅导用户分析视频片段。[①②③]

CaPPs项目通过完整的视频案例资源包向学习者立体化地展示了PBS教学实践情境，将对PBS教学理念的学习渗透在案例观摩中；特别是提供的执教者本人对案例的反思和评论，使得学习者在观摩案例的过程中清楚知晓教学行为的意图，更透彻地领悟案例的设计、实施的前因后果。

---

① 王旭卿：《信息技术中介的教育实习环境创设研究》，博士学位论文，华东师范大学，2005年，第47—48页。

② Krajcik, J. S., Soloway, E., Blumenfeld, P. C., Marx, R. W., Ladewski, B. L., & Bos, N. D., "The Casebook of Project Practices: An example of an inter - active multimedia system for professional development", *Journal of Computers in Mathematics and Science Teaching*, Vol. 15, No. 1/2, 1996, pp. 119 - 136.

③ Marx, R. W., Blumenfeld, P. C., & Krajcik, J. S., "New Technologies for Teacher Professional Development", *Teaching and Teacher Education*, Vol. 4, No. 1, 1998, pp. 33 - 52.

2. 探究学习论坛（Inquiry Learning Forum，ILF）

ILF（http：//ilf. crlt. indiana. edu）是美国印第安纳大学学习与技术研究中心主导的为支持基础教育阶段（K－12）开展探究式实践的数学和科学教师而设计的在线实践社区，用户包括职前教师和在职教师两大群体。ILF旨在通过支持教师更好地理解探究式教与学的方式来改善学生的学习。该论坛的设计基于以下四项原则：在用户之间培育参与权和所有权、重视探究、使虚拟教室可以访问、支持具有相同目的的共同体。除常见功能模块如讨论区、资源库外，ILF社区最为核心的功能是探究性教学的视频案例及基于视频技术建立的“听课”情境。在某个ILF“虚拟教室”中，学员可看到7—8个实际教学的视频片段及其相关的教学材料，包括课程概况、教师反思、活动描述、学生作品等。利用ILF学习时，学员将首先观看视频，获取对不同情境中探究性教学的直观认识，随后与同伴、教学实施者讨论关键的教学策略与理论假设。ILF研究者发现让提供视频的教师参与小组讨论非常重要。①②③④

ILF利用技术对“寻求理论与实践平衡”这一教师教育难题作了较好的尝试和突破，它利用完整的视频案例资源包将在线观看教学视频和反思性讨论巧妙结合，使学员在获取“探究性教学”的直观认识后，建立与案例执教者的直接联系，参与目标明确的多方在线讨论以再次检视对探究性教学的理解。学员在获得协作体验与反思的同时，逐步建立起专业实践社区。

3. 教育者大规模合作发展项目（WIDE World）

教育者大规模合作发展项目（Wide-scale Interactive Development

---

① 林秀钦、黄荣怀、张宝辉：《技术支持的国际教师教育项目对我国教师教育发展与变革的启示》，《中国电化教育》2008年第5期。

② 郭绍青、金彦红、赵霞霞：《技术支持的教师学习研究综述》，《现代教育技术》2012年第4期。

③ Sasha A. Barab，James G. MaKinster，Julie A. Moore，and Donald J. Cunningham，“Designing and Building an On-line Community：The Struggle To Support Sociability in the Inquiry Learning Forum”，*Educational Technology Research and Development*，Vol. 49，No. 4，2001，pp. 71－96.

④ ［美］R. 基思索耶：《剑桥学习科学手册》，徐晓东译，教育科学出版社2010年版，第614页。

for Educators，WIDE World）是哈佛大学研究生院（HGSE）在 30 多年研究与实践基础上开发的一个创新职业发展项目，HGSE 与学校系统紧密合作，旨在通过高度定制化、互动性和涉身性的专业发展经验（体验和示范优质教学），发展教师“为理解而教”（Teaching for Understanding）的专业能力。根据“为理解而教”的理论，项目设计了四个要素促进教师从观念到实践的变化：①适应本地需求的生成性主题。HGSE 与参与者共同设计定制的项目内容能够精确地满足学校、学区或者组织可持续发展的需求，生成性的课程主题与教师的关注点和发展目标息息相关。②将学习嵌入工作，体现做中学。学员在工作过程中学习网络课程，主要课程活动是从案例中习得新概念和新理论；然后通过课程设计将其应用于自己的教学实践中，并与他人分享和评价试验性成果；在线教练持续地同步支持学员的学习、实践和反思，从而提高基层教师备课、授课和研究的技能，使学员能够逐渐把学到的策略应用到日常工作中。项目所倡导的口号就是“通过线上线下学习激发更好的教学实践”（Inspiring Great Teaching Through Online and On-site Learning）。③在线导师指导。导师多数为兼职的往届优秀学员，在接受特定培训后，除了帮助学员适应在线学习环境，导师的首要任务是为学员提供个性化指导，帮助他们将所学内容逐步“同化”到原有的理论体系和教学实践中。④建立反思性、合作性的专业社区。WIDE World 的主要学习方式是异步在线学习和交互指导，核心设计是在线导师制，即课程中的每 10 名参与者就有 1 位同伴辅导教练，教练为每个参与者提供反馈并鼓励教师不断地参与在线交流和讨论；学习过程中教练就如何进行小组协作进行示范，包括如何与同伴交互、共享作品等。[①②③]

---

① 林秀钦、黄荣怀、张宝辉：《技术支持的国际教师教育项目对我国教师教育发展与变革的启示》，《中国电化教育》2008 年第 5 期。

② 杨蓓玉等：《为了理解的教/学——哈佛教育研究生院 WIDE World 项目研究》，《教师教育研究》2008 年第 1 期。

③ WIDE World，Program Overview，https：//learnweb. harvard. edu/wide/en/prog/index. html（2012 - 12 - 11）.

WIDE World项目在设计上目标导向明确，旨在培养教师“为理解而教”的能力；针对学员的具体需求定制针对性的网络课程，将知识学习嵌入教师日常工作；在学习的过程中注重导师的示范指导和同伴的辅导，创建合作反思的专业社区；采取“共建共享”的资源开发策略，围绕生成性主题的体验式学习形成适应不同国家情境的教学案例，供后来的教师开展基于案例的学习。

4. 德国CHEMOL教师教育项目

德国CHEMOL（CHEM是Chemistry的缩写，O是Oldenburg爱登堡的缩写，L是Lüneburg吕内堡的缩写）项目是针对中小学教师教育中理论与实践脱节问题而开展的教师教育改革项目。CHEMOL教育项目的实施开始于2002年，以爱登堡大学和吕内堡大学为依托，在这些大学设立的CHEMOL实验室中，教师和学生共同参与一系列有目的、有计划的教学活动。CHEMOL项目的主要设计思路是通过师生共同参与的教学活动，将“培养学生科研兴趣、提高学生科学素养”的理念呈现给教育工作者，并要求其渗透到实际教学中去。项目的主要内容是教师在指导学生参与大学实验室研究活动的过程中，接受包括理论知识学习、观摩示范教学、参与教学实践及研讨等形式的短期培训（4个月）。该项目在教师培训方面的主要特点包括：①潜移默化的示范教学：由大学实验室讲师提供的示范教学把培训理念指导下的实践工作直观、生动地展现在教师面前，便于教师对每个环节进行观察，有些教学技巧可以直接套用，有些则可依据个人经验改造后变为自身技能，使理论学习迁移应用的困难降至最低。②基于教学录像的集体反思：在接受完基本理论学习和观摩完示范教学后，每个教师需要单独跟几组（至少6组）学生共同完成一次教学活动，整个过程会录像，这些录像将作为个人评价、讲师评价和小组讨论的依据，在连续几个星期的师生协作活动中，定期举办交流会，在会议上有学生发言（分析和讨论他们的体验和观察）和教师发言（不同专业、不同背景的教师之间进行经验交流）。不同专业背景的教师，以教学录像和学生反馈为依据，逐一对每节课进行评析，相互交流经验，为教师提供了多元化的专业支持，满足教师的不同发展需要，从而更有效地进行教学反思，并从中重新构建教学策略、教学内容以及对学生的认知。③教师和学生共同参与：教师和学生共同直接参与整个项目活动，教师可以将理论知识的学习与教学实践结合，并且及时获得学生的评价反馈信息，教师在与实验室讲师、同伴教师的共同研讨下改善教学。[①②]

5. 基于网络的探究科学环境（WISE，http：//wise. berkeley. edu）

基于网络的探究科学环境（Web-based Inquiry Science Environment，WISE）是由加拿大学者吉姆·斯纳特（Jim Slotta）教授领衔的研究团队开发的以技术为媒介的学习环境，目的是提升学生获取知识和解决问题的能力（Slotta，J. D.，2004）。WISE 强调为学生建立一个探究性的网络环境，引导学生按照科学探究的流程，进行协作式探究。WISE 项目也为教师在课堂中使用该环境提供了面对面及在线的支持服务，熟悉 WISE 应用的辅导教师和新手教师一对一结对，通过让新手教师参观辅导者的课堂及工作组使得探究可视化，并在工作组中讨论辅导教师的视频，使其理解和掌握 WISE 所渗透的理念和方法。随着新手教师对 WISE 应用的掌握，辅导教师的角色和发挥的作用也会发生改变，如前期会提供更具体和可操作性的指导、后期会提供更为宏观的指导甚至逐渐减少指导。实践证明，WISE 为教师的教和学生的学提供了一定的教学和学习支架，学生的协作能力、信息采集能力、信息处理能力、信息甄别能力等各方面均得到了提升。[③④⑤]

---

① Mirjam Steffenskya，Ilka Parchmann，"The project CHEMOL：Science education for children – teacher education for students"，*Chemistry Education Research and Practice*，Vol. 8，No. 2，2007，pp. 120 – 124.

② 马路平、刘娟娟、王后雄：《德国 CHEMOL 教师教育项目探析及启示》，《外国中小学教育》2011 年第 9 期。

③ Slotta，J. D. The Web – based Inquiry Science Environment（WISE）：Scaffolding Knowledge Integration in the Science Classroom. In M. C. Linn，P. Bell and E. Davis（eds）. Internet Environments for Science Education. LEA，2004，pp. 203 – 232.

④ ［美］R. 基思索耶：《剑桥学习科学手册》，徐晓东译，教育科学出版社 2010 年版，第 616 页。

⑤ Fishman，B. J. & Davis，E. A. . Teacher learning research and the learning sciences. In R. K. Sawyer（Ed.），The Cambridge Handbook of the Learning Sciences. New York，NY：Cambridge University Press，2006，pp. 535 – 550.

WISE 本身是一个在线学习环境，但它的设计渗透了研究团队关于教与学的独特理解，辅导教师推广 WISE 的过程实质是在向学习者传授其教育教学理念，在这个过程中采取的辅导教师和新手教师一对一结对、辅导教师提供教学应用示范、围绕辅导教师教学视频展开互动讨论等措施对于开发以技术应用为主要内容的教师专业学习项目具有重要启示意义。

6. 区域教师专业发展平台：MPS 门户

MPS 门户（Milwaukee Professional Support Portal）是美国 Milwaukee 学区为支持新教师成长建立的区域专业发展门户平台。项目通过建立区域性的虚拟学习社区，融合学区已有的成功经验，为新教师成长提供来自优秀教师与大学导师的在线指导。MPS 为教师提供三类支持：①共享教学资源、备课工具、教学和课堂管理策略；②来自专业发展导师、老教师的指导；③来自同行的社会、情感和专业支持。MPS 门户实际上是对传统教师教研系统的拓展，教师在门户上的主要活动是参与“工作组讨论”。每个工作组大概有 12 名教师、2 名导师，一般按照年级和兴趣组成。小组每两周开展一次面对面或在线的活动，使用门户的资源作为讨论的出发点。MPS 所提倡和支持的是教师自由的、日常的学习和社会活动，因此，它没有固定期限的“培训课程”。①②

7. 哥伦比亚大学“从教师的实践中学习”

美国哥伦比亚大学教师教育学院国家、学校和教学重建中心（Nation Center for Restructuring Education、Schools and Teaching, NCREST）开发了一个名为“从老教师和新手教师的实践中学习”（Learning from the Practice of Veteran and Novice Teachers, LFP）的数字视频展示网站，网站提供了 2 个新手教师、1 个英语老教师和 1 个

① Eddy Spicer, D. & Dede, C., “Collaborative Design of Online Professional Development: Building the Milwaukee Professional Support Portal”, *Journal of Technology and Teacher Education*, Vol. 14, No. 4, 2006, pp. 679 – 699.

② 林秀钦、黄荣怀、张宝辉：《技术支持的国际教师教育项目对我国教师教育发展与变革的启示》，《中国电化教育》2008 年第 5 期。

教师教育者的视频案例，以引导学习者从实践中学习。① 网站包括课堂分析（class anatomies）、小组讨论（group discussion）和学习轨迹（learning trajectories）等部分。课堂分析展示了每个老师完整的一节课或一个教学单元教学的相关材料（包括单元概述、课堂教学录像片段、教学反思、课程材料和学生的作业等信息），以期全方位展示课堂教学的全貌；小组讨论部分通过对比分析详细讨论了每个教师在自己的教学中小组讨论活动的组织方式的差异，学习轨迹部分以教学反思的方式展示了教师在自身实践和他们实践中学习的情况。②

8. "国培计划"网络远程培训项目

"国培计划"全称为"中小学教师国家级培训计划"，是我国教育部、财政部于2010年开始实施的旨在提高中小学教师特别是农村教师队伍整体素质的重要举措。"国培计划"包括"中小学教师示范性培训项目"和"中西部农村骨干教师培训项目"等内容。通过创新培训机制，采取骨干教师脱产研修、集中培训和大规模教师远程培训相结合方式，对中西部农村义务教育骨干教师进行有针对性的专业培训。目前，远程培训成为"国培计划"最为重要的培训方式，为做好"国培计划"的实施工作，确保培训质量，确定了北师大等18家机构为教育部推荐的教师远程培训机构。农村义务教育学校远程培训项目主要采取网络在线学习卫星资源播放电视课程实时接收以及县域内集中研讨相结合的混合培训模式，其中大规模教师远程培训为主要形式。远程教育培训实现教学资源共享的最大化，"国培计划"以问题为中心，以案例为载体，最大限度地实现优质教育资源的共享，远程教育的开放优势的充分发挥，为更多不同层次的教师提供学习机会。注重采取探究式、案例式、参与式、研讨式、情景式等多种方式

---

① Hatch, T., Grossman, P., "Learning to Look Beyond the Boundaries of Representation", *Journal of Teacher Education*, Vol. 60, No. 1, 2009, pp. 70-85.

② Hatch, T., Grossman, P., "Learning to Look Beyond the Boundaries of Representation—Using Technology to Examine Teaching", *Journal of Teacher Education*, Vol. 60, No. 1, 2009, pp. 70-85.

开展培训。①

（二）技术支持教师学习的平台

1. Math Teacher Link

Math Teacher Link（http：//mtl. math. uiuc. edu/）是美国 Illinois 大学开发的用于 9—14 年级数学教师培训的网络平台。该平台为数学教师提供如何促进技术在数学课程中应用的短期培训课程。教师在该平台上学得的课程可以折合成教师继续教育的学分或该大学硕士课程的学分，参加培训的教师可以共享以前培训课程中完成的各种数学教学资源或相互交流教学资源。该平台中包含的培训项目有：几何课程、代数课程、统计课程、计算机和网络设计课程、数学教法等内容。在每个培训项目中都有详细的项目计划、内容和目标，教师可以下载相关的软件进行学习，如果遇到问题还可以通过电子邮件的形式获得专家的指导。

2. Tappedin

Tappedin（http：//tappedin. org/tappedin/）是美国 SRI（Stanford Research Institute International）开发和运营的网络支持平台。该平台提供超出课堂教学之外的教师学习资源、在线支持工具等，并且为参加培训的教师提供专业成长伙伴和足够的专业支持。在该平台为教师提供独立学习、小组学习、集体学习的学习空间，平台管理者可以在平台中创建和管理学习小组。参加培训的教师可以采用文字聊天、电子邮件、内部短信等方式相互交流。Tappedin 是一个提供终身学习的专业发展服务平台，平台中的培训组织者来自世界各地，活动的内容多种多样。在 Tappedin 平台中，参加培训的教师和培训组织者组成了专业发展的共同体。

3. Thinkfinity

Thinkfinity（http：//www. thinkfinity. org/）由美国 Verizon 基金会与其合作伙伴共同创建。Thinkfinity 的意思是“为学习（创造）无限

---

① 龚宝成、胡志琦、贡恩喜：《“国培计划”有效路径：网络远程培训》，《山西广播电视大学学报》2012 年第 1 期。

机会”。到目前为止，为了实现这个目标，Thinkfinity 共开发了一个门户网站（www.thinkfinity.org）和十个子网站。其中，ProLiteracy 专门为培养成人的读写能力提供相关网络教育资源，其余网站则主要针对 K－12 的教师、学生和家长开发促进教与学的网络教育资源。Thinkfinity 紧紧围绕促进课堂教学、课后学习和教师专业发展三大类别进行资源组织。教师、学生和家长可以从网站中的教学设计方案、交互式学习工具、录像、博客、游戏、阅读材料等获取课堂内外教学活动的支持。而教学策略、在线课程、直播/录像网络讨论会以及 Thinkfinity 社区论坛，则为教师专业的持续发展创造个性化的、适应性的条件和机会。①

4. 可汗学院（Khan Academy）

可汗学院的创始人是孟加拉裔美国人萨尔曼·可汗（Salman Khan）。2004 年，住在波士顿的萨尔曼·可汗为了给远在新奥尔良的表妹辅导数学，将讲课的内容制作成视频教程放到 YouTube 网站上供表妹学习。然而他的这些视频无意之中被更多的人发现使用并得到好评，称他为“网络教学大师”。2007 年，他创建了一个非营利的可汗学院（http://www.khanacademy.org）并不断丰富内容，视频教程的领域从数学的基础核心课程——算术、几何、代数、微积分，到物理、生物、化学、医学、艺术、金融、历史课程等不断扩大。截至 2012 年 7 月，已有 30 多位教师加盟可汗学院，视频教程的点击数已超过 1.6 亿次。这些视频教程被应用于课堂教学后改变了传统教与学的模式，可汗学院支持下的“翻转课堂”开始风靡全球，创造了网络远程教育和开放资源共享的一种新模式。可汗学院本身是针对学生学习设计的，但它基于微内容（每个视频长度不超过 10 分钟）和个人化教育模式等特点给教师教育的实践以很大的启示。正如比尔·盖茨对他的评价：“他是一个先锋，他借助技术手段，帮助大众获取知识、

① 蒋银健、郭绍青：《Thinkfinity 网络教育资源的组织及开发模式研究》，《电化教育研究》2012 年第 12 期。

认清自己的位置，这简直引领了一场革命！”[①][②]

二　技术支持教师学习的关键策略分析

从对以上介绍的技术支持的教师学习项目和相关平台的分析可以发现，虽然每个项目的设计思路和特色各不相同，但从中我们能够发现技术支持教师学习的共性要素，它们包括创建基于视频的网络学习社区、开发以案例为特色的课程材料、提供在线或实地的互动指导等。

（一）网络学习共同体

学习科学对教师学习的研究发现，应当将教师以某种方式聚合起来以使他们有效地相互学习，强调“学习共同体”是教师有效学习的关键。学习共同体最初是由莱芙（Lave）和温格（Wenger）在《情境认知：合法的边缘性参与》中提出的，用以表达一种“基于知识的社会结构”，并借助于这一概念提出了“学习即实践参与”的观点。他们认为，“实践共同体包括了一系列个体共享的、相互明确的实践和信念以及对长时间追求共同利益的了解”。Barab 和 Duffy（2000）归纳了共同体的三个必备特点：共同的文化历史传统（共同体应具有可以融入其中的历史，包括共享的目标、协商的意义、实践），相互依赖的系统（共同体不仅是一个集体，而且当个体在共同体境脉中工作时还是更大集体或另一共同体的一部分），再生产循环（指共同体成员有机会沿着从旁观者、同伴到成熟的从业者这个轨迹前进，即从边缘参与者到核心成员）。[③] 它以“共同体”为载体、以“共同的愿景”为导向、以“协商的文化”为机制、以“教师实践问题”为基础、以“实践参与中的身份认同”为标志。它有望打破教师长期以来孤立的状态，支持有效的合作、培育教师合作文化，提升教师实践反

① 顾雪林：《可汗学院：一个人的网络教学震动了世界》，《中国教育报》2013 年 2 月 26 日。

② 张金磊、王颖、张宝辉：《翻转课堂教学模式研究》，《远程教育杂志》2012 年第 4 期。

③ ［美］David H. Jonassen、Susan M. Land：《学习环境的理论基础》，郑太年、任友群译，华东师范大学出版社 2002 年版，第 24—53 页。

思和解决问题的能力，提升教师学习的有效性和针对性，发展教师的实践性知识，提升教师实践智慧，促进“新手教师”向“专家教师”的转化。[①②] 网络技术的发展拓展了人类沟通交流和信息共享的渠道，麦克卢汉提出的“地球村”遂变成了一个网络时代共同体的隐喻，基于网络技术建立的网络学习社区成为学习社区的新形态。网络学习社区的名称多种多样，如虚拟学习社区、网络学习共同体、虚拟学习共同体等。对它的理解目前主要存在两类认识：认为学习社区就是一个技术支持的网络空间（虚拟空间或赛博空间）；认为虚拟社区是一个基于网络的学习共同体。其本质是一个网络环境支持的学习共同体，其外在表现为网络空间，其本质是借助网络虚拟空间开展交流活动的一个学习共同体。[③] 网络学习共同体是实践社区的延伸，它突破了传统的教育者相互孤立的状态，能够使他们与同伴合作，也允许学校内部、学校之间、家校之间、学校与社区之间的教育团队相互协调，对教师和学生均具有正面的影响，是教师有效学习必不可少的因素。[④] 因此，几乎所有的教师教育项目都试图利用各种技术创建“网络学习共同体”，以引导教师与他人的分享、反思与协作。[⑤] 在教师教育领域应用最广泛的网络学习社区有视频俱乐部、在线讨论区等多种形式。

1. 视频俱乐部（Video Club）

视频录像技术在教师教育领域的应用已有半个多世纪，它最早可追溯到20世纪60年代美国斯坦福大学的D. W. 爱伦（D. W. Aallen）和W. 伊芙（W. EVE）为职前教师教学技能训练设计的微格教学

① 张平、朱鹏：《教师实践共同体：教师专业发展的新视角》，《教师教育研究》2009年第2期。

② Fishman, B. J., Davis, E. A.. Teacher learning research and the learning sciences. In R. K. Sawyer (ed.), The Cambridge Handbook of the Learning Sciences. New York, NY: Cambridge University Press, 2006, pp. 535 - 550.

③ 杨彦军：《面向区域在职教师协同成长的虚拟学习社区建设研究》，硕士学位论文，西北师范大学，2010年，第9页。

④ 杨彦军、郭绍青、童慧：《城乡教师的网络学习共同体互动特征研究》，《中国电化教育》2011年第11期。

⑤ 林秀钦、黄荣怀、张宝辉：《技术支持的国际教师教育项目对我国教师教育发展与变革的启示》，《中国电化教育》2008年第5期。

（Microteaching）系统。[①] 随着数字技术和网络技术的发展，基于视频案例教学的媒体从最初单一的模拟录像发展成为复杂的多媒体数据库系统和与之相关的教学材料，视频案例教学的目标也从起初教学技能的训练转向了课堂观察力和教学反思力的培养。[②] 运用视频俱乐部组织基于视频案例的教师学习是目前视频技术应用的创新形式。视频俱乐部是一种基于视频案例的、小型的教师专业发展研讨会，几位教师组成一个小组，定期或不定期地围绕着课堂教学录像展开观察、讨论和反思，从中获得专业能力的提升。[③] 这种形式的研讨会可以实地面对面地进行，也可以通过网络远程同步或异步地展开。Sherin 等的系列研究发现教师在视频俱乐部中更注重观察和解释课堂事件的关键特征和学生的想法，而不仅仅聚焦于教师的教学行为[④]；在视频俱乐部的学习不仅影响教师在视频俱乐部讨论时的专业观点，还影响到视频俱乐部之外的见解和教师实际的教学实践，教师学习的效果能迁移到不同的情境中。[⑤] 比如，前面论述的 CaPPs、ILF、CHEMOL、LFP、可汗学院等都用到了视频案例技术。

2. 在线讨论区（Online – Forum）

在线讨论区是创建网络学习共同体的重要方式，包括以新闻组、BBS 论坛等创建的异步在线讨论区和以在线聊天室（ChatRoom）、即时通信（IM）群组等创建的实时在线讨论区，是常见的两种形式。在线论坛为教师提供了及时分享信息、共享教育资源的有效通道。近年来，随着对在线讨论研究的不断深入和学习科学的影响，基于在线讨论区的教师知识建构成为当前教师在线讨论区研究的重点。如前面提到的 ILF、WIDE World、MPS 门户以及其他所有的教师学习支持平

---

① 岳定权：《微格教学：历史演变与当代诉求》，《现代教育技术》2011 年第 5 期。

② 刘家春：《国外教师教育中视频案例教学的特点及其启示》，《外国中小学教育》2011 年第 10 期。

③ 同上。

④ Sherin，M. G.，& Han，S. Y.，“Teacher learning in the context of a video club”，*Teaching & Teacher Education*，Vol. 20，No. 2，2004，pp. 163 – 183.

⑤ Sherin，M. G.，& van Es，E. A.，“Effects of Video Club Participation on Teachers’ Professional Vision”，*Journal of Teacher Education*，Vol. 60，No. 1，2009，pp. 20 – 37.

台几乎都创建了不同形式的在线讨论区。

（二）教育性课程材料

正如我们前面在分析教师学习的关键要素时提及的，“概念输入”对于教师学习具有十分重要的意义。赫尔巴特曾强调教育理论可以改进教育者的头脑，是一双人们可以用来观察各种事情的最好的眼睛。[①]教育性课程材料对基于实践的专业发展提供了理想的情境，因为教育性课程材料不但呈现了多种有效教学方法，也为教师学习的具体方面提供了持续的支持。[②] 因此，在促进教师有效学习的情境中为教师提供各种形式的课程学习材料是必要的。此外，基于对人类学习的分析与理解，莱夫等情境学习理论者认为学习课程（Learning Curriculum）最基本的特点是情境性，它不是可以被孤立思考和生成的东西，也不是一个任意操作的说教式术语。“共同体”意味着在一个活动系统中的参与，参与者共享他们对该活动系统的理解，这种理解与他们所进行的行动、该行动在他们生活中的意义以及对所在共同体的意义有关，这便构成了学习课程的主要内容。学习课程是实践共同体的主要特征，它具有极强的生成性，随着共同体的产生、发展和成熟，课程的新目标、新内容不断生成，从而使整个课程的实践与发展成为一个动态开发的过程。[③] 从这个意义上讲，教师的学习材料应当具有生成性，因此，教师的教育性课程材料不仅应该包括以系统理论知识为主要内容的网络学习课程，还应当包括在教师教学实践过程中形成的以教学案例为主要形式的过程性资源。

1. 以理论知识为主的网络学习课程

网络课程是通过网络表现的某门学科的教学内容及所实施教学活动的总和，它包括两个组成部分：按一定的教学目标、教学策略组织

---

① 伍红林：《中小学教师的理论学习与实践转换》，《教育发展研究》2010 年第 22 期。

② ［美］R. 基思索耶：《剑桥学习科学手册》，徐晓东译，教育科学出版社 2010 年版，第 619 页。

③ ［美］David H. Jonassen、Susan M. Land：《学习环境的理论基础》，郑太年、任友群译，华东师范大学出版社 2007 年版，第 6 页。

起来的教学内容和网络教学支撑环境。[1] 由于网络课程具有交互性、共享性、开放性、协作性和自主性等特点，近年来国内外教师教育项目中网络课程成为必备的元素，由此也将教师培训的方式由传统的面对面集中培训引向了网络远程培训或混合式培训。我国教师教育类网络课程长期以来存在以下问题：网络课程资源陈旧、更新频率低；网络课程资源编制死板，难以适应学生自主学习的要求；网络课程资源以单向流通为主，难以形成以资源为平台的人际交互。[2] 正如黄荣怀教授认为的，在传统精加工教学方式影响下开发的数字学习资源是“知识迷宫型”资源，它在内容上强调学理结构，重视专业性、系统性和完备性；随着人们的学习方式向以自主、探究和协作为基本特征的新型学习方式转变，个体任务型、微型课件型、过程体验型、小组合作型、邻近经验型等形态的资源被人们所尝试和接受，逐渐成为非正式学习环境和相关培训中的主流资源形态。[3] 特别是随着近年来国际课程开放与共享运动的推动和移动学习技术、云技术等的发展，进入“云时代”的人类学习正呈现出“微学习”的特点，教师教育网络课程向着可视化、微型化的方向发展。

2. 以优秀教学案例为主的生成性学习资源

教学案例（Teaching Cases）是具有典型教学意义的代表性事件或现象，它能够综合、直观地展示教育情境。正如美国教育家理查特（Richert，A. E）认为，“教学案例描述的是教学实践，它以丰富的叙述形式，向人们展示了一些包含教师和学生的典型行为、思想、感情在内的故事”。[4]“案例是一个实际情境的描述，在这个情境中，包含

---

① 教育部现代远程教育资源建设委员会：《现代远程教育资源建设技术规范（试行)》，2000 年 5 月。

② 李远航、秦丹：《利用 Web2.0 技术实现网络课程资源再生研究》，《中国电化教育》2011 年第 4 期。

③ 黄荣怀：《论信息化学习方式及其数字资源形态》，《现代远程教育研究》2010 年第 6 期。

④ Richert A. E. , Case methods and teacher education: Using cases to teach teacher reflection. In Tabachnich B. R. , Zeichner K. （Eds. ）, Issues and practices in inquiry – oriented teacher education. London: Falmer Press, 1991, pp. 130 – 150.

有一个或多个疑难问题，同时也可能包含解决这些问题的方法。”[①] 教学案例中包含着教育活动发生的具体情境及问题、解决问题的方法和技巧及问题解决效果。通过对案例的观摩学习可以加速教学经验的扩散和个体对他人创新经验的采纳，是最直观的学习方法。美国学习者李·S. 舒尔曼（Lee S. Shulman）将教师的知识分为命题性知识（Propositional knowledge）、案例性知识（Case knowledge）和策略性知识（Strategic knowledge），并认为案例知识可以架起理论和实践之间的桥梁。[②] 教师教学案例的呈现形式可分为教育叙事、教学反思、教育案例、教学课例等多种。教师在学习过程中观摩其他教师的教育教学案例可以获得大量实践性知识，教学案例也是教师隐性知识显性化的途径和载体。例如，前面分析中提及的 LFP、CHEMOL、CaPPs 等教师教育项目及几乎所有的教师学习平台都提供以教学录像为主体的教学案例供教师观摩学习。

（三）专家指导与辅导

1. 同伴互助（Peer Coaching）

20 世纪 70 年代的教师教育研究表明，只有 10% 的教师能够将在职业培训中学到的教学知识和策略应用于教学实践，即便是非常愿意接受培训的教师，他们的培训迁移率也很低。80 年代初，美国学者乔伊斯和肖尔斯（Joyce，B. and Showers，B.）认为将教师培训低效的原因归结于教师的看法是错误的，应当改变教师培训的设计和组织方法。他们假设常规性的（每周 1 次）聚焦于课堂实施和教学效果评价的教学研讨会能够促使教师将所学的内容应用于教学实践，并将这种同伴教练形式的研讨称为同伴指导（Peer Coaching）或同侪互助。同伴互助指教师结合成由两人或更多人员组成的小组，互相辅助、共享资源，共同反思教学实践和实施课堂研究，解决工作领域中的问题。[③]

① 郑金洲：《案例教学指南》，华东师范大学出版社 2000 年版，第 60 页。

② Shulman，L. S.，“Those Who Understand：Knowledge Growth in Teaching”，*Educational Researcher*，Vol. 15，No. 2，1986，pp. 4 – 14.

③ 吕敏霞：《美国教师“同伴互助”与“同伴指导”辨析》，《外国中小学教育》2007 年第 11 期。

他们后续的研究证实拥有“同伴互助者”的教师比那些独自工作的教师更容易运用新的教学策略和方法，因此建议应当让教师组成同伴互助小组，以使教师之间能够相互帮助支持。[1] 在同伴互助过程中，教师可以与同伴保持互相信任和依赖的关系，来自同伴的评价更有助于教师改善自我的教学行为。[2] 同伴互助过程中参与者是同事，他们之间在平等的基础上相互辅助和取长补短，建立起平等合作和互助互惠的关系。美国教学视导与课程开发协会将同伴指导中的教学活动过程分为观察前会议、教室观察和观察后会议三个阶段，解决问题的主要方式是共享和头脑风暴。同伴互助小组可以是教研组范围、学校范围、学区范围甚至更大的范围；可以是面对面进行的，也可以是通过网络开展的。但是，由于同伴互助活动的参与者是相同或相近学科的同事，他们所面对的教学问题大致相同，教师之间的理论和教学水平相当，因此，在长期的实践磨合之后会形成趋同的教育教学理念，教师将逐渐很难从活动中再得到实质性的帮助。“同层级的横向支援，明显缺少纵向的领导，尤其是在当今课程发展正处于大变动的时期，先进的理念如若没有以课程内容为载体的具体指引与对话，若没有课程专家与骨干教师等高一层次人员的协助与带领，同事互助常常会‘萝卜烧萝卜’，自囿于同水平反复。”[3] 因此，同伴互助需要专业引领。

2. 导师指导（Metoring）

研究表明无论针对教师个体还是群体发展、面对面、在线还是混合式的学习，来自高水平导师的引导都是十分重要的。[4] 对于被指导者（Mentee）而言，导师主要发挥以下作用：通过鼓励、咨询、树立

---

① Joyce, B. and Showers, B., “The Evolution of Peer Coaching”, *Educational Leadership*, Vol. 53, No. 6, 1996, pp. 12 – 16.

② 吕敏霞：《美国教师“同伴互助”与“同伴指导”辨析》，《外国中小学教育》2007 年第 11 期。

③ 王洁、顾泠沅：《行动教育——教师在职学习的范式革新》，华东师范大学出版社 2007 年版，第 11 页。

④ 林秀钦、黄荣怀、张宝辉：《技术支持的国际教师教育项目对我国教师教育发展与变革的启示》，《中国电化教育》2008 年第 5 期。

行为榜样和提供个人支持等方式提供精神（社会心理）上的支持；通过引导、保护和提供挑战性任务等方式促进职业发展。[①] 20 世纪八九十年代美国的研究表明：由于难以胜任教学工作，有 1/3 的新教师在工作的头三年内放弃从事教师职业；39% 的新教师将会在五年内离职；五年之后离职的教师几乎达到了 50%[②]，其后续的教师教育改革实践证明，导师指导计划提高了新任教师的留任率。[③] 英国牛津教练辅导和顾问指导学院（Oxford School of Coaching and Mentoring）的院长埃里克·帕斯洛（Eric Parsloe）认为，“导师指导（Mentoring）就是支持和鼓励人们去管理自己的学习以最大化他们的潜能、发展他们的技能、改善他们的绩效，使其实现个人发展目标”。[④] 导师指导（Mentoring）不仅是一个过程或活动，而且是一种关系，是专业上更为成熟者（Mentor）对经验缺乏者（Mentee）职业发展的专业支持，这种关系的建立外在于常规管理或上下级从属关系。[⑤] 教练指导是一个技能更为成熟或经验更为丰富的人与技能和经验发展不足的人形成的一种有意组合，他们的共同目标是促进技能欠佳者发展特定的能力。[⑥] 导师指导则指被指导教师（主要是新手教师）在指导教师（主要是学科专家、教育专家或教学专家）的帮助和引领下，在课程实施等教学活动上与指导教师协调合作，尽快适应和胜任工作，以获得专

① 文茂伟：《发展型经历框架下的指导（导师制）及其启示》，《成人教育》2012 年第 10 期。

② Robin Dexter, William Berube, Alan Moore, Mike Klopfenstein. Key Components of a New Teacher Induction and Mentoring Program. MLRN, 2011 - 12 - 22.

③ Ingersoll, R. & Kralik, J. M. The Impact of Mentoring on Teacher Retention: What the Research Says. ECS Research Review, Denver, Co: Educational Commission of the States, 2004 - 2 - 1/2012 - 3 - 22.

④ ［英］埃里克·帕斯洛：《领导：教练和顾问》，任真译，上海人民出版社 2006 年版。

⑤ Mind, S., "Business Mentoring and Coaching", *Training and Development*, No. 4, 1993, p. 26.

⑥ Murray, M., *Beyond the Myths and Magic of Mentoring: How to Facilitate an Effective Mentoring Program*, New York: Wiley, 1991.

业技能并促进专业发展。[①] 一般地，指导者通常比被指导者有更高的专业影响力，更丰富的工作经验和理论知识。在前一部分分析的案例中，WIDE World 的导师帮助学员将所学新理论同化到已有的认知系统和实践中；ILF 导师引导学员从案例、从在线讨论中建立对探究性教学的深刻理解。教育领域导师指导开展的方式有以下几种：①师徒制度，指导者一般是教学经验比较丰富的老教师，被指导者一般是新任的年轻教师，他们常常来自同一所学校；②导师制（影子教练），指导者一般是外部的专家型教师，以定期/不定期会面或通过网络的形式指导教师的发展，导师可以由教研员、教学名师等担任，被指导者可以是年轻教师，也可以是经验较为丰富的教师；③专家指导，由高校的学科专家、教育理论专家担任指导者，以不定期的方式对学校教师、教研员展开理论指导。

由此可见，视频俱乐部、在线讨论区等形式的网络学习社区，系统的网络培训课程、基于教学案例的生成性资源，实地或远程开展的同伴互助、导师指导等是技术支持教师学习的关键策略和核心要素。

---

① 吕敏霞：《美国教师“同伴互助”与“同伴指导”辨析》，《外国中小学教育》2007 年第 11 期。

第五章　教师行动学习模式建构

第一节　教师行动学习模式内涵

通过前面的大量文献分析，笔者认为行动学习是一种生态取向的在职教师教育模式。它将教师学习的场所聚焦于教师的工作环境，教师在教学实践和解决问题的过程中展开学习，学习是围绕教学实践展开“行动”与“学习”的不断循环。各种各样的现代技术形成了教师工作、生活与学习的“技术场域”，对教师的学习不可避免地产生着深刻影响。结合笔者所在团队多年来对在职教师教育的实践探索和笔者本人对教师教育的深入思考和系统理论研究，研究者提出了一种以教师的日常“行动”为核心，以现代技术创建的学习情境为有效支持的在职教师教育模式，即教师行动学习模式（Teacher Action Learning Model，TALM）。这种模式该如何运行、技术该如何发挥作用等是需要详细说明的问题。

一　教师行动学习的载体：课例研究

生态取向下的教师学习研究应将教师置于其实践场域——学校之中来研究其学习问题。教师行动学习模式的首要问题在于回答教师“如何行动”的问题。在前面生态取向下教师教育成功实践案例的分析中发现：日本的课例研究聚焦于课堂教学，教师集体针对选定的教学问题展开准备、计划、授课和反思的循环，在解决教学问题的过程中实现教师能力的发展；中国传统的“磨课”教研也是围绕具体的教学内容开展教学准备、教学实施、互动评课和教学反思等活动的不断循环；教师行动教育将“磨课”研究推进了一步，使教师学习在三个阶段和其间的两次反思研讨中展开。国内外这些有效的教师教育实践模式都围绕教师对课堂教学的研究展开，因此，对课堂教学的研究应该是教师日常工作中最核心的“行动”。另外，我们常说教师的日常工作主要包括“教”“研”“训（学）”三个方面，但其他两个方面的最终目的都是改进教师的教学实践，即“教”的方面是教师日常工作的核心。已有研究表明课例是教师学习的认知支架，课例是教师直面教学、共同分享的平台，课例是连接理论和实践的中介。[①] 因此，教师行动学习应以教师围绕“课例”实施的教学研究活动——“课例研究”为载体，让教师学习在课例研究的过程中展开。

参考国外“课例研究”和“行动学习”的基本流程，结合“磨课”活动的基本程序以及实践者多年的经验总结，笔者将以课例研究为载体的教师行动学习基本实施流程分为以下四个主要阶段和若干个具体环节，如图5－1所示。

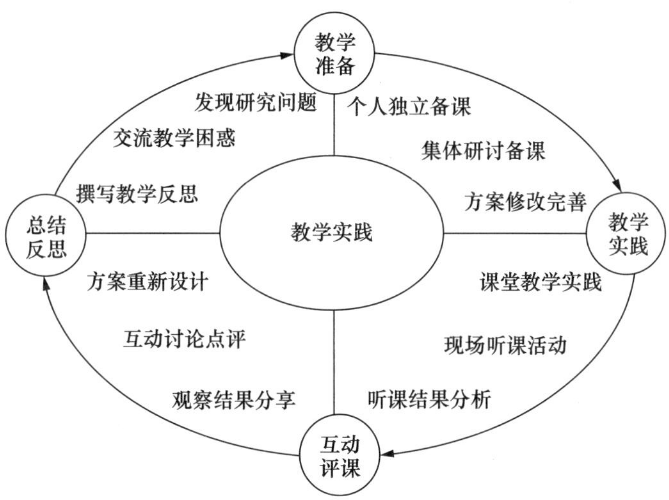

图5－1　教师“课例研究”实施流程

① 王洁、顾泠沅：《行动教育——教师在职学习的范式革新》，华东师范大学出版社2007年版，第46—54页。

（一）教学准备阶段

该阶段可细分为个人独立备课、集体研讨备课、方案修改完善三个子环节。具体包括以下活动：选定教学内容——研究课例、研读课标、学习相关理论知识；参与研究活动的每位教师针对选定的教学内容分头备课，在充分借鉴现有教学案例的基础上完成各自的教学设计；开展集体备课教研，交流分享各自的教学设计方案，讨论形成大家较为认可的优化了的教学流程；集体备课后每位教师或部分教师完成一个或多个最终的教学设计方案；开发教学资源及相应课堂教学评价工具，为教学活动的顺利开展和课堂观察数据收集做充分准备。

（二）教学实施阶段

该阶段可包括课堂教学实践、现场听课活动、听课结果分析三项主要内容。具体活动包括：教研团队中的一位或多位老师（授课教师）根据既定的教学方案开展教学，其他成员根据事先设计的听课工具开展合作课堂观察，有条件的学校还可以将课堂教学过程进行全程录像，以备后期互动研讨时使用。在这个环节中，可以是一位教师授课、其他教师观摩听课；也可以是多位教师根据各自不同的教学设计方案开展教学，即“同课异构”；还可以是多位教师根据相同的教学方案开展教学，即“一课多上”；具体形式可以灵活多样。需要强调的是，课例研究过程中教师听课的方式与传统方式的主要不同是教师以“研究者”的身份，借助事先准备的课堂观察工具进行全方位、合作式的课堂观察。即教师相互合作从教师教学行为、学生小组学习、师生互动与课堂全貌等多维视角收集观察数据。收集数据的工具有教师共同设计的结构化观察量表、学生调查问卷、学生访谈提纲等。听课结束后，听课教师及时分析观察数据，合作完成课堂观察报告，为互动评课做好准备。

（三）互动评课阶段

该阶段包括观察结果分享、互动讨论点评和方案重新设计三个子环节，具体包括：教学结束后，教研团队所有成员展开集体教研，首先由授课教师说课或谈自己的教学反思，然后其他教师就课堂上观察到的现象作交流汇报，分析课堂教学的成功点或不足之处，并提出教学改进意见，形成修改后的教学设计方案，即完成教学方案的“重构”。此外，由于工学矛盾等问题，开展教学实践的过程部分教师可能无法参与现场听课活动，可将授课过程进行全程录像，让这些教师课后及时观看教学实录，弥补听课过程的不足以便于深入交流讨论。在互动评课的过程中也可以反复播放教学录像，教师之间围绕具体教学行为进行动态的评课活动。此外，为了扩大互动评课的参与面，还可将教学实录上传至网络空间，与其他教研组或学校的教师开展网络评课活动。

（四）总结反思阶段

该阶段的主要工作包括再次授课评课、交流教学困惑、撰写教学反思三大任务。根据前面讨论的结果，教师重新设计更为优化的教学方案，在条件允许的情况下利用新的方案再次施教，进行授课评课的不断反复；教师在每次教研的过程中交流教学困惑、发现教学中存在的问题，作为下一轮教学方案设计的指南和依据；在这个过程中随时撰写自己的教学心得形成反思报告，及时整理课例研究各阶段形成的过程性数据，最后将教学设计方案、每轮的教学录像、集体教研记录、教师反思报告、学生优秀作品等其他过程性资料整合打包，形成一个能够展示课例研究全过程的动态性、生成性和多媒化的“课例研究资源包”，作为后续课例研究的基础或其他教师学习的范例。

二　教师行动学习的旨归：面向信息化的实践性知识

教师学习的关键在于实践性知识的不断丰富和实践智慧的不断提升。教师实践性知识是指教师在具体的日常教育教学实践情境中，通过体验、沉思、感悟等方式来发现和洞察自身的实践和经验之中的意蕴，并融合自身的生活经验以及个人所赋予的经验意义，逐渐积累而成的运用于教育教学实践中的知识以及对教育教学的认识，它实质地主导着教师的教育教学行为，有助于教师重构过去经验与未来计划以至于把握现时行动。① 基于实践性知识之上的教师实践智慧也是教师在长期的教育教学实践活动中生长的，脱离实践性知识的累积和铺垫，

---

① 姜美玲：《教师实践性知识研究》，华东师范大学2008年版，第54页。

教师实践智慧的生长就成为无本之木、无源之水。[①] 因此，可以说实践性知识的发展是教师学习与专业成长的核心。实践性知识反映的是教师在工作中如何作出选择和决策、处理具体教学情境的能力，因而具有情境性、实践性、工具性、缄默性、个体性、反思性等特征。[②] 教师实践性知识来源于其个人生活史、教学实践、专业反思、观摩学习、理论转化和共同体文化吸收。让教师参加理论学习、参与学习共同体、开展行动研究、反思教学实践等是发展其实践性知识的有效策略。课例研究聚焦于真实的教学情境和具体的教学任务，教师在开展课例研究的过程中学习与现实问题解决密切相关的理论知识、学习借鉴其他教师的典型教学案例、相互研讨形成优化的教学方案、相互协作开展教学实践、互动点评分享经验、共同改进设计教学方案，在实践的基础上展开深入的思考，将理论转化、观摩学习、教学实践、专业反思和共同体文化吸收等教师实践性知识生成策略有机结合，能够有效地促进教师实践性知识的生成和发展。

然而，随着教育信息化的不断推进，信息技术和教与学不断走向融合，当代教师实践的场域已然发生重大转变。教师在被技术重构了的教学环境中教育着“数字时代的土著”，技术因素成为教育教学活动中的活跃因素，因而对教师的教学能力提出了新的要求。实践性知识作为教师教学实践技能的重要表征，其结构和内涵也必将发生转变，融入技术因素的面向信息化的实践性知识将是当前教师专业成长的核心内容。因而，教师行动学习的直接指向是面向信息化的教师实践性知识的发展。

三　教师行动学习的途径：行动中的学习和行动驱动的学习

在前面的分析中我们总结出行动学习的主要途径有在实践经验中学习、在团队研讨中学习、从理论知识中学习、在实践反思中学习、在催化师的指导中学习；教师学习是基于工作环境的自我导向学习、

① 吴支奎：《课例研究与教师实践智慧的生长》，《教育与职业》2009 年第 23 期。

② 刘旭东、吴银银：《我国教师实践性知识研究十年：回顾与反思》，《教师教育研究》2010 年第 3 期。

基于问题解决的行动学习、基于教学案例的情境学习、基于实践经验的反思学习、基于同伴互助的合作学习；教师学习的关键要素是实践反思、行动体验、实践社区和概念输入；教师学习的途径也包括在行动中学习、通过反思学习、通过观摩学习、在同伴交流中学习和通过理论知识获得学习等。基于以上综合认识，笔者认为以课例研究为载体的教师行动学习的途径可分为“行动中的学习”和“行动驱动的学习”两大类，具体包括以下基本途径。

（一）行动中学习

教师行动学习聚焦于教师日常行动——教学实践，是典型的“做中学（Learning by Doing）”“行中知”。“做中学”是现代美国教育家杜威提出来的一个重要的教育理论，生动地阐述了他对知与行关系的看法，它与我国古代传统文化中的“格物致知”“知行合一”等理念一脉相承，都强调“经验”“实践”“体验”在获得知识过程中的重要性。教师的教学实践经验是教师实践性知识最重要的来源，教师在教学的过程中不断地设计、实践、评价、改进自己的教学方案，在教学实践中发现问题，在创造性解决问题的过程中丰富自己的实践性知识、提升自己的实践智慧。在备课的过程中教师通过观摩教学案例、学习相关理论知识并将其有机整合，形成自己的教学设计方案，在完成教学设计的过程中拓展自己的思维、提高自己的理论水平；在备课阶段教师需要检索信息资源、制作教学课件，在实务操作的过程中教师的信息技术能力得到切实提高，也只有在将信息技术工具应用于具体教学问题解决的过程中才能提高教师的信息技术应用能力，丰富其面向信息化的实践性知识，使得教师在信息化环境下开展教学的能力不断增强。在开展具体教学的过程中，教师会面对诸多的教学突发事件，在处理教学突发事件的过程中积累经验，提高教学技能。教师实践经验不仅能够加强和巩固教师原有的已证明为正确的或是可行的知识，改正或修改他们原有的已被证明是错误或是不可行的知识，而且也为教师提供重要获取或创造更多新知识的机会。①

① 姜美玲：《教师实践性知识研究》，华东师范大学出版社2008年版，第194页。

（二）反思中学习

美国著名教育学家波斯纳（G. J. Posner）曾提出：教师成长 = 经验 + 反思。我国著名心理学家林崇德教授也提出：优秀教师 = 教育过程 + 反思。他们都提出了反思是优秀教师成长的必然路径。[①]“学而不思则罔，思而不学则殆”是《论语·为政》中孔子论述“学”与“思”关系的至理名言，《论语·学而》中的“吾日三省吾身”，老子《道德经》中的“知人者智，自知者明”，也都阐明了“反思”的重要性。教师行动学是对教师教育“反思模式”的一种发展和超越，它不是简单地主张要在做中获得新知识和新能力，而是更加关注对以往经验的总结反思和反思基础上的自我提升。在教学准备阶段教师不断反思完善自己的教学设计；在教学过程中教师不断反思自己教学策略选择是否得当；在教学观摩的过程中教师根据其他教师的教学行为反思自己的教学预设；在互动研讨中教师在他人的启发下多视角反思自己或他人的教学行为；在教学结束后，教师通过重新设计教学方案、撰写教学反思日志等方式重新审视自己的教学行为。教师行动学习的过程是教学实践、反思与知识学习的不断循环，是教师在反思中学习他人经验、改变自己行为模式、提高自己理论素养的过程中，是“学思结合”“行思结合”的过程。

（三）研讨中学习

《学记》中“独学而无友，则孤陋而寡闻”的意思是说，如果学习中缺乏同伴之间的交流切磋，就必然会导致知识狭隘，见识短浅。教师的行动学习聚焦于课堂教学实践，在教学研究共同体中以“头脑风暴”的形式开展集体备课，用“诤友”的方式开展“互动评课”，在教学研讨中发现教学中存在的问题、共享教学经验、开拓教学思路。互动研讨是教学行动学习过程中的核心环节，是实现教师理论知识向实践技能转化的重要过程。在集中备课阶段，针对具体的教学内容，教师根据自己的教学经验和学得的相关理论知识提出教学设想，

---

① 李伯生：《行动学习——教师专业发展的途径》，《天津市教科院学报》2011 年第 1 期。

并围绕同伴的质疑和追问解释自己的教学设计意图和理论依据，使自己的思路逐渐细化、将理论知识的应用逐渐渗透到具体的教学环节。在互动评课阶段，教师分享自己在课堂观察中的心得，使得其他教师能够多视角评价课堂，并在此基础上提出具体可操作的教学改进意见，拓展教师的视野。教师通过互动研讨分享经验、指出教学中存在的不足、提出问题改进策略，学习在研讨中发生。

（四）观摩中学习

我国古代最早的一篇有关教育、教学问题的专门论著《礼记·学记》中就提出了有效学习的原则："相观而善之谓摩。"意思是学习中要相互观摩、相互学习，才能取长补短，共同进步。教师行动学习的过程中，在教学准备阶段，通过收集观看名师名课的优秀教学设计方案，从中领悟设计者的意图，对自己教学策略的选择和教学流程的确定提供思路，教师在借鉴模仿中学习他人经验；此外，教师还可以通过各种方式获得与所教内容相配套的课堂教学实录，通过观看他人教学录像学习他人处理教学难重点、教学突发事件等各种问题的经验，尽可能充分地预设教学中可能出现的情况并做必要的准备，在观摩中潜移默化地习得其他教师的实践性知识。每位教师在听课之前会对所教内容的教学流程有一个体现自己教学思维习惯和教学特点的预设，现场听课的过程中会将授课教师所展示的实际教学流程与自己思想中预设的教学流程不断地进行对比，并会依据具体课堂教学情境的变化检视评价授课教师所采取教学策略的优劣，反观并及时修正自己对本节课的预设，使自己的教学预设更加理想和细化。可以说教师听课的过程是观察授课教师教学行为、反观自身教学预设的过程，在这个过程中教师可能会出现"顿悟"，改变自己原有的教学思维模式。听课结束后每位教师会在脑海中形成关于本节课教学流程的两个版本：一个是授课教师展示给大家的、细节丰富并充满诸多遗憾的"现实版本"，另一个是通过调整自己教学预设形成的较为理想的"预设版本"，教师在评课的过程中往往也在寻找"理想版本"与"现实版本"的差距。由此可见，教师在观摩他人教学的过程也是在思想上"体验"教学的过程，这种形式的体验比自身的实践更具批判性和反思性，也更能开拓教师的视野，让教师形成更多的教学“创意”。

（五）行动后学习

《礼记·学记》中就有这样一段精彩的论述：“学然后知不足，教然后知困。知不足，然后能自反也；知困，然后能自强也。”其中反映了实践中学习需求的生成过程。行动后学习（After Action Review, AAR）也成为目前知识管理实践中应用得最为广泛的学习促进机制。教师行动学习不仅是行动中学习、反思中学习、观摩中学习、研讨中学习等“行动过程中的学习”，更重要的是教师在行动的过程中产生了具体的学习需求，如为了解决教学过程中遇到的难题、为了弄清楚互动研讨中同伴未充分解释的理论知识、为了充分借鉴他人解决问题过程中的有效思路，教师需要在具体行动的间隙展开自主学习，以弥补自己知识的不足。这种学习是“行动驱动的学习”，学习动机源于教师解决问题和自我提高的需要。因而学习的针对性也更强，教师学习的兴趣更高、学习的效果也更好。这种学习的形式可以是通过阅读书籍、浏览网页途径展开的理论知识学习，可以是基于分析教学案例、观看教学录像展开的案例学习，可以是向同伴、教学名师及教育专家请教的互动研讨学习，也可以是参与教育机构的培训课程、专家讲座等形式的系统学习。行动驱动的学习是教师行动学习过程中的重要学习途径，也是教师行动学习与以“行动中的学习”为主的校本教研的重要差别。

四　信息技术支持教师学习的方式：教师学习支持服务体系

广义技术定义下技术场域观的确立启示我们：对技术支持的教师学习的研究应跳出单一媒体（或工具）应用效果研究模式的局限，将教师的学习行为置于现代技术所营造的技术场域中来考察。技术对教师学习的支持不是个别环节、个别形式上的支持，而是技术对教师学习方式的重构。我们知道，每个时代各个领域都有其主导技术及其衍生的主导技术群，20世纪前半叶与教育相关的主导技术是幻灯、电影技术，20世纪90年代以前的主导技术是广播电视技术，90年代后期至今的主导技术便是网络技术。目前围绕网络技术已经衍生出诸多与网络应用相关的技术群，这些网络技术群营造了我们生活的现代技术场域。因此，当前技术支持教师学习的研究应当主要聚焦于网络环境下教师学习方式与途径的变革。前面通过对技术支持的教师学习研究的梳埋发现：教育性课程材料、专家引领与指导是教师学习过程的关键支持要素。因此，应当将以课例研究为载体的教师行动学习置于网络技术群营造的现代技术场域中来考察，在教师开展课例研究的过程中为其提供系统的支持服务。技术支持教师学习的有效方式是建立系统的学习支持服务体系，而非考察某项技术对教师某种学习行为的影响。

基于以上分析可以发现，教师行动学习的过程是教师在现代网络技术营造的学习支持服务体系支持下开展课例研究的过程。在这个过程中，教师不但开展以实践中学习、反思中学习、观摩中学习、研讨中学习等方式为主的“行动过程中的学习”，还会在实践和行动的过程中产生学习需求，借助完善的教师学习支持服务体系展开“行动驱动的学习”，即行动后学习。以课例研究为载体的教师行动学习基本模式如图 5－2 所示。

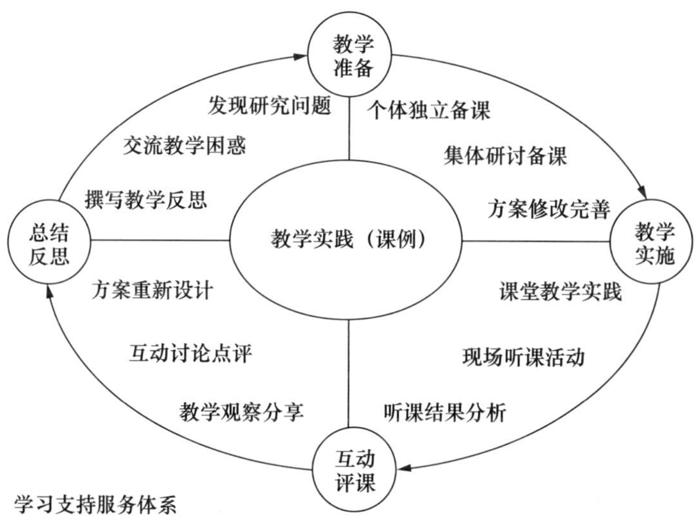

图 5－2 教师行动学习基本模式

第二节 教师行动学习支持服务体系

教师行动学习的过程是教师在共同体内不断提出问题和解决问题的过程，在这个过程中有些问题是教师无法通过同伴之间的讨论交流及时得到解决的，教师需要借助各类学习资源展开补充学习，将学习融入自己的行动之中。教师很希望来自学科教学名师等各类专家的互动指导，但专家名师的数量毕竟有限，这就为教师行动学习支持服务的建设提出了挑战。在前面的研究已经总结出技术支持教师学习的核心要素包括网络学习共同体、教育性课程材料、基于网络的专家指导和同伴指导等。那么在教师开展以课例研究为核心的行动学习过程中，需要什么样的支持服务体系，即网络学习共同体该如何建设和运行？教育课程应具有什么特点、包括哪些内容？基于网络的专家指导和同伴互助该如何展开？在此，笔者结合对教师行动学习服务需求分析，借鉴现有相关研究成果，结合所在团队在实践中所采取的具体策略总结概括技术支持的教师行动学习支持服务体系的主要内涵。

一 网络学习资源类

课例研究是实现“做中学”的有效载体，教师通过交流讨论、教学观摩向同伴学习，通过教学实践、教学反思改进自身教学实践，提高自己教学实践技能。但在这个过程中有些问题是同伴之间不能或难以解决的，参与课例研究的教师之间存在共同的知识“盲区”，这就需要有效地借助网络学习资源完成“外部概念”的输入来消除这一“盲区”。这些资源可以微型网络课程、优秀教学案例等形式提供。

（一）微型网络课程

（1）微型网络课程的特点。微型课程的概念由来已久，但大部分微型课程都是由学校教师为中小学生开发的，如美国的学科微型课程，新加坡的“Micro Lessons 计划”等。[①] 新加坡南洋理工大学 Shanti

① 田秋华：《微型课程及其开发策略》，《课程·教材·教法》2009 年第 5 期。

Divaharan 教授与 Pilip Wong 教授认为微型课程是运用计算机通信技术（ICT）来达到特定目标的小型教学材料。[①] 还有研究者认为微型课程是围绕某一问题或某一情景，目标明确、内容短小的教学资源的有机组合[②]；微型课程是基于学校资源、教师能力与学生兴趣，以主题模块组织起来的相对独立与完整的小规模课程，具有“短”“小”“精”“活”的特点。[③] 微型课程都是一系列半独立性的专题或单元，容量很小，建立在教师和学生兴趣的基础上，强调深度而不强调广度；持续时间比较短，一般只有一两个学时而不是几个周的时间；微型课程可支持基于问题的学习、基于案例的学习、基于资源的学习、基于情景的学习和协作学习等多种学习方式。[④] 近年来，国内学者提出将这种理念应用于教师培训，特别是远程教师培训，指立足于某一主题之下的具体方面，以微小的篇幅将相关的教学理论、案例、方法、策略等都融入其中，集中解决一个实践问题。微型课程看似微小，但它符合成人学习者的学习习惯，可以满足教师自主的、个性化的学习需求，还有利于课程开发者以个体之力参与到课程开发之中，更可以适应移动学习时代的要求，从内容层面上支持教师随时随地地学习。[⑤] 通过上面的分析可以发现，微型网络课程具有以下基本特点：①微型化。微型网络课程是一种“粒度”非常小、适于成人自主学习的网络课程形态，其最显著的特点就是短小精悍。在内容方面一般只涉及一个具体的主题，强调内容的深度而不强调广度；从学习时长来看，教师能够在十分钟以内完成学习；从媒体格式来看，所占内容篇幅较小、网络流量较小。②应用性。微型网络课程是在行动过程中基于问

---

① Tan Seng Chee, Angela F. L. Wong, *Teaching and Learning with Technology - An Asia - Pacific Perspective*, Singapore: Pears Prectice - Hall, 2001.

② 马红芝：《教育实习微型课程的设计与开发》，硕士学位论文，上海师范大学，2012 年，第 9 页。

③ 田秋华：《微型课程及其开发策略》，《课程·教材·教法》2009 年第 5 期。

④ 刘运华、衷克定、赵国庆：《新加坡微型课程研究项目的实践与启示》，《中国电化教育》2005 年第 11 期。

⑤ 闫寒冰、祝智庭、蒋敦杰：《教师培训课程资源库运营模式的动力机制设计》，《中国电化教育》2012 年第 11 期。

题解决的需要而使用的，因此学习后应该能为实际问题解决提供切实的帮助；内容类型不在于所涵盖信息量的丰富，而在于聚焦于具体问题并提供问题解决思路或现成的问题解决方案。③独立性。即每一个课程资源之间不存在很强的依赖性，学习者通过一定的检索方式就能够定位到具体的学习内容，一个资源解决一个问题。④适应性。微型网络课程应该适应不同学习环境下的使用需要，如 PC 用户或手持移动设备用户都有很好的用户体验，在内容包装形式上可以适应随时随地地学习。⑤生成性。这种资源不应是一成不变的，而应是在使用的过程中使现有的内容能够得到不断完善，对不存在的内容可以由用户按一定标准创建和生成。我们将这样具有微型化、应用性、独立性、适应性和生成性的“粒度”很小的网络课程称为“微型课程”（Microcourses）或“微课程”（Minicourses）。例如百度百科、维基百科等可以看作微型课程的一种类型，再如“可汗学院”中的视频课程也可视为微型课程的另一种类型。在对课例研究过程中教师问题关注和学习资源需求的分析中发现，教师并不是系统学习相关的理论知识后再去寻找机会应用，而是在解决问题的过程中不断提出针对性学习需求。他们对学习资源的需求恰好满足“微型课程”的特点。

（2）微型网络课程的类别。微型课程按照媒体格式可以分为文字类、视频类、语音类等不同类型。按照所涉及的内容来分，支持教师行动学习的微型课程应当至少包括以下几个方面：①教学实践技能类微型课程，如围绕小组合作学习、课堂组织管理、课堂提问与反馈、学生学习指导等专题开发微型课程体系，每个专题可以细分为多个更为具体的、相对独立的微型课程，形成专题学习微型课程包。②教育信息技术类微型课程，这类微型课程应尽量地与学科内容结合，包括信息技术和信息化教学两个子类，前者以培养教师的信息技术能力为核心，如何检索资源、如何下载特定类型的资源、如何加工、处理和整合特定类型的资源；后者以培养教师利用信息技术工具优化特定学科的教与学方式为核心，如信息技术如何支持小学语文不同类型、不同体裁、不同学段阅读教学等。③教育理论类微型课程，这类课程应以案例为核心，主要以直观的方式展示、解析、介绍教育教学相关理论知识。具体可包括《教师教育课程标准》关于在职教师教育课程设置框架建议的内容，如学科教育新进展、儿童研究新进展、学习科学新进展等。④其他存在共性的相关问题。这类课程可以是结合各地特色建立的地方课程、校本课程或教师个人课程，也是微型网络课程生成的重要领域。

（二）优秀教学案例

教学案例是对特定教育情境下教育事件的重现，它不但再现了教育教学事件的起因、经过、结果等基本信息，还能够从中体现事件主要参与者的思维过程、行为结果、情感体验等内容。教学案例是联结理论与实践的桥梁，教师的实践性知识可以通过教学案例得以传播，通过案例学习观摩可以借鉴他人学习经验、反思自身教学。常见的教学案例形式包括教学设计、教学反思日志、教学录像、教育叙事等。值得关注的是，教师在课例研究中最希望得到的是课例点评解释实录，这就说明教学案例不仅要包括展示案例完整信息的"原始"材料，还应包括其他案例观摩者，特别是各类专家"二次加工"的材料，即针对案例的解析与点评。基于此，教师在行动学习的过程中应当逐渐形成一种综合性的典型教学案例资源——"课例研究资源包"，它应当包括教学内容分析、教学设计、教学课件、教学实录、集体备课实录、互动评课实录、专家点评、教师反思等内容。"课例研究资源包"不但能够直观地向其他教师展示一节课例的形成过程，还能够呈现教育专家、学科专家、教学名师、授课教师自己从各自视角对课例优缺点的点评。这样其他教师在观摩的过程中不但能够借鉴课例中的教学思路，还能够结合具体课例学习相关理论知识。课例资源包生成于教师的课例研究过程之中，又是其他教师开展后续课例研究的有效资源，是一种生成性的教师学习资源。

二　远程互动指导类

在教师开展课例研究的过程中，教师不但需要借助微型网络课程随时开展自主学习，弥补自己知识的不足；还希望能够随时得到学科专家、教育专家或教学名师的指导。然而，这些专家不可能长期深入基础学校进行持续指导，利用现代信息技术可以有效缓解这种矛盾，让各类专家为基础教师提供远程互动指导。

（一）专家远程指导

专家远程指导就是具有不同知识背景的专家利用现代信息技术手段异地为中小学教师的教学研究活动提供示范指导或互动答疑的教师学习支持服务形式。在实践中经常利用视频会议系统、语音系统、网络讨论区、网络聊天室、网络学习平台、即时聊天工具、电子邮件等展开互动指导。常见的形式有：

（1）视频会议。在实践过程中，研究者所在团队多次利用 QQ 视频聊天功能与实验学校不定期地召开视频会议。学校汇报课题实验进展情况及实验中遇到的问题，专家团队实时答疑并给予指导。

（2）即时聊天。在实验过程中，研究者所在团队利用 QQ、YY（歪歪）等实时聊天工具与课题组教师通过文字、语音等展开互动研讨，随时解决教师教学中遇到的问题。

（3）在讨论区。在实验过程中，研究者所在团队利用 BBS 论坛为教师搭建了在线讨论区，教师在这里对相关问题展开长期、深入的研讨，分享教学。

（二）网络名师工作室

名师工作室是一个以课题研究、学术研讨、理论学习、名师论坛、现场指导等形式对内凝聚、带动，向外辐射、示范、引领教学改革，促进教师专业化成长的团队组织。[①] 它不但可以发挥名师的示范带头作用，扩大名师的影响力，而且能够带动和引领青年骨干教师快速成长。[②] 网络名师工作室主要通过网络平台来开展各类名师引领活动的网络学习共同体。在课例研究的过程中，让学科教学名师在网络上建立自己的工作室，带领本校或其他学校的教师开展网络环境下的合作课例研究活动，以满足教师在行动学习过程中对教学名师互动指导的需要。

---

① 刘穿石：《“名师工作室”的解读与理性反思》，《江苏教育研究》2010 年第 10C 期。

② 朱向明：《让名师工作室“名”副其实》，《中小学教师培训》2011 年第 2 期。

（三）教师互动研修社区

教师互动研修社区是以教师为核心成员的一种网络学习社区，它为教师之间提供更为开放、平等的网络互动空间。在网络研修平台中教师以不同的方式建立合作小组，开展集体备课、在线评课等活动。网络教研社区可以是长期的，也可以是为了解决特殊任务而临时创立的。例如，研究者所在团队在实验过程中为A学校利用Moodle网络课程平台建立了网络教研社区，通过该社区为教师提供学习资料和教师展开讨论；也利用教师普遍使用的QQ聊天软件的群空间组织不同学校的教师展开异地合作备课活动。

三 实地互动指导类

网络远程指导能够有效地解决各类专家无法长期深入学校的矛盾，但其依然存在较多弊端，如专家对学校实际情况了解较少、某些较为复杂的问题难以通过网络方式得到彻底解决等。因此，一定频次的实地互动指导依然是必要的。常见的实地互动指导有以下几种形式。

（一）专家巡回指导

专家巡回指导是指由不同知识背景的专家组成的团队连续深入不同中小学校对教师的教学研究活动进行实地指导和研讨的活动。专家团队可以由学科专家、教育专家、教学名师、教研员等组成。专家巡回指导的形式可以是参与合作设计、听课评课、互动研讨、座谈访谈等。

（二）送教送培进校

送教送培进校是指由教学名师、教研员、培训专家等较长时间地深入学校，为中小学教师提供集中培训、示范教学，并参与学校的日常教研活动。目前随着网络远程培训方式的普遍采用，这种方式使用得相对较少。

四 传统继续教育类

教师行动学习是生态学视野下以校为本的教师学习模式，教师在课例研究的过程中通过实践、观摩、反思学习，也通过利用微型化的网络学习资源和教学名师、教育专家、学科专家等的指导开展自主学习。但这并不意味完全排斥传统的外出考察、集中培训、工作坊、专家讲座等形式的教师专业发展策略。教师在行动学习的过程中不断产生问题，通过同伴讨论、理论学习、专家指导等方式不断解决问题，但依然还会有部分问题无法在校内得到解决，教师需要外出“取经”，但这些专业发展活动内容应当根据教师遇到的问题和教师学习需求设计，加强教师学习的针对性。

网络学习资源、远程互动指导、实地互动指导以及传统继续教育等共同构成了当代教师教学研究的技术场域，为教师的行动学习提供了灵活多样的支持。教师的学习也正是在这种技术场域构造的多种情境中展开的，在开展教学实践的“行动”中向同伴学习并产生“概念输入”学习的需求，借助教师学习支持服务体系满足自己个性化的学习需求。教师培训、专家指导、理论学习等教师教育活动围绕教师行动展开，嵌入教师的行动过程之中。结合教师学习支持服务体系研究，更为细化完整的教师行动学习模式如图 5 -3 所示。

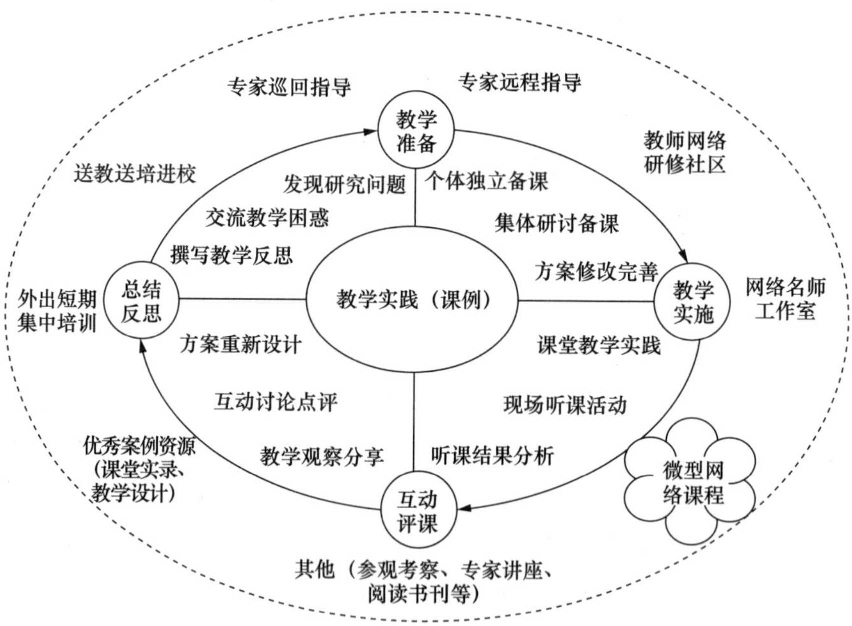

图 5 -3　教师行动学习模式

第六章　教师行动学习内在机制研究

第一节　实践性知识生成机制研究

教师行动学习是以课例研究为载体，以实践共同体为依托，在教师学习支持服务体系的支持下实现面向信息化的实践性知识生成的过程，是教师在学习共同体内显性知识与隐性知识、公共知识和个体知识相互转化的过程。对行动学习过程中实践性知识生成机制进行深入研究有助于进一步理解教师行动学习的本质。

一　维果斯基学习圈

维果斯基曾对其社会文化学习理论作了经典总结："每次学习活动对儿童发展的作用表现在两个方面：首先表现在社会层面，然后是个人层面；首先发生在主体的心理间（Interpsychological）层面，然后是个体心理内部（Intrapsychological）层面。"[①] 英国哲学家、心理学家罗姆·哈瑞（Rom Harré）将这些原则可视化并提出了一个被西方学者广泛引用的学习活动整体分析框架——"维果斯基空间"（Vygotsky's Space），也叫"维果斯基学习圈"（Vygotsky's Cycle）[②][③]，

---

① Vygotsky, L. S., Interaction between learning and development. In Mind in Society: The Development of Higher Psychological Processes, London: Harvard University Press, 1978: 79 - 91.

② R. Harré, *Personal Being*, Cambridge: Harvard University Press, 1984.

③ J. R. Gavelek and T. E. Raphael, Changing talk about text: new roles for teachers and students, *Language Arts*, No. 73, 1996, pp. 182 - 192.

如图 6－1 所示。模型用两条坐标轴分别代表与维果斯基所总结的每个方面相关的两个维度，其中纵轴代表学习行为的表现方式从“私人的”（Private）到“公共的”（Public）的连续统，横轴代表学习过程的人际关系从“个体的”（Individual）到“集体的”（Social）连续统。两个轴相互交叉形成四个象限，即“公共—集体”空间（象限Ⅰ）、“集体—私人”空间（象限Ⅱ）、“私人—个体”空间（象限Ⅲ）、“个体—公共”空间（象限Ⅳ）。四个象限之间的相互转化形成有效学习发生必须经历的四个心理过程，即从象限Ⅰ到象限Ⅱ的内化吸收（Appropriation）、从象限Ⅱ到象限Ⅲ的转化（Transformation）、从象限Ⅲ到象限Ⅳ的外显化（Publication）和从象限Ⅳ再到象限Ⅰ的惯例化/习俗化/社会化（Conventionalization）。①② 在这个模型中，象限Ⅰ和象限Ⅳ代表通过人际互动实现的心理间层面的学习，象限Ⅱ和象限Ⅲ代表个体内部心理活动层面的学习。

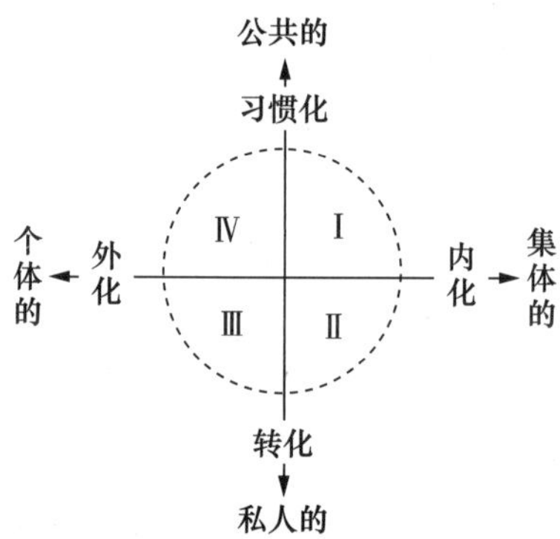

图 6－1　维果斯基学习圈

① Raphael, T. E.. Balanced Instruction and the role of classroom Discourse. In Osborn, J. & Lehr, F. (eds). Literacy for All: Issues in Teaching and Learning. New YorK, NY: Guilford Press 1998, pp. 134－139.

② Cheville A. A Functional Decomposition Test for Formative/Summative Evaluation of Capstone Design. In Proceedings of Capstone Design Conference 2010. Alan Cheville. Oklahoma State University.

基于以上框架，我国华中师范大学教育学院毛齐明博士对教师有效学习的机制进行了深入分析，将教师学习分为内化、转化、外化和世俗化四个主要阶段，并在此基础上分析了教师成熟概念的生成机制、教师实践模型的建构机制和教师个体与集体的互动机制①②，这为笔者研究教师学习提供了有益的思路。在前面的分析中笔者总结出教师实践性知识会经历从公共知识到信奉的理论、成熟概念、实践性知识和个人理论转化的发展历程，下面笔者也将借鉴这一思路对行动学习过程中教师实践性知识的生成机制进行分析。

二　行动学习中的实践性知识生成机制

（一）内化：由“公共知识”到“信奉的理论”的转变（理论知识学习）

模型中“公共—集体”空间（象限Ⅰ）所代表的学习活动是教学任务和目标在群体内公开讨论或理论知识学习（概念输入）的过程，这个过程以显性知识的共享为主要特征。这些显性知识可以是结构化、系统化的公共知识，如教育理论知识、教育教学标准（新课程标准、教学评价标准）等；也可以是结构不良、碎片化的通过口头或书面表述出来的教师个人知识，如教学经验、教学案例、教学反思或教学建议等；还可以是通过口头表述出来的专家知识，如专家建议、专家点评等。在课例研究的个体独立备课阶段，教师通过学习相关理论知识（如研读课标、参与培训课程等）、查阅教参、分析典型案例、观看教学实录，形成自己对教学活动的初步“设想”；在集体备课的互动讨论过程中，教师聆听其他教师的设计思路、接受其他教师或专家的反馈意见，进一步完善自己对教学活动的“设想”。这个过程是教师根据自己的经验理解公共知识和选择性接纳其他人员建议的过程，其结果是教师接受新的外部“公共知识”成为自己“信奉的理论”，教师的认知活动由“心理间”层面转入“心理内部”层面，进

---

①　毛齐明：《教师有效学习的机制研究》，博士学位论文，华东师范大学，2010 年，第 127—133 页。

②　毛齐明、蔡宏武：《教师学习机制的社会建构主义诠释视角》，《华东师范大学学报》（教育科学版）2012 年第 2 期。

入“集体—私人”空间（象限Ⅱ）。

（二）转化：由“信奉的理论”到“成熟概念”的转变（教学观念转变）

模型中“集体—私人”空间的学习发生在个体心理内部，表现在新知识的情境化和成熟概念的形成。公共知识通过内化被个体所理解或记忆，成为个体“拥有的知识”或“信奉的理论”，但这只是完成了教师成长中的“知识学习”或“概念输入”的过程，这种知识并不一定能够真正指导教师的教学实践。新知识由于与实际教学情境和个体实践理论有一定的差距，在进入个体认知后可能会和原有的知识体系、观念难以融合甚至发生冲突。因此，“集体—私人”空间的认知活动表现在个体内部新旧概念体系之间的“交锋”，在这个过程中教师经常会出现认知不协调现象。认知不协调理论是美国著名社会心理学家费斯汀格（L. Festinger）于1957年提出来的，指个体持有的认知（如思想、态度、信念等）彼此矛盾冲突，处于相互对立的状态。认识不协调会引起个体心理上的紧张状态，从而驱使个体去减轻或消除认知上的不协调，主体要么拒绝接受与自己认知冲突的信息，要么改变自己的原有认知或行为。[①] 这时候教师考虑的问题是“如何才能使各方提供的意见融合为一体”“我在教学中具体该如何应用”等。换言之，教师必须进一步将从各种渠道获得的知识与自己面对的具体教学情境建立联系，从而产生自己对教学活动新的理解和设想，即由“信奉的理论”转化成为维果斯基所说的关于教学的“成熟概念”（Mature Concept）。这种成熟概念是在综合吸收多种公共知识的基础上形成的，既不同于个体原有的概念体系，也不同于所有其他个体观念的简单叠加，而是富有个体认知特征和凝结集体智慧的个性化知识，它是指导教师具体行为的依据，即我们所说的实践性知识的观念形态。教师通过“转化”阶段完成了“信奉的理论”向“成熟概念”的转变，形成实践性知识的观念形态，认知活动转入“私人—个体”空间（象限Ⅲ）。

---

① 乐国安、汪新建：《社会心理学理论与体系》，北京师范大学出版社2011年版，第361—368页。

（三）外化：由“成熟概念”到“个人理论”的转变（教学行为转变）

模型中“私人—个体”空间（象限Ⅲ）的学习活动表示个体“成熟概念”和教学实践不断互动，使得“成熟概念”更加具体完善并转化为实践性知识和教师教学行为发生变化的过程。教师在设计阶段形成的观念形态的实践性知识——“成熟概念”虽然是较为系统化的，但还具有某些“理想化”的特点，是教师对教学活动的系统设想和可能出现的教学情境的假设。然而，具体的实践情境是复杂多变的，教师的“成熟概念”在教学中可能遇到种种“意外”，教师需要在不断应对各种突发事件的过程中逐步完善这种“成熟概念”并积累经验和实践智慧，使得观念形态的实践性知识经实践检验后形成真正的教师实践性知识，内化于教师的教学行动当中。由于实践性知识具有内隐化、个性化、情境化等特点，因而难以直接地传授给他人。这也并非说实践性知识是不可共享的，教师可以通过自己的教学实践（或教学实录）、教学反思、教育叙事、教学设计详案或口头讲述等方式“外化”给他人，供他人观摩、学习和感悟。但通过这种方式“外化”的实践性知识的传播是不可靠的，只能凭借其他学习者的“悟性”零碎地把握。而且对于教师自身来说这种知识是隐藏在“冰山”之下的所占比例很大的那部分隐性知识，教师常常“知其然而不知其所以然”，对自身教学实践的指导作用也是盲目、随机和有限的，因而可以将这种外化称为“浅层外化”；如果教师能够通过有效的反思和总结将自己或其他人的实践性知识加以整合、凝练、提升，进而形成自己的实践原则、实践规则或实践模型，并逐步建立自己的个人理论体系，实现普通教师向专家型教师的发展，则这种外化可以称为“深度外化”。从实践性知识外化程度的角度来看，我们经常所说的个人理论是经过系统外显化的实践性知识。当教师将自己的实践性知识通过各种方式外化之后，教师认知活动再次转入“心理间”层面，进入“个体—公共”空间（象限Ⅳ）。

（四）社会化：由“个人理论”到“公共知识”的转变（教师角色转变）

模型中“个体—公共”空间（象限Ⅳ）的学习活动表现为个体

知识深度外显化并为群体所接受和采纳，实现个体知识向公共知识转变的过程。经过前面的三个环节，教师的学习经历了知识获得、观念转变和行为改变的过程，完成了教师个体学习的基本过程。但教师学习并不应该到此结束，而应该进入更高层面的学习，即组织学习层面。经过教育叙事、反思等“浅层外化”的实践性知识大部分情况下会留作教师个人专用，也有可能被同伴模范借鉴、改造而成为他们学习过程中非结构化的公共知识；经过实践原则、实践模型等“深度外化”的实践性知识还有可能经集体修改完善后成为整个学习共同体的行为规范或实践范式——实现“社会化”或“习俗化”，完成个体知识向公共知识的转变。这种情况是最为理想的情况，是实现组织学习的重要环节。通过这种方式实现教师个体学习向组织学习的转变，达成群体知识的建构或行为规范的改变。在这个过程中实现了教师角色的转变，即由对某一问题的学习者变成组织内部该知识领域的专家或引领者。

值得指出的是，正如毛齐明博士认为的，教师学习的每个过程都会跨越两个空间，但这种跨越不是“一去不回头”的，而往往是不断来回“拉锯”的过程。[①] 此外，我们按照四个过程顺次对教师实践性知识的生成展开了分析，这是依据一次真正意义上的教师“学习”，即实践性知识的生成为核心展开的，并不是说教师的每次教学实践活动都会必然地产生这种认知变化，有些教师 20 年的重复工作也未必能发生这样一次真正意义上的学习；以课例研究为核心过程和主要载体的教师行动学习的关键就在于通过完整的活动流程将教师的学习逐步引向深入，促使教师学习的真正发生。在实际生活中，教师的每次学习也并不一定始于“公共—集体”空间，也并不一定会完成所有的环节，大部分情况下只完成了其中的部分环节——实践性知识的浅层外化，这是影响教师学习效果的关键。教师实践性知识的生成机制如图 6 – 2 所示。

① 毛齐明、蔡宏武：《教师学习机制的社会建构主义诠释视角》，《华东师范大学学报》（教育科学版）2012 年第 2 期。

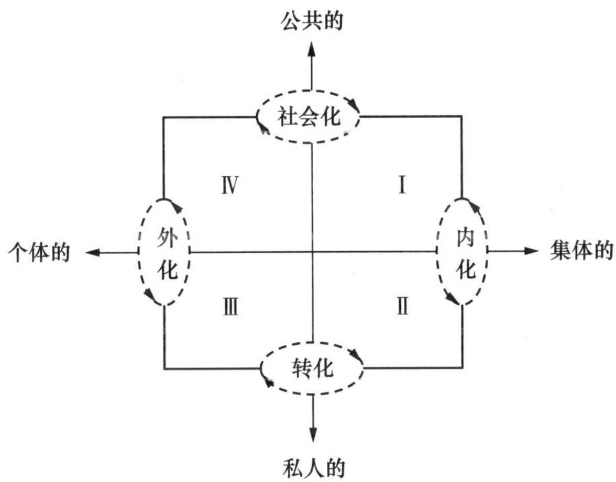

图6－2　教师实践性知识的生成机制

通过上面的分析可以看出，教学行动学习是通过“内化”“转化”“外显化”和“社会化”的过程实现教师理论知识学习、教学观念转变、教师行为模式改变和角色身份转换的综合过程。这个过程以实践知识的丰富和实践智慧的提升为主线。

第二节　实践性知识发展促进策略研究

教师行动学习的过程是教师知识经历“公共知识—信奉的理论—成熟概念—实践性知识（个人理论）—公共知识”等不同形态转化，实现个体知识与公共知识相互转化、实践性知识生成与共享的过程。在这个过程中教师会产生认知不协调现象，存在总结提升不及时等诸多影响教师学习深入开展的问题，可能使教师实践性知识的生成“半途而废”，在这个过程中需要实践共同体采取必要的策略以克服学习中的困难，促进教师学习不断走向深入，实现知识学习、观念转变、行为改变和角色转变的全方位提升。

一　乔哈瑞视窗（Juhari Window）

乔哈瑞视窗，又称为“乔哈瑞相识模式”或“乔哈瑞理论”，是美国心理学者乔瑟夫·卢夫特（Joseph Luft）和哈瑞·英格汉姆（Harry Ingham）于1995年共同提出来的用于洞察人与人交往秘诀的一个矩型模型，因将两人的名字合起来称为乔哈瑞（Johari）而得名。乔哈瑞理论认为人际沟通的效果取决于他们的开放程度和互动发生的背景，主要指交流双方信息共享和公开的程度。根据交流过程中双方对信息的共享情况，将信息根据自己已知—自己未知和他人已知—他人未知两个维度划分，两个维度交叉形成个体沟通过程中知识开放的四种情况："我知你知"的开放区、"我知你不知"的隐藏区、"你知我不知"的盲目区和"你我都不知"的未知区，[①②③] 如图6－3所示。

	自己已知	自己未知
他人已知	开放区（1）	盲目区（2）
他人未知	隐藏区（3）	未知区（4）

图6－3　乔哈瑞视窗

（1）开放区（Open area），代表人际沟通过程中交流双方都了解的主体行为、情感和动机，即那些"我"自己本人和那些看了"我"的行为的人都知道的信息，这是交流主体向外界展示出来的自己。开放区是以信息共享和共同经验为基础的，在这一区域，交流双方很容易找到兴趣的共同点和知识的相通点，交流和沟通也更容易产生共鸣，从而产生好感以调节交流气氛，促进信息交流向有效的方向

① 王洁、顾泠沅：《行动教育——教师在职学习的范式革新》，华东师范大学出版社2007年版，第112—113页。

② 陈喜乐：《网络时代知识创新中的信息传播模式与机制》，博士学位论文，厦门大学，2006年，第107—109页。

③ 王旎：《试论约哈瑞窗口的移动》，《国际新闻界》2008年第10期。

发展。

（2）盲目区（Blind area），代表交流过程中交流主体自己不知道但他人却知道的信息，是其他人能看见但主体自己却看不见的行为、情感和动机，是主体无意识地向他人展示的自我。有些人的盲目区非常大，看不到自己的优点，也看不到自己的缺点；有些人的盲目区比较小，表明在较大程度上了解自己。

（3）隐藏区（Hidden area），代表交流过程中所有那些交流主体自己知道但却不愿与他人分享的信息，是交流主体不愿意展示给别人的自己的行为、情感和动机。隐藏区的产生原因主要有隐私保护的需要、信息保密的需要或者出于主体对自己所持信息确定性的怀疑。

（4）未知区（Unknown area），代表交流双方都不知道的信息。这些未知信息有些是我们自己和共同体内的其他成员都不能觉察，但确实作用于我们的行为，只有局外人才可能发现的知识；有些则是共同体所有成员从未接触过，也未对共同体的行为产生影响但确实已经存在的有用信息，如新知识、新理念、新思想和新方法等。

四个区域的大小在图中的表示虽然相同，但开放区域实际上比其他三部分区域都大得多，有效交流的目的就是要不断扩大开放区，缩小盲目区、隐藏区和未知区。教师开展课例研究的过程实际上是一个共同体内主体不断交流和信息共享的过程，在这个过程中，每个主体的四个区域都在发生联动的变化，为大家所共同了解的“开放区”的扩大是成就卓越学习组织和优秀个体的重要基础。乔哈瑞视窗模型也为知识的共享与生成提供了处方性模型，即通过公开自我、倾听与回应等方式实现知识共享。① 顾泠沅教授等的研究就按照这一思路对教师知识共享进行了深入的分析，并强调问题解决的重要影响，然而其对于外部理论知识学习，对缩小“未知区”的作用和实践反思，以及

① ［英］伊恩·麦吉尔、利兹·贝蒂：《行动学习法》，华西出版社 2002 年版，第 140 页。

对多种策略效果的统整作用没有给予应有的重视。[①] 下面笔者将借鉴他们的分析思路、结合乔哈瑞视窗模型分析教师行动学习过程中实践性知识生成与共享的促进策略。

二 行动学习中教师知识共享与生成促进策略

（一）公开表露：缩小隐藏区

在人际交流过程中，隐藏区域常常是由于个人隐私保护、信息保密、个体对自己信息正确性的不自信等原因形成。教师的日常教研活动一般不存在涉及个人隐私和信息保密的问题，大多数情况是由于教师不愿意将自己不太成熟的观点告诉其他人，以避免自己“出丑”或“出错”。特别是当教师对新理念、新知识的学习存在认知不协调的时候，他们怕暴露自己的“无知”或“落后”而常常不肯说出自己思想上的矛盾。课例研究以课例为载体，聚焦于教学方案的“优化”设计过程，不存在教师观点对与错的区分，只有不同思路与方法的交锋。教师在说课、授课、评课等环节都是在向他人公开表露自己的教学思路、教学行为和教学感想。别人在聆听自己观点的过程中学到如何有效教学的实践性知识，与此同时，也会不断追问对方不太清楚的地方，促使发言者深入思考。教师在良好的教研氛围下，在说课、教学、评课等环节表达自己的观点，通过不断地公开自我而缩小隐藏区，扩大开放区，如图 6－4 所示。

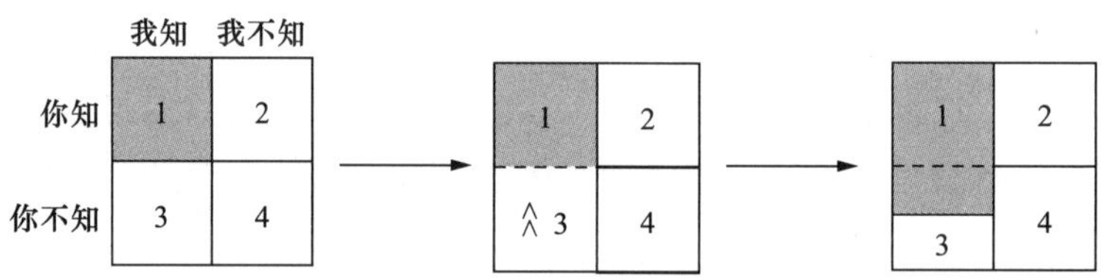

图 6－4　通过公开自我而更加开放

在课例研究实施过程中，为了让授课教师详细地向其他教师展示

---

① 王洁、顾泠沅：《行动教育——教师在职学习的范式革新》，华东师范大学出版社 2007 年版，第 112—115 页。

自己的教学设计思路，笔者和A校教研组共同协商设计了教学方案撰写模板。教案中不仅要求教师分析课程标准、学习者特征、教学内容、学习目标、教学中难点、教学媒体选择、教学策略选择等内容，更重要的是让教师在教案中详细解释重要教学环节设计的意图及相关依据，以便教研组其他教师能够充分掌握授课者设计意图，并为其他学校教师学习借鉴提供方便。表6－1展示了一份教学设计方案的部分内容。在最后一栏的“设计思路”部分授课者较为详细地解释了关键教学步骤的设计意图或依据。

表6－1 《牧场之国》教学设计（部分）

教学环节	教学活动设计（详细步骤）			设计思路（详细说明设计意图、相关依据）
	教师活动	学生活动	媒体运用	
……	……	……	……	……
三、课外拓展、德育渗透	1. 师：同学们，通过本节课学习，荷兰给你留下一个什么印象，你心中的荷兰又是怎样的呢？你也能像作者一样用一句话来形容你心中的荷兰吗？	生：汇报 生：____荷兰 ____荷兰 ____荷兰 ____荷兰 ____荷兰	课件展示具有荷兰特点的图片	加深对荷兰田园景色的了解，学会本课的写作方法，对学生进行德育渗透，知道保护环境、保护地球。课后留了一个小练笔，培养学生学以致用。
	2. 谁能以导游的身份介绍自己眼中的荷兰呢？	生：汇报		
	3. 同学们，不仅荷兰有如此美丽的景色，我国草原也别有一番韵味。让我们一起去领略那不同的风光吧。	生：在优美的音乐衬托下欣赏着我国草原美景。	出示：（不同特点的草原图片）视频出示，形象直观。	文本是教学的载体，也是把学生的视野从课内引至课外的一个桥梁，“课堂小天地，天地大课堂”。所以此处引导学生的思维从文本中走出来，激发学生的求知欲。

续表

教学环节	教学活动设计（详细步骤）			设计思路（详细说明设计意图、相关依据）
	教师活动	学生活动	媒体运用	
三、课外拓展、德育渗透	4. 同学们，为什么这些地方有如此天堂般幽雅洁净、风景宜人的环境呢？	是因为那里的人民由衷地热爱和保护他们的家园，同样也得到了自然的回报，使他们能在这优美、独具景致的土地上自由安闲地生活。	所以，我们也要向他们学习，从现在做起保护环境、保护地球。	这一环节的设计，文道结合，渗透了生态环保教育，从而培养了学生热爱大自然的情感，增强了爱护环境、保护地球的意识。

（二）回应反馈：缩小盲目区

教师在教学过程中的某些行为往往是自己没有意识到的，这有可能是自己的优点，但在大多数情况下却是自己教学过程中暴露出来的问题和不足。其他教师在听课的过程中有意或无意地发现授课教师教学行为或习惯中的缺点，在评课的时候告诉授课者，这对授课者可能是意外的收获。例如，某教师在听完一位教师的一节课后告诉她："你知道这节课你对那个同学提问了几次吗？……15 次。"当对方听到这个情况的时候，大吃一惊，自己也没想到自己课堂上的提问竟存在这么大的"偏向"。在课例研究的集体备课和互动评课环节，教研团队采取了"净友评课"反馈策略和"同课异构"回应策略来改进教学。"净友（Critical Friend）评课"即在评课的过程中不仅要说授课教师教学（或教学设计）中的优点，更重要的是通过"挑衅性"的问题来指出或揭示其中的不足，结合教学（或教学设计）中的具体事例分析其中存在的问题，并给出具体可操作性的改进意见。在"净友评课"的基础上，授课教师与其他教师共同采取"同课异构"的策略重构教学设计，即在互动评课的基础上教师重新设计教学，并形成更为完善的教学设计方案，在下一轮教学中进行及时改进。通过这种听课教师和授课教师之间的"净友评课"形式的反馈和“同课异构”形式的回应，缩小授课教师的“盲目区”，扩大教研共同体的“开放区”，实现教研共同成员的共同成长，如图6－5所示。

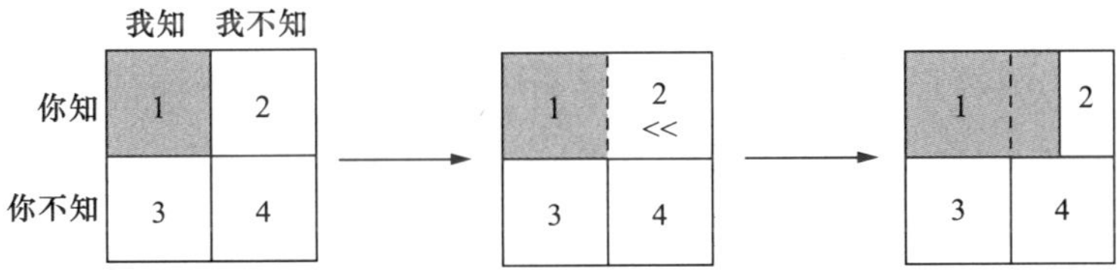

图6－5　通过反馈回应而更加开放

此外，值得说明的是，获取教学反馈信息的途径不但可以是教师，还可以是来自授课班级的学生，如通过课堂观察、课后调查等方式获取学生对课堂教学过程和效果的反馈意见，为教师的教学改进提供重要参考。

（三）概念输入：缩小未知区

教研共同体共有的某些行为习惯、思维方式可能是他们共同的“未知区域”，这些他们没有明确意识到但却实实在在影响着他们教学行为的东西往往是制约共同体学习深入开展的关键因素。例如，有些学校在教学设计的过程中不知道对教材灵活处理、有些学校在评课的过程中都做“老好先生”，恰恰是这些在外人看来显而易见的缺点却有可能成为共同体成员共同的缺陷。此外，还有些知识是交流主体行为的依据但教师自己却无法道出缘由。例如，在一次关于“长方形面积公式”讲授方法的讨论中，一位年轻教师认为应该将长方形的长用“a”表示，宽用“b”表示，面积用“s”表示，然后讲解面积公式“s＝a×b”，并让学生练习；一位老教师则认为应该先用具体的数字（如3和5，4和6）表示长方形的长和宽，让学生练习计算长方形的面积，最后总结出面积公式“s＝a×b”。年轻教师不断追问“为什么？”但老教师始终无法给出明确的解释，只是说“反正我觉得这样更好一些”。年轻教师与老教师在“抽象”和“具体”之间争执不体，老教师多年的教学经验使他认识到应最大限度地降低学生学习面积公式计算方法时候的“干扰因素”或“认知负荷”，多年来他就是这么实践的，但却无法说出其中的缘由，使自己的实践始终处于“不知所以然”的盲目尝试阶段。这时候来自教研共同体外部更高理论水平人员的“点拨”便显得尤为重要。这些人员可以是大学的教授、教学名师或者外校教师，他们在教师行动学习中扮演了“催化师”的重要角色。此外，一个教研共同体的教师经过多年的共事之后在思维方式上容易趋同，在这个过程中对教学新理念、新理论、新方法的学习也十分重要。因此，以外部专家、外校同伴、理论知识等为主要形式的“概念输入”对教研共同体的成长有很大作用，能够有效缩小教研共同体的“未知区域”，扩大“开放区域”，实现共同体内的知识共享和建构，如图 6－6 所示。

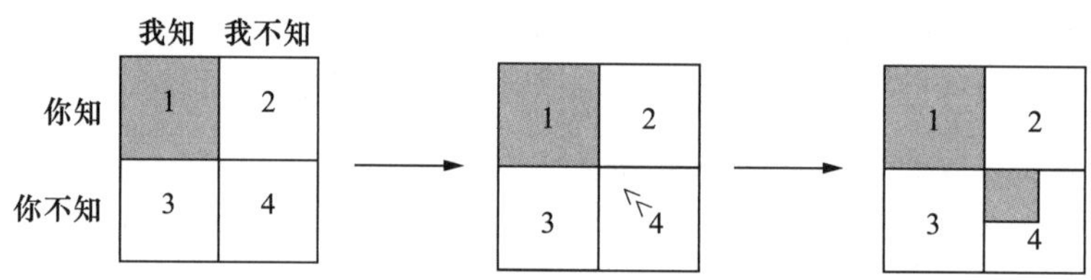

图 6－6　通过概念输入而更加开放

（四）实践反思：拓展开放区

教师在行动学习的过程中通过公开表露自己的思路而缩小自己的隐藏区，通过接受他人有益的反馈意见并相应地调整自己的行为而缩小盲目区，通过学习理论知识或听取专家建议等方式的概念输入而缩小未知区。然而，通过这些方式展开的学习依然仅仅是对各种共享信息的“内化”，教师在获得这些信息之后会出现新的“认知不协调”。因而需要在“博采众家之长”的基础上付诸实践行动，在实践中验证和完善自己对教学的认识，在实践中积累教学经验、丰富实践智慧。此外，在教师实践性知识生成机制的分析中我们也认识到教师对自己实践性知识的“深度外化”是教师完善个人理论、实现组织学习的重要环节。因而，教师在行动学习的每个环节应及时进行反思，不断凝练和提升自己的实践经验，逐步形成自己对教育教学问题的体系化认识。正如一个老师在教学反思中写道："通过课后反思把教学实践中的'得'与'失'加以总结，变成自己的教学经验，这是十分珍贵的财富。在不断总结经验教训的基础上，不断提高自身的整体素质，争取努力上好每一节《品德与社会》课，让孩子们在娱乐中学到知识，在轻松中感到学习的快乐。"可见，在以上三种策略的基础上，通过教学实践和反思将其有效整合，才能真正拓展为共同体所共享的"开放区"，如图6－7所示。

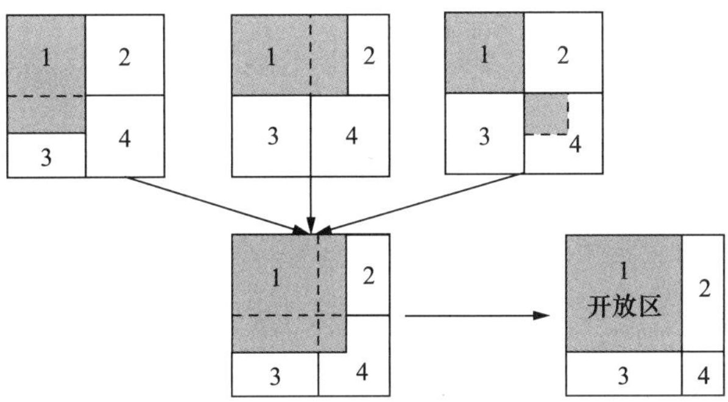

图6－7　通过实践反思拓展开放区

三　行动学习中实践性知识的综合促进策略

通过以上分析可以看出，教师行动学习的课例研究过程实际上是问题解决的过程，是教师之间通过公开自己、提供反馈和回应反馈、通过各种方式的概念输入和总结反思来实现实践性知识共享与生成的过程。其中，前两种策略以促进"行动过程中的学习"为目的，后两种策略以促进"行动驱动的学习"为目的，四种策略综合构成了课例研究过程中教师"开放区"不断扩大，实践性知识不断生成与共享的促进策略体系，如图6－8所示。

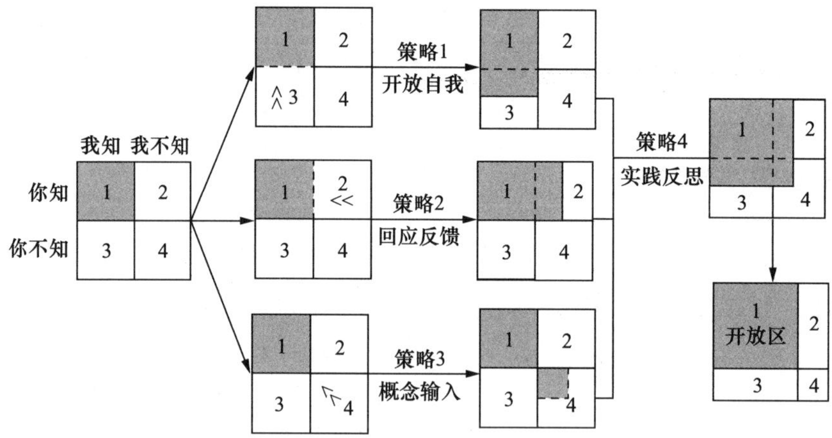

图 6－8　教师实践性知识生成促进策略体系

第三节　教师行动学习中的知识协同建构机制

教师行动学习的核心是课例研究，它是一种以典型教学内容或教育问题为载体、以教学实践情境为场域、以实践共同体为单位、以专业引领为支撑、以同伴互助为主要形式、以优化课堂教学质量和提高教师专业能力为核心目的的螺旋上升式的教学研究活动。[①] 在我国中小学校，它是一种有着悠久历史和优良传统的教师研修活动，常被称为“磨课”教研活动。基于课例研究的教师专业学习符合人类学习的“知识创造”隐喻，是教师在共同的文化背景下交互建构、达成共识、形成制品并在此过程中形成相互依赖关系的协作学习过程，其核心在于协同知识建构的过程。[②] 因此，系统分析课例研究过程中教师协同知识建构认知过程，对于深入理解课例研究之于教师专业成长的作用

① 杨彦军、童慧、郭绍青：《中国式“课例研究”中教师学习资源需求调查研究》，《现代中小学教育》2015 年第 5 期。

② 刘黄玲子：《基于交互分析的协同知识建构过程研究》，博士学位论文，北京师范大学，2006 年，第 2—3 页。

机制、优化课例研究过程具有重要意义。

一　课例研究的基本流程梳理

目前，由于文化背景和教育体制的差异，不同国家实施课例研究的具体环节不尽相同，但其中设计、观察、改进和反思的基本流程是一致的。[①] 中国式课例研究的基本流程包括教学准备、教学实践（含教学观察）、互动评课和总结反思四个主要阶段和若干个具体环节。[②] 一次完整的课例研究过程如下：①课例研究小组选择“研究课例”（Research Lesson）（一般是典型的教学单元、课文或专题），明确小组成员分工；②小组成员在查阅大量现有教学设计方案、教学录像等参考材料的基础上进行个人独立备课，形成各自教学方案初稿；③小组成员带着各自的教学方案初稿参加课例研究小组的集体备课活动，其间需要分享和研讨每个成员的教学设计方案；④在充分展示与研讨的基础上，研究小组共同设计或选择一种比较可行的教学思路（或选择多种方案进行同课异构），指定相应的教师反复修改完善教学方案并做好授课准备，其他教师在此期间做好课堂观察准备工作（如课堂观察分工、课堂观察工具开发等）；⑤授课教师根据教学方案开展课堂教学实践，其他成员根据前期课堂观察计划开展教学观摩，有条件的小组可对教学过程进行录像以备后期互动评课时重复播放；⑥课堂教学实践与观摩结束后授课教师及时开展教学反思、听课教师及时分析课堂观察数据；⑦互动评课阶段首先由授课教师进行教后说课，反思教学设计的优缺点及课堂教学实践中的得失；⑧听课教师依据教师说课情况及课堂观察数据客观地分享观察分析结果，并就具体的方案设计问题或课堂事件应对展开深入的互动研讨，在此过程中可根据需要回放教学录像；⑨在充分互动评课的基础上达成较为一致的教学方案改进意见及课堂教学行为改进建议，由任课教师根据改进意见完善教学设计方案，准备重新授课；⑩课例研究小组根据实际条件重复开

---

① 胡定荣、黄晓青、徐昌：《“课例研究”如何既得实效》，《中国教育学刊》2010 年第 10 期。

② 杨彦军：《信息时代重新思考在职教师专业学习——ICT 赋能的教师行动学习模式研究》，《电化教育研究》2015 年第 8 期。

展授课评课活动，不断优化教学设计方案和课堂教学实践；⑪在多轮教学实践的基础上小组成员开展教学总结与反思；⑫课例研究后期将整个过程中不同版本的教学方案、教学课件、教学反思、教学实录、教研记录等整理打包，形成教学课例资源包，供后续课例研究者参考。

二 Stahl 的知识建构过程模型

通过上面分析发现，课例研究的过程是教师在共同的文化背景下交互建构、达成共识、形成制品的过程，其核心在于指向具体教学问题解决方案（或实践性知识）的知识建构（Knowledge Building）过程。知识建构是指出于共同目标，通过集体讨论，以综合多种思想、创造新的认知人造物的过程。[①] 知识建构自 20 世纪 80 年代由加拿大学者马琳·斯卡达玛丽亚（Maelene Scardamalia）和卡尔·巴雷特（Carl Bereiter）提出并深入研究之后，已成为人类学习“知识创造”隐喻支持者解释知识与学习本质的核心概念。[②] 目前已经有很多研究者对知识建构过程进行了系统化、简约化和抽象化的描述，形成了很多知识建构模型。其中，美国学者格里·斯塔尔（Gerry Stahl）[③] 提出的协作知识建构过程模型从个人知识建构与社会知识建构相互统一的视角详细展示了知识建构过程中不同认知阶段的知识创造及流动情况，被许多研究者用来分析小组协作学习的过程。Stahl 的协作知识建构过程模型如图 6－9 所示，该模型将协作学习中的知识建构分为相互关联的个人理解（Personal understanding）和社会知识建构（Social knowledge－building）两大部分。前者的主要过程是：当文化制品应用于活动时形成个人理解（Personal comprehension），个人理解经过个体内化后成为其后续学习的起点和基础——隐性前理解（Tacit pre－

① 曹俏俏、张宝辉：《知识建构研究的发展历史——理论—技术—实践的三重螺旋》，《现代远距离教育》2013 年第 1 期。

② 曾文婕、柳熙：《获得·参与·知识创造——论人类学习的三大隐喻》，《教育研究》2013 年第 7 期。

③ Stahl，G.. A Model of Collaborative Knowledge Building. In B. Fishman & S. O'Connor Divelbiss（eds.），Fourth International Conference of the Learning Sciences. Mahwah，NJ：Erlbaum，2000，pp. 70－77.

understanding)，在解决具体问题时隐性前理解转化为个人看法（Personal belief)，个人看法一方面经过详细意义解释后完善原有个人理解或经过调整后形成新的个人理解，另一方面经由话语表达后成为公共说明（Public statements）进而转入社会知识建构阶段。社会知识建构的基本过程是：来自不同个体的公共说明在讨论过程中交互作用后产生意见冲突，围绕意见冲突展开辩论与原理阐述（Argumentation and rationale）后意义得到澄清，形成小组内对特定概念或观点的共享理解（Shared understanding)，在共享理解的基础上展开深入的观点协商，最后达成小组共识即协作知识（Collaborative knowledge)，它经过形式化和客体化后形成新的文化制品（Cultural artifacts)。

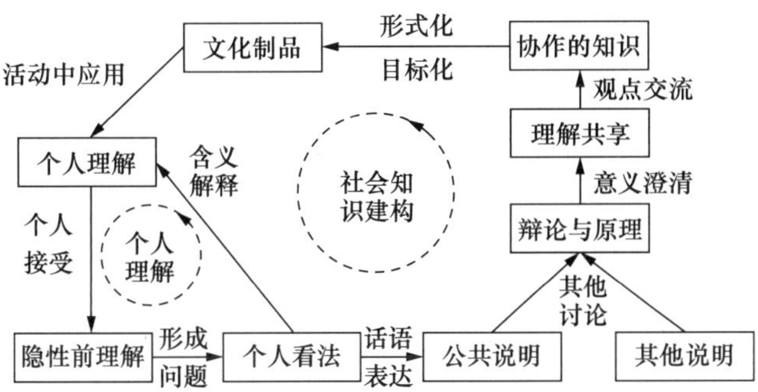

图 6－9　Stahl 的协作知识建构过程模型

三　课例研究中的教师知识协同建构

尽管 Stahl 模型中对个人建构中隐性前理解（Tacit pre－understanding）的形成及社会知识建构中知识形态转化过程的总结有值得探讨之处，但该模型分析小组协作学习认知过程的整体思路值得借鉴。基于对我国课例研究实施流程的分析，可参考 Stahl 协作知识建构模型对教师开展课例研究的认知过程进行模型化处理，形成基于“课例研究”的教师知识协同建构模型，如图 6－10 所示。模型图中椭圆内的要素代表课例研究不同阶段的知识形态，矩形框内的要素表示不同形态知识经过客体化之后形成的人工制品，带方向的箭头及其上的连接词表示不同形态知识之间的转化过程及转化方式。

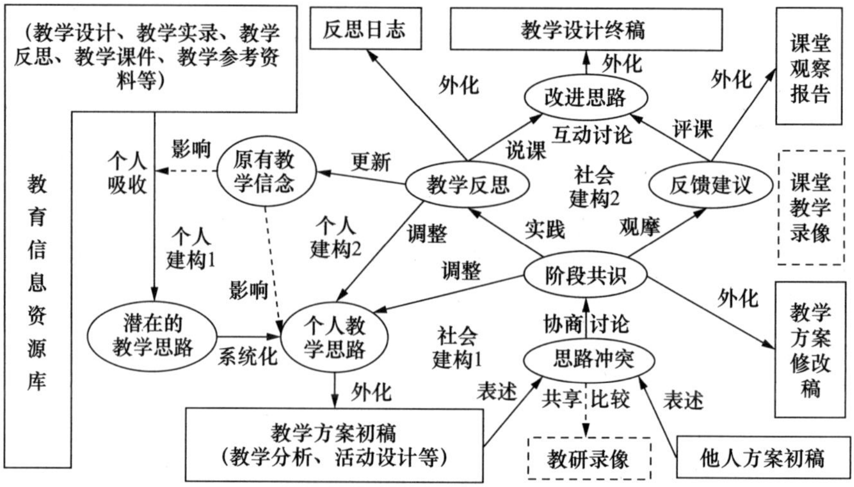

图 6－10　基于“课例研究”的教师知识协同建构模型

基于“课例研究”的教师知识协同建构过程如下：教学准备时每个教师首先会独立查阅大量现有教育信息资源（如教学设计、教学实录、教学反思等），这些资源经个人吸收后形成“潜在的教学思路”，这些教学思路主要是基于对别人教学的模仿，因而是冲突、模糊和不成熟的；潜在的教学思路经过教师的系统化处理之后形成较为成型的“个人教学思路”；教师的“原有教学信念”（类似于 Stahl 模型中的 Tacit pre－understanding）对上述两个过程具有中介效应，影响着教师对教育资源的内化理解和个人教学思路的形成；个人教学思路经过外化之后成为教学设计方案初稿，这是教师独立备课阶段的成果，也是以独立备课为主要形式的第一次个人知识建构的产品；每个教师带着体现个人教学思路的教学设计方案初稿参加课例研究小组的集体备课活动，在此阶段每个教师首先需要展示自己的教学设计方案、表述自己的教学思路，不同教学思路在共享比较的过程中形成“思路冲突”；在对每个教学思路充分讨论与协商的基础上形成课例研究小组对教学思路的“阶段共识”，达成阶段共识的过程也是每个教师对个人教学思路重新调整的过程；阶段共识经由教师整理外化之后形成集小组共同智慧的教学设计方案修改稿，这是后续教学实践的重要参考，也是以集体备课为主要形式的第一次社会知识建构的产品；教学实施阶段是课例研究小组对教学思路阶段性共识进行实践检验的过程，授课教师在实施教学过程中形成“教学反思”并在课后将其外化为反思日志，其他教师在教学观摩的过程中形成“反馈意见”并在课后将其外化为课堂观察报告；教学实践结束后授课教师将自己的教学反思通过教后说课的方式分享给其他教师，其他教师在评课时将教学反馈意见分享给授课教师，课例研究小组在说课评课的互动讨论中形成“改进思路”，改进的教学思路经过外化后形成教学设计终稿，这是经历实践检验后凝聚更高集体智慧的结果，也是以互动评课为主要形式的第二次社会知识建构的产品；在教学反思过程中，每个参与课例研究的教师会对个人原有教学思路再次进行调整，也可能会在教学实践的基础上更新自己的原有教学信念，这是课例研究中以教学反思为主要形式的第二次个人知识建构，也是教师进行“双环学习”和“深度学习”的过程；课例研究过程中形成的教学设计方案、教研录像、课堂实录、反思日志、观察报告等人工制品最后将以“教学课例资源包”的形式进入教育信息资源库，成为后续课例研究的参考资源。

通过上面的分析发现，课例研究的过程是教师在共同的文化背景下交互建构、达成共识、形成制品的协同知识建构过程，基于课例研究的教师协同知识建构经历了以独立备课和教学反思为主要形式的两次个人知识建构和以集体备课和互动评课为主要形式的两次社会知识建构过程，实现了从个人建构性理解（Personal Constructive Understanding）到协同知识建构（Collaborative Knowledge Construction）再到协作知识建造（Collaborative Knowledge Building）的演进。

第七章　研究结论与反思

第一节　研究结论与主要观点

一　对相关基本问题的认识

（一）对教师教育发展趋势的把握

自 17 世纪专门的教师教育活动诞生以来，教师教育研究与实践经历了师范教育、教师培训、专业发展和教师学习的演进路线。当前，在职教师教育作为一项促进教育质量和学生学业水平全面提升的重要改革措施，已在全球范围内达成基本共识并受到极大重视。然而，目前教师教育的主要困境在于教师在各种形式的专业发展活动中学到的理论知识难以转化为教学实践技能。本书笔者在系统分析教师教育“范式转型”相关研究成果的基础上，提出教师教育要解决的基本问题是“如何获得高质量教师”的问题，并认为对这个问题的不同思考路向形成了教师教育的三种基本范式：培养训练范式、反思成长范式和专业主义范式。在职教师教育同时受三种范式不同程度的影响，在具体实践的历史进程中经历了从理智取向、实践—反思取向到生态取向的发展，所采取的主要培训模式也经历了从“先知后行”“先行后知”到“知行合一”的发展。兴起于美国的以院校合作为主要特色的教师专业发展学校、流行于英国的以针对性培训为主要形式的教师校本研修、发端于日本正走向世界的课例研究以及凝结我国传统文化精髓、符合我国校本教研实际的教师行动教育等成功实践模式都具有生态取向下“知行合一”教师教育的某些特点，即以校为本、深入学科教学、基于实践共同体、教研训有机结合、重视实践反思、有效依托外部资源等。行动学习作为近年来受到人力资源开发和教师培训等诸多领域推崇的一种重要举措，它不仅是一种培训方法或培训策略，而且是一种具有生态取向特征的教师教育模式。它实现了教师"行动"与"学习"的辩证统一和相互创生，让教师在行动中学习，也在行动驱动下学习。

（二）对教师学习（教育）基本问题的认识

自20世纪90年代教师学习的概念提出以来，教师学习已成为当代教师教育发展的逻辑走向，然而到目前为止研究者依然没有形成对教师学习概念理解的共识。本书笔者在系统梳理教师学习相关理论的基础上认为：教师学习是教师在有外部条件支持的实践共同体中通过意义协商、知识共享和实践练习建构实践性知识、改变教学行为、生成组织文化和实现自身角色转变的过程，是教师内部认知结构完善和外部教学行为改变的统一、是教师个体学习与组织学习的统一。教师学习是基于工作环境的自我导向学习、基于问题解决的行动学习、基于教学案例的情境学习、基于实践经验的反思学习和基于同伴互助的合作学习。教师学习的主要方式有：在行动中学习、通过反思学习、通过观摩学习、在同伴交流中学习和通过理论知识获得学习等。教师学习是教师教学专长不断发展、实现从新手教师向专家型教师持续成长的过程。教师教学专长和实践智慧发展的核心在于教师实践性知识的发展。教师实践性知识是指教师在具体的日常教育教学实践情境中，通过体验、沉思、感悟等方式来发现和逐渐积累而形成的运用于教育教学实践中的知识以及对教育教学的认识，它实质地主导着教师的教育教学行为，有助于教师重构过去经验与未来计划以至于把握现时行动。教师实践性知识来源于个人生活史、教学实践、专业反思、观摩学习、理论转化和共同体文化吸收。参加理论学习、参与学习共同体、开展行动研究、反思教学实践等是发展教师实践性知识的有效策略。有效教师学习的关键要素是实践反思、行动体验、实践社区、概念输入和反馈信息等。

（三）广义技术定义下技术场域观的确立

关于技术的本质，目前有技术能力说、技术知识说、技术工具说、技术行动说、技术应用说、技术实体论等诸多观点；广义定义下的技术形态有作为人工物的技术、作为知识的技术、作为过程的技术和作为意志的技术等；关于技术价值论的观点主要存在技术价值中性论和技术价值负荷论两大类别，中性论也称为工具论；技术价值论包括技术乐观主义、技术悲观主义表现形式的技术决定论和社会建构论等，社会建构论是当前解释技术价值问题的主流思想。笔者认为，将“科学”与“技术”之间的概念模糊，这是技术本质问题之争的根源；将“技术”与“技术人工物”简单等同，这是技术形态问题之争的隐弊；在“静态”与“动态”研究视角对立的前提下讨论技术的价值问题，这是技术价值之争的成因。当前技术哲学研究的趋势是技术研究的基本单位由单项技术走向技术系统，对技术价值问题的研究由工具论与价值论的对立转向统一，对技术与社会关系问题的研究由技术效果论转向技术生态位。因而，技术对人类生活、学习的影响已不仅仅是个别技术产品对学习活动的局部影响，生存在现代社会中的人类学习也不仅仅是利用个别技术手段强化传统的学习方式，人类的学习应当是置于各项现代技术形成的“技术场域”内考察。技术场域是由技术系统内各类技术（实体形态、知识形态、经验形态）构成的技术实践空间。技术对教师学习的支持就是在现有技术场域下创建教师学习的技术情境，其中基于网络的学习共同体、教育性课程材料和专家指导与辅导是有效教师学习技术情境中的核心要素。

二　教师行动学习模式的内涵

教师行动学习是以课例研究为载体，以实践共同体为依托，以面向信息化的教师实践性知识发展为旨趣，以系统的学习支持服务体系为支撑的生态取向的在职教师教育模式。课例研究是教师行动学习的核心过程，包括教学准备、教学实施、互动评课和总结反思四个阶段和若干个具体环节。教师行动学习的方式包括行动过程中的学习和行动驱动的学习两大类，具体有行动中学习、反思中学习、研讨中学习、观摩中学习和行动后学习等多种方式。教师实践性知识（PK）与教师知识基础研究中的复合成分如PCK、TPCK等内涵基本相似，是不同研究视角下产生的不同概念体系。结合国内外相关研究，本书笔者认为面向信息化的教师实践性知识包括学科内容知识（SMK）、一般教学法知识（GPK）、课程相关知识（CUK）、学科教学知识（PCK）、有关学生的知识（LK）、教师自我知识（SK）、教育情境知识（CONK）、技术性知识（TK）和整合技术的学科教学知识（TPCK）等构成要素。教师实践性知识的发展经历从公共知识到信奉的理论、成熟概念、实践性知识和个人理论的转变过程，是实现公共知识与个体知识、显性知识与隐性知识相互转化的过程。技术对教师行动学习的支持方式是在现代技术场域下为教师学习建立系统的支持服务体系，利用多样化的支持服务方式创设教师学习的技术情境。经过对教师课例研究过程中问题关注与学习需求的系统分析，研究者总结得出教师学习的技术支持服务体系包括网络学习资源、远程互动指导、实地互动指导和传统继续教育四大类。网络学习资源类以微型网络课程和优秀教学案例为主。微型网络课程是一种“粒度”非常小、适于成人自主学习的网络学习资源形态，具有微型化、应用性、独立性、适应性和生成性等特点。教师行动学习中微型网络课程应至少包括教学实践技能、教育信息技术、教育基本理论等内容。优秀教学案例应以课例研究过程中生成的包括教学设计、教学课件、教学实录、集体备课实录、互动评课实录、专家点评、教师反思等内容的“课例研究资源包”建设为重点。远程指导类包括专家远程指导、网络名师工作室和教师互动研修社区等多种形式。专家远程指导是不同知识背景专家通过视频会议、即时聊天、在线讨论区等方式异地为中小学教师提供示范指导与互动答疑的教师学习支持服务形式；网络名师工作室是由教学名师在网上建立自己教学、工作和研究的虚拟活动空间，带领一定数量的年轻教师共同成长的教师学习支持服务形式；教师互动研修社区是为教师之间提供信息共享和互动交流的网络学习空间。实地互动指导包括专家巡回指导、送研送培进校等形式；传统的继续教育类包括短期集中培训、外出交流访问、自主学习等形式。网络学习资源、远程互动指导、实地互动指导以及传统继续教育等共同构成了当代教师学习的技术场域，为教师的行动学习提供灵活多样的支持。

三 教师实践性知识的生成与共享机制

教师实践性知识的生成要经历从公共知识到信奉的理论、成熟概念、实践性知识和个人理论转化的发展历程，符合“维果斯基学习圈”（Vygotsky’s Cycle）关于有效学习发生必须经历的四个心理过程的分析，即“公共—集体”空间（象限Ⅰ）通过“内化”转到“集体—私人”空间（象限Ⅱ），实现由“公共知识”到“信奉的理论”的转变，教师完成理论知识的学习；“集体—私人”空间（象限Ⅱ）通过“转化”转到“私人—个体”空间（象限Ⅲ），实现由“信奉的理论”到“成熟概念”的转变，教师完成教学观念的转变；“私人—个体”空间（象限Ⅲ）通过“外化”转到“个体—公共”空间（象限Ⅳ），实现由“成熟概念”到实践性知识甚至个人理论的转变，教师完成教学行为转变；“个体—公共”空间（象限Ⅳ）通过“社会化”转到“公共—集体”空间（象限Ⅰ），实现“个人理论”到“公共知识”的转变，完成教师角色转变和组织层面的学习。教学行动学习是通过“内化”“转化”“外显化”和“社会化”的过程实现教师理论知识学习、教学观念转变、教师行为模式改变和角色身份转换的综合过程。在这个过程中教师会产生认知不协调现象，存在总结提升不及时等诸多影响教师学习深入展开的问题，使教师实践性知识的生成“半途而废”，因而需要实践共同体采取必要的策略以促进教师学习不断走向深入。乔哈瑞视窗模型为知识的共享与生成提供了处方性模型，研究者借此提出了行动学习中教师知识共享与生成的促进策略，即通过公开表露缩小隐藏区、通过回应反馈缩小盲目区、通过概念输入缩小未知区和通过实践反思实现以上三种策略效果的整合，有效拓展开放区。

第二节　研究反思与展望

一　本书的创新之处

（一）深入研究了教师行动学习模式的内涵

技术支持的教师行动学习模式是在深入总结研究者多年实践经验并充分借鉴国内外成功实践模式的基础上提出来的在职教师教育模式。它以课例研究为载体，以实践共同体为依托，以面向信息化的教师实践性知识发展为旨趣，以系统的学习支持服务体系为支撑，具有以校为本、基于实践共同体、深入学科教学、重视实践反思、有效依托外部资源等特点，实现了中小学教师“教、研、训”有机结合。自21世纪以来中国大陆相继展开的基础教育新课程改革、新基础教育改革和基础教育新实验三大教育改革实验，分别将课程、课堂和教师作为逻辑起点，从不同切入点出发探索提高基础教育质量、促进教育公平、推动教育均衡发展的有效措施。这些改革实验已经认识到教师在课程改革和课堂改革中的决定性作用。技术支持的教师行动学习模式将教师对课程改革的理解和落实，对课堂改革的实践和探索以及对自身能力的提高融合在以课例研究为载体的行动学习过程之中，在有效外部资源的支持下摆脱改革的盲目性，实现课程改革、课堂改革和教师能力发展的同步推进。

（二）确立了广义技术定位下的技术场域观

作为教育技术实践者，确立自己正确的技术观是有效开展实践的前提。在广义技术定位下对技术的理解采取一种动态而综合的视角展开：技术是应用科学知识改造自然世界或人工世界的实践过程，同样的科学知识由不同实践者应用可能会形成不同的方法、策略，这和实践者本身固有的技能、技巧和思维模式等涉身因素有关；当这些方法、策略被实践检验和完善之后，会逐渐积累形成面向实践的技术性知识体系；当这种技术性知识体系足够成熟和完善后，又可以据此设计制作成实体形态的技术工具；这些不断产出的技术工具应用于实践，改变了我们的生存环境和生活方式。因而，当前技术哲学领域对技术的基本研究单位已由“单项技术”转向“技术体系”，对技术与社会关系的研究已由对技术“效果论”的热衷转向对技术“生态位”的考察。基于以上认识，研究者确立了自己的技术“场域观”，技术场域是由技术系统内各类技术（实体形态、知识形态、经验形态）构成的技术实践空间。因而，技术对教师学习的支持就是在现有技术场域下创建教师学习的技术情境，“技术”重构了问题解决的思路框架，而非利用个别的技术人工物（技术产品）来改善人的个别学习行为或学习过程的个别环节。

（三）系统研究了面向信息化的教师实践性知识结构及其发展机制

在确立了自己的技术场域观、提出了教师行动学习模式之后，研究者认为教师行动学习的目标所指是面向信息化的教师实践性知识发展。在总结了艾尔贝兹实践性知识、舒尔曼等 PCK 知识和米什拉等 TPCK 知识框架的基础上，研究者首先提出了面向信息化的教师实践性知识构成要素及其结构形态，认为面向信息化的教师实践性知识包括 PCK、TPCK、SMK 等九种构成要素，它的形成和发展会经历公共知识、信奉理论、成熟概念、实践性知识和个人理论等不同形态和阶段。其次，研究者结合“维果斯基学习圈”（Vygotsky's Cycle）分析了实践性知识的生成机制，并结合乔哈瑞视窗分析了教师行动学习过程中的知识共享的促进策略。最后，研究者利用可视化分析方法详细分析了教师课例研究不同阶段的对话机制和特点，进一步深入理解了基于课例研究的行动学习中教师实践性知识生成与发展的微观机制。

可以说，在整个研究过程中，笔者都试图以创新的视角来形成自己对教师教育和行动学习相关问题的独特理解，但在短短六年的实践过程中所产生的新想法、新思路难免存在不成熟甚至错误。因而，在研究过程和成书中也存在诸多缺点和不足。

二　需要深入研究的问题与建议

教师以校为本的教师研修活动（包括“磨课”或“课例研究”）已经存在多年的实践历史，但将其置于现代技术场域下作为“技术支持的教师行动学习模式”来研究还是一项新事物。虽然笔者在提出模式之后对其支持服务体系做了尽可能充分的实践探索，提出了一个基本框架，但依然还不够具体细致。另外，作为一种新的教师教育模式，它必须与现有的教育体制相衔接，该模式要大范围推广还需要对教师教育制度的改革做深入研究。因此，近期研究可聚焦在以下两个大的方面：

（一）教师学习支持服务体系方面的研究

教师学习支持服务体系建设中最需要迫切解决的是“微型课程”的建设问题。随着云技术、移动通信等技术的发展和人们生活节奏的加快，人们的学习特别是成人学习呈现出“云时代、微学习”特征。“微型课程”或“知识元”等学习资源形态近年来受到国内研究者的极大重视，但依然没有进入实际应用阶段。因而，微型课程的设计开发、微型课程的相关标准以及微型课程的检索与推送平台等是急需解决的问题。此外，随着移动学习、泛在学习等相关理论和技术的发展，教师行动学习过程中网络资源传递的新方式、专家远程指导的新途径等都是需要展开深入探索的重要方向。

（二）教师教育政策制度改革方面的研究

教师行动学习作为一种以校文本的生态取向的教师教育模式，它以系统的教师学习支持服务体系为关键支撑，以微型网络课程、课例研究资源包等为主要形式的“微型化”的学习资源是支持核心要素。然而，这种资源该如何共建共享，政府、教师和专家各自该发挥什么作用等问题需要深入探索。国外“可汗学院”的出现，“国培计划”中培训招标制度的探索以及“国家教育资源公共服务平台”的开通等为以上问题的解决提供了很好的解决思路。基于微型网络课程的资源服务体系的共建共享，教师行动学习中的学分认证、学习资源的获取机制等问题是需要深入研究的问题。研究者认为基于“学分银行”“教师教育券”和“个人大学”的教师教育体制是教师教育政策制度改革的必然逻辑走向。

参考文献

[1] Albert Borgmann, "Technology as A Cultural Force: For Alena and Griffin", *Canadian Journal of Sociology*, 2006, 31 (3): 351 -360.

[2] Beijaard, D. & Verloop, N., "Assession teachers' practical knowledge", *Studied in Educational Evaluation*, 1996, 22 (3): 275 -286.

[3] Black, A. L., Halliwell, G., "Accession practical knowledge: how? why?", *Teaching and Teacher Education*, 2000 (16): 103 -115.

[4] Borko, H., "Professional development and teacher learning: Mapping the terrain", *Educational Researcher*, 2004, 33 (3): 3 -15.

[5] Carpenter S R., "Modes of knowing and technological Actioin", *Philosophy Today*, 1974, 18 (2): 162 -168.

[6] Catherine Lewis, Rebecca Perry, Jacqueline Hurd., "A Deeper Look at Lesson Study", *Educational Leadership*, 2004 (2): 18 -22.

[7] Chokshi, S., and Fernandez, C., "Reaping the Systemic Benefits of Lesson Study: Insights from the U. S", *Phi Delta Kappan*, 2005, 86 (9): 674.

[8] Cochran -Smith, M., and Lytle, S. L., "Relationships of knowledge and practice: Teacher learning in communities", *Review of Research in Education*, 1999, 24 (1): 249 -305.

[9] Connelly, F. M., Clandinin, D. J., & Ming Fang He, "Teachers' personal practical knowledge on the professional knowledge landscape", *Teaching and Teacher Education*, 1997, 13 (7): 665 -674.

[10] David Clarke, Hilary Hollingsworth, "Elaborating a model of teacher professional growth", *Teaching and Teacher Education*, 2002, 18

(8): 947 -967.

[11] Eddy Spicer, D. & Dede, C. , "Collaborative Design of Online Professional Development: Building the Milwaukee Professional Support Portal", *Journal of Technology and Teacher Education*, 2006, 14 (4): 679 -699.

[12] Elbaz, F. , "The teacher's 'practical knowledge': Report of a Case study", *Curriculum Inquiry*, 1981, 11 (1): 43 -71.

[13] Fenwick, T. J. , "Teacher Learning and Professional Growth Plans: Implication of a Provincial Policy", *Journal of Curriculum and Supervision*, 2004, 19 (3): 259 -282.

[14] Grinnell J. , "The niche relationship of the California thrasher", *The Auk*, 1917, 34 (4): 427 -433.

[15] Grossman, P. L. , Howey, K. R. , "A Study in Contrast: Sources of Pedagogical Content Knowledge for Secondary English", *Journal of Teacher Education*, 1989, 40 (5): 24 -31.

[16] Guba E. G. , "Criteria for assessing the trustworthiness of naturalistic inquirues", *Educational Communication and Technology Journal*, 1981, 29 (2): 75 -91.

[17] Hannah and Freeman, "The Population Ecology of Organization", *A-merican Journal of Sociology*, 1977 (83): 929 -984.

[18] Harris Koehler, M. J. J. , & Mishra, P. , "Teachers' technological pedagogical content knowledge and learning activity types: Curriculum - based technology integratioin reframed", *Journal of Research on Technology in Education*, 2009, 41 (4): 393 -416.

[19] Hatch, T. , & Grossman, P. , "Learning to Look Beyond the Boundaries of Representation - Using Technology to Examine Teaching", *Journal of Teacher Education*, 2009, 60 (1): 70 -85.

[20] I. M. Van Eekelen, H. P. A. Boshuizen, J. D. Vermunt. , "Self - Regulation in Higher Education Teacher Learning", *Higher Education*, 2005, 50 (3): 447 -471.

[21] J. R. Gavelek and T. E. Raphael, "Changing talk about text: new roles for teachers and students", *Language Arts*, 1996 (73): 182 - 192.

[22] Jacqueline Hurd, Lori Licciardo - Musso, "Lesson Study: Teacher - Professional Development in Literacy Instruction Language Arts", 2005, 82 (5): 388 - 395.

[23] Joyce, B. and Showers, B., "The Evolution of Peer Coaching", *Educational Leadership*, 1996, 53 (6): 12 - 16.

[24] Kreber C, etc., "Self - Regulated Learning about University Teaching: An Exploratory Study", *Teaching in Higher Education*, 2005, 10 (1): 75 - 97.

[25] Lewis, C. & Tsuchida, I., "A Lesson is Like a Swiftly Flowing River", *American Educator*, 1998 (4): 14 - 52.

[26] Max Van Manen., "Linking Ways of Knowing with Ways of Being Practical", *Curriculum Inquiry*, 1997 (3): 227 - 228.

[27] Maxwell, J. A., "Understanding and validity in qualitative research", *Harvard Educational Review*, 1992, 62 (3): 279 - 300.

[28] Mirjam Steffenskya and Ilka Parchmann., "The project CHEMOL: Science education for children - Teacher Education for students", *Chemistry Education Research and Practice*, 2007, 8 (2): 120 - 124.

[29] Mishra & Koehler, M. J. P., "Technological pedagogical content knowledge: A new framework for teacher knowledge", *Teachers College Record*, 2006, 108 (6): 1017 - 1054.

[30] Mishra, P., Koehler, M. J., & Henriksen, D., "The seven trans - disciplinary habits of mind: Extending the tpack framework towards 21st century learning", *Educational Technology*, 2011, 11 (2): 22 - 28.

[31] Ropohl G., "Knowledge Types in Technology", *International Journal of Technology and Design Education*, 1997, 1 (1 - 2): 65 - 72.

[32] S Mind, "Business Mentoring and Coaching", *Training and Development*, 1993 (4): 26.

[33] Sasha A. Barab, James G. MaKinster, Julie A. Moore, and Donald J.

Cunningham, "Designing and Building an On - line Community: The Struggle To Support Sociability in the Inquiry Learning Forum", *Educational Technology Research and Development*, 2001, 49 (4): 71 -96.

[34] Schubert, W. H., "Reconceptualizing and the matter of paradigms", *The Journal of Teacher Education*, 1989 (1): 27 -31.

[35] Sherin, M. G., & Han, S. Y., "Teacher learning in the context of a video club", *Teaching & Teacher Education*, 2004, 20 (2): 163 -183.

[36] Sherin, M. G., & van Es, E. A., "Effects of Video Club Participation on Teachers' Professional Vision", *Journal of Teacher Education*, 2009, 60 (1): 20 -37.

[37] Shulman, L. S., & Shulman, J., "How and what teachers learn: A shifting perspective", *Journal of Curriculum Studies*, 2004, 36 (2): 257 -271.

[38] Shulman, L. S., "Those Who Understand: Knowledge Growth in Teaching", *Educational Researcher*, 1986, 15 (2): 4 -14.

[39] Shulman, L. S., "Knowledge and teaching: Foundations of the new reform.", *Harvard Educational Review*, 1987, 57 (1): 1 -22.

[40] Spark - Langer, G. M. et al., "Reflective Pedagogical Thinking: How Can We Promote It and Measure It?", *Journal of Teacher Education*, 1990 (4): 23 -32.

[41] Stigler, J. and Hiebert, J., "Understanding and Improving Mathematics Instruction: An overview of the TIMSS Video Study", *PhiDelta Kappan*, 1997, 79 (1): 14 -21.

[42] Wang, F. & Hannafin, M. J., "Design - based research and technology - enhanced learning environments", *Educational Technology Research & Development*, 2005, 53 (4): 5 -23.

[43] Zeichner, K. M., "Alternative Paradigms of Teacher Education", *Journal of Teacher Education*, 1983, 34 (3): 3 -9.

[44] Zwart, R. C., Wubbels, Th., Bolhuis, S. & Bergen, Th. C. M., "Teacher learning Through Reciprocal Peer Coaching: an Analusis of

Activity Sequences", *Teaching and Teacher Education*, 2008, 24 (4): 982 – 1002.

[45] Amy B. M. Tsui, *Understanding Expertise in Teaching: Case Studies of Second Language Teachers*, New York: Cambridge University Press, 2003: 86 – 296.

[46] Banks, F., Leach, J. & Moon, B., "New understanding of teachers' pedagogic knowledge. In J. Leach & B. Moon, Learners & pedagogy, London: Paul Chapman Publishing Ltd., 1999: 89 – 110.

[47] Berliner, D. C., "Expertise: The wonder of exemplary performance. In J. Mangieri, & C. Block (eds.). Creating powerful thinking in teachers and students diverse perspectives, Fort Worth, TX: Harcourt Brace, 1994: 141 – 186.

[48] Bruner, J. S., *Acts of Meaning*, Cambridge, MA: Harvard University Press, 1990.

[49] Burton, J. K., Moore, D. M., and Magliaro, S. G., Behaviorism and instructional technology. In Jonassen, D. H., "Handbook of Research for Educational Communications and Technology", New York: Macmillan, 1996: 46 – 73.

[50] Catherine C. Lewis, Kiyomi Akita & Manabu Stato, *Lesson Study As a Human Science*, NSSE, 2010.

[51] Day, C., *Developing teachers: the challenges of life long learning*, London: Falmer, 1999: 4.

[52] Delanty. G., *Social Science: Beyond Constructivism and Realism*, Minnesota: University of Minnesota Press, 1997: 125.

[53] Dewey, J., "The Relation of Theory to Practice in Education. In: The Third – Yearbook of the National Society for the Study of Education, Chicago: The University of Chicago Press, 1994: 9 – 30.

[54] Doyle, W., *Themes in teacher education research*, *Handbook of research on teacher education*, New York: Macmillan Publishing Company, 1990: 3 – 24.

[55] Elbaz, F. , *Teacher Thingking: A Study of Practical Knowledge*, London: Croom Helm. 1983: 131 –146.

[56] Elliott, *Reconstructing teacher education – teacher development*, London: The Falmer Press, 1993.

[57] Feiman – Nemser, S. , *Teacher preparation Structural and conceptual alternative*, *Handbook of research on teacher education*, New York: Macmillan Publishing Company, 1990: 212 –233.

[58] Fishman, B. J. & Davis, E. A. , Teacher learning research and the learning sciences. In R. K. Sawyer (ed.), The Cambridge Handbook of the Learning Sciences, New York, NY: Cambridge University Press, 2006: 535 –550.

[59] Fred A. J. , *Korthagen. Linking Practice and Theory – The Pedagogy of Realistic Teacher Education*, Lawrence Erlbaum Associates, Inc. , 2001.

[60] Fullan, M. , *The New Meaning of Educational Change (4th edition)*, New York: Teachers College Press, 2007: 283.

[61] Gay, L. R. , Mills, G. E. & Airasian, P. , *Educational research: Competencies for analysis and application (8th ed.)*, Upper Saddle River, NJ: Merrill/Prentice Hall, 2006: 139.

[62] H. S. Bhola, *World Trends and Issues in Adult Education*, UNESCO, 1988: 48 –49.

[63] Hargreaves A. & Fullan, M. . Introduction. In Hargreaves A. & Fullan, M. (eds), Understanding Teacher Development, New York: Teachers College Press, 1992: 1 –19.

[64] Have, P. ten, *Doing Conversation Analysis: A Practical Guide*, London: Sage Publications, 1999: 4.

[65] Hobban, F. G. , *Teacher Learning for Educational Chage: a System Thinking Approach*, Buckingham: Opening University Press, 2002: 4.

[66] Hunt, Shelby D. , *Foundations of Marketing Theory: Toward a General Theory of Marketing*, Armonk, NY: M. E. Sharpe, Inc. , 2002.

[67] Jacques Ellul, *The Technological Society*, Translated by Wilkinson

J. New York: Alfred A. Knopf, 1964: 111.

[68] Joyce, B. R. and Showers. B. , *Student Achievement through Staff Development: Fundamentals of School Renewal* (2nd ed), White Plains, N. Y. : Longman, 1995.

[69] Kathy L. Schuh & Sasha A. Barab, Philosophical Perspectives. In J. M. Spector, M. D. Merrill, J. V. MerriËnboer, M. P. Driscoll. Handbook of Research on Educational Communications and Technology (3rd ed.), London, NY: Lawrence Erlbaum Associates, 2010: 67 –81.

[70] Kincheloe, J. , *Teachers as researchers: Qualitative Inquiry, as a path to empowerment*, Philadelphia: Falmer, 1991: 135.

[71] Kishimoto, T. and Tsubota, K. , What are the features of lesson study projects conducted in elementary school mathematics departments? In: Isoda, M. , Ohara, Y. , Miyakawa, T. and Stephens, M. (eds.), Japanese Lesson Study in Mathematics: Its Impact, Diversity and Potential for Educational Improvement, New Jersey: World Scientific Publishing Co. Pte. Ltd. , 2007: 124 –127.

[72] KoehlerJ. , & Mishra, P. M. , Introducing TPCK. In Committee on Innovation and Technology AACTE (ed.), The handbook of technological pedagogical content knowledge, Mahwah, NJ: Lawrence Erlbaum Associates, 2008: 3 –29.

[73] Lewis, C. , *Lesson Study: A Handbook of Teacher – Led Instructional Change*, Philadelphia: Research for Better Schools, 2002.

[74] Lewis, C. , *Educating Hearts and minds: Reflections on Japanese Preschool and Elementary Education*, New York: Cambridge University Press, 1995.

[75] Lewis, C. , Instructional Improvement through Lesson Study: Progress and Challenges. In Learning across Boundaries: In U. S. – Japan Collaboration in Mathematics, Science and Technology Education, USA: National Science Foundation, 2005.

[76] Maynard C. Reynolds, *Knowledge base for the beginning teacher*, Ox-

ford: New York: Published for the American Association of Colleges for teacher Education by Pergamum Press, 1989: 316.

[77] Michael Molenda Historical Foundations. In J. M. Spector, M. D. Merrill, J. V. Merriënboer, M. P. Driscoll, Handbook of Research on Educational Communications and Technology (3rd ed.), London, NY: Lawrence Erlbaum Associates, 2010: 3 –20.

[78] Murray, M., *Beyond the Myths and Magic of Mentoring: How to Facilitate an Effective Mentoring Program*, New York: Wiley, 1991.

[79] Neuman, W. L., *Social research methods: qualitative and quantitative approaches*, London: Ally and Bacon, 2000.

[80] Pelto, P. J., & Pelto, G. H., *Anthropolqgical research: The structure of inquiry*, Chambridge, MA: Cambridge University Press, 1978: 33.

[81] Pettman. R., *Commonsense Constructivism: Or the Making of World Affairs*, USA: M. E. Sharpe, Inc., 2000: 13.

[82] R. Harre, *Personal Being*, Cambridge: Harvard University Press, 1984.

[83] Raphael, T. E., Balanced Instruction and the role of classroom Discourse. In Osborn, J. & Lehr, F. (eds). Literacy for All: Issues in Teaching and Learning, New York, NY: Guilford Press, 1998: 134 –139.

[84] Richert A. E., Case methods and teacher education: Using cases to teach teacher reflection. In Tabachnich B. R., Zeichner K. (eds.), Issues and practices in inquiry – oriented teacher education, London: Falmer Press, 1991: 130 –150.

[85] Slotta, J. D. The Web – based Inquiry Science Environment (WISE): Scaffolding Knowledge Integration in the Science Classroom. In M. C. Linn, P. Bell and E. Davis (eds). Internet Environments for Science Education, LEA, 2004: 203 –232.

[86] Stigler, J. and Hiebert, J., *The Teaching Gap*, New York: Free Press, 1999.

[87] Tan Seng Chee, Angela F. L. Wong, *Teaching and Learning with Technology – An Asia – Pacific Perspective*, Singapore: Pears Prectice –

Hall, 2001.

[88] UNESCO, *Towards Knowledge Societies*, Paris: UNESCO Publishing, 2005: 60.

[89] Vygotsky, L. S. , Interaction between learning and development. In Mind in Society: The Development of Higher Psychological Processes, London: Harvard University Press, 1978: 79 –91.

[90] Wolcott, H. F. , *Transforming qualitative data*: *Description*, *analysis and interpretation*, Thousand Oaks, CA: Sage, 1994: 367.

[91] Berliner, D. C. , The development of expertise in pedagogy. American Asscoiation of College for Teacher Education. New Orleans, 1988, 17: (17) .

[92] Cheville A. A Functional Decomposition Test for Formative/Summative Evaluation of Capstone Design. In Proceedings of Capstone Design Conference 2010, Alan Cheville. Oklahoma State University.

[93] Walker, J. S. , Schutte, K. S. , & Grosz, D. , "Strategies for increasing the effectiveness of Individualized Service Planning (Wraparound) Teams. In L. Gordon (ed.), Building on Family strengths: Research and services for children and their families. 2002 conference proceedings. Portland, OR: Portland State University, Research and Training Center on Family Support and Children ' s Mental Health, 2003: 193 –197.

[94] Wiburg, K. , Jorgenson, K. & Hovermill, J. , Using Lesson Study and Technology to Improve Teaching and Learning. In C. Crawford et al. (eds.), Proceedings of Society for Information Technology & Teacher Education International Conference 2003. Chesapeake, VA: AACE. 2003: 1889 –1891.

[95] Becker, J. M. , Peer Coaching for Improvement of Teaching and Learning, Teachers Network, 1996/2011 –10 –15.

[96] David Burghes, Derek Robinson, Lesson Study: Enhancing Mathematics Teaching and Learning, CfBT Education Trust (http: //www. cf-

bt. com), 2009.

[97] Dick, B. (1997) Action learning and action research, 2011 - 12 - 01.

[98] Ellen R. Delisio. Lesson Study: Practical Professional Development, Education World, 2007 - 7 - 5/2011 - 11 - 6.

[99] Ely, Donald P. Technology Is the Answer! But What Was the Question? The James P. Curtis Distinguished Lecture, Capstone College of Education Society, University of Alabama, 1995 - 4 - 14.

[100] Fung Yuen Han. Knowledge Building. KBTN, Centre for Information Technology in Education, 2007 - 10 - 13/2012 - 11 - 2.

[101] Ingersoll, R. & Kralik, J. M. The Impact of Mentoring on Teacher Retention: What the Research Says. ECS Research Review, Denver, Co: Educational Commission of the States, 2004 - 2 - 1/2012 - 3 - 22.

[102] Marry, M. M., An Agenda for Research on Teacher Learning.

[103] Robin Dexter, William Berube, Alan Moore, Mike Klopfenstein. Key Components of a New Teacher Induction and Mentoring Program. MLRN, 2011 - 12 - 22.

[104] Tony Fisher, Chris Higgins, Avril Loveless. Teachers Learning with Digital Technologies: A review of research and projects. Futurelab Innovation in Education (2012 - 11 - 10).

[105] WIDE World. Program Overview, https://learnweb. harvard. edu/wide/en/prog/index. html (2012 - 12 - 11).

[106] Honorable David P. Driscoll, Amanda P. Avallone, Cornelia S. Orr, & Mary Crovo. Reading framework for the 2011 national Assessment of education progress. National Assessment Governing Board, 2010 - 09 - 01.

[107] Jay R. Campbell, Dana L. Kelly, Ina V. S. Mullis, Michael O. Martin, & Marian Sainsbury. Framework and specifications for PERLs Assessment 2001. Publisher: International Study Center, Lynch School of Education, Boston College.

[108] John Schwille, Martial Dembélé, Jane Schubert. Global Perspectives

on Teacher Learning: Improving Policy and Practice. UNESCO, International Institute for Educational Planning, 2007: 29 - 34.

[109] OECD. Measuring Student Knowledge and Skill: A New Framework for Assessment. National Assessment Governing Board, U. S. Department of Education, 2010 - 09 - 01.

[110] Rowan, B. et al. , "Measuring teachers' pedagogical content knowledge in surveys: An exploratory study. Consortium for Policy Research in Education, 2001.

[111] [加拿大] 吉恩·克兰迪宁:《知识与课程开发:教师教育的新图景》,鞠玉翠译,《教育研究》2009 年第 4 期。

[112] [美] 邦格:《技术的哲学输入和哲学输出》,《自然科学哲学问题》1984 年第 1 期。

[113] [英] Michael Molenda、Rhonda Robinson:《教育技术的含义》,彭绍东等译,《现代教育技术》2005 年第 3 期。

[114] [英] Tony Fisher、Chris Higgins、Avril Loveless:《数字技术支持的教师学习:研究项目综述(上)》,焦建利译,《远程教育杂志》2008 年第 4 期。

[115] [德] 拉普:《技术哲学导论》,刘武等译,辽宁科学技术出版社 1986 年版。

[116] [加] 马克斯·范梅南:《生活体验研究——人文科学视野中的教育学》,宋广文等译,教育科学出版社 2003 年版。

[117] [加拿大] 纳普尔、克罗普利:《高等教育与终身学习》,徐辉等译,华东师范大学出版社 2003 年版。

[118] [美] D. C. 菲利普斯、乔纳斯 F. 索尔蒂斯:《学习的视界》,尤秀译,教育科学出版社 2004 年版。

[119] [美] 巴伯:《科学与社会秩序》,顾昕等译,生活·读书·新知三联书店 1991 年版。

[120] [美] David H. Jonassen、Susan M. Land:《学习环境的理论基础》,郑太年、任友群译,华东师范大学出版社 2002 年版。

[121] [美] R. 基思索耶:《剑桥学习科学手册》,徐晓东等译,教育

科学出版社 2010 年版。

[122] [美] 杰夫·米尔斯（Geoffery E. Mills）:《教师行动研究指导（3 版）》，王本陆、潘信民等译，重庆大学出版社 2010 年版。

[123] [美] 卡尔·米切姆:《通过技术思考——工程与哲学之间的道路》，辽宁人民出版社 2008 年版。

[124] [美] 科恩:《科学中的革命》，商务印书馆 1999 年版。

[125] [美] 乔纳森·H. 特纳:《现代西方社会学理论》，天津人民出版社 1986 年版。

[126] [美] 托马斯·库恩:《哥白尼革命：西方思想发展中的行星天文学》，吴国盛等译，北京大学出版社 2003 年版。

[127] [美] 托马斯·库恩:《科学革命的结构》，北京大学出版社 2003 年版。

[128] [美] 约翰·D. 布兰斯福特、安·L. 布朗、罗德尼·R. 科金等著:《人是如何学习的——大脑、心理、经验及学校》，程可拉等译，高文审校，华东师范大学出版社 2002 年版。

[129] [日] 佐藤学:《课程与教师》，钟启泉译，教育科学出版社 2003 年版。

[130] [日] 佐藤学:《学习的快乐——走向对话》，钟启泉译，教育科学出版社 2004 年版。

[131] [瑞士 - 法国] 安德烈·焦尔当:《变构模型——学习研究的新路径》，杭零译，教育科学出版社 2010 年版。

[132] [苏] B. 凯德洛夫、A. 斯皮尔金:《科学》，载金吾仑《自然观与科学观》，知识出版社 1985 年版。

[133] [苏] 达夫里扬:《技术、文化、人》，薛启亮等译，河北人民出版社 1987 年版。

[134] [英] 埃里克·帕斯洛:《领导：教练和顾问》，任真译，上海人民出版社 2006 年版。

[135] [英] 玛格丽特·玛斯特曼:《范式的本质》，载伊姆雷·拉卡托斯、艾兰·马斯格雷夫《批判与知识的增长》，周寄中译，华夏出版社 1987 年版。

[136] [英] 迈克尔·波兰尼:《个人知识——迈向后批判哲学》,许泽民译,贵州人民出版社2000年版。

[137] [英] 伊恩·麦吉尔、利兹·贝蒂:《行动学习法》,华西出版社2002年版。

[138] 瞿葆奎、金含芬:《教育学文集·英国教育改革》,人民教育出版社1993年版。

[139] 艾战胜:《科学革命的本质:科恩与库恩的比较》,《自然辩证法研究》2008年第4期。

[140] 安维复:《社会建构主义:后现代知识论的"终结"》,《哲学研究》2005年第9期。

[141] 蔡建生:《"磨课"——促进教师专业发展的重要手段》,《华夏教师》2012年第4期。

[142] 蔡亚平:《论教师实践性知识的失误与建构》,《教育理论与实践》2005年第11期。

[143] 蔡晏平:《创建学习社会　推进社会发展》,《中国成人教育》2006年第1期。

[144] 陈昌曙、远德玉:《也谈技术哲学的研究纲领》,《自然辩证法研究》2001年第7期。

[145] 陈凡、傅畅梅:《"装置方式论"研究纲领的内在逻辑演进》,《自然辩证法研究》2007年第6期。

[146] 陈凡:《论技术的本质与要素》,《自然辩证法研究》1988年第1期。

[147] 陈俊:《库恩"范式"的本质及认识论意蕴》,《自然辩证法研究》2007年第11期。

[148] 陈丽华:《美国师资教育的概念趋向分析》,《台湾教育》1992年第496期。

[149] 陈向明:《对教师实践性知识构成要素的探讨》,《教育研究》2009年第10期。

[150] 陈向明:《教育改革中"课例研究"的方法论探讨》,《基础教育》2011年第4期。

[151] 陈向明:《什么是“行动研究”》,《教育实验研究》1999 年第 2 期。

[152] 陈向明:《实践性知识:教师专业发展的知识基础》,《北京大学教育评论》2003 年第 1 期。

[153] 陈向阳:《论当代技术教育的四种可能进路》,《自然辩证法研究》2011 年第 10 期。

[154] 陈效玲:《技术体系创新初探》,《河南教育学院学报》(哲学社会科学版)2002 年第 2 期。

[155] 陈振华:《论教师的经验性学习》,《华东师范大学学报》(教学科学版)2003 年第 9 期。

[156] 但昭伟:《教师教育应走的方向及关心的课题》,《教育集刊》1997 年第 22 期。

[157] 邓友超:《论教师学习的性质与机会质量》,《教育研究与实验》2006 年第 4 期。

[158] 樊香兰、孟旭:《逻辑与走向:当代教师教育道路的演变》,《教育研究》2009 年第 10 期。

[159] 高芳:《论教师实践性知识的生成》,《教学与管理》2010 年第 9 期。

[160] 高杰:《磨课怎么“磨”》,《教学与管理》2011 年第 6 期。

[161] 龚宝成、胡志琦、贡恩喜:《“国培计划”有效路径:网络远程培训》,《山西广播电视大学学报》2012 年第 1 期。

[162] 谷娟、刘志业、张召媛:《关于技术工具论与技术价值论的哲学思考》,《湖北经济学院学报》(人文社会科学版)2010 年第 9 期。

[163] 顾小清:《教师专业发展:在线学习共同体的作用》,《开放教育研究》2003 年第 2 期。

[164] 顾小清:《行动学习:面向信息化的教师专业发展策略》,《全球教育展望》2005 年第 3 期。

[165] 郭绍青、金彦红、赵霞霞:《技术支持的教师学习研究综述》,《现代教育技术》2012 年第 4 期。

[166] 郭绍青、杨彦军:《城乡互动教师信息化教学能力协同发展模式研究》,《中国教师》2010 年第 15 期。

[167] 郭文革:《教育的“技术”发展史》,《北京大学教育评论》2011 年第 3 期。

[168] 郭玉霞:《简介美国师范教育发展的主要取向》,《台湾教育》1992 年第 496 期。

[169] 韩继伟、马云鹏、赵冬臣、黄毅英:《中学数学教师的教师知识来源的调查研究》,《教师教育研究》2011 年第 3 期。

[170] 胡定荣、黄晓青、徐昌:《“课例研究”如何既得实效》,《中国教育学刊》2010 年第 10 期。

[171] 胡刚:《基于教师专业成长的教育人种志研究》,《四川教育学院学报》2009 年第 6 期。

[172] 胡惠闵、汪明帅:《美国教师专业发展学校与教育实习改革的经验与启示》,《全球教育展望》2011 年第 7 期。

[173] 胡庆芳:《教师专业发展背景下的学习与学习文化的重建》,《上海教育科研》2005 年第 3 期。

[174] 胡庆芳:《课例研究的作用、特征和必要条件:来自日本和美国的启示》,《外国教育研究》2006 年第 4 期。

[175] 黄荣怀等:《论信息化学习方式及其数字资源形态》,《现代远程教育研究》2010 年第 6 期。

[176] 黄欣荣:《论奥特加的技术哲学》,《科学技术与辩证法》2003 年第 6 期。

[177] 蒋茵:《国外教师专业发展的新范式及其对中国的启示》,《全球教育展望》2005 年第 9 期。

[178] 蒋茵:《教师实践性知识的开发与专业成长》,《上海师范大学学报》(教育版)2004 年第 4 期。

[179] 蒋银健、郭绍青:《Thinkfinity 网络教育资源的组织及开发模式研究》,《电化教育研究》2012 年第 12 期。

[180] 焦建利、汪晓东、秦丹:《技术支持的教师专业发展:中国文献综述》,《远程教育杂志》2009 年第 1 期。

[181] 焦建利：《基于设计的研究：教育技术学研究的新取向》，《现代教育技术》2008 年第 5 期。

[182] 金忠明、李慧洁：《论教师实践性知识及其来源》，《全球教育展望》2009 年第 2 期。

[183] 柯小华、李红波：《试探析“基于设计的研究”的理论归属》，《开放教育研究》2008 年第 4 期。

[184] 李保明：《一种大技术观》，《自然辩证法研究》1994 年第 5 期。

[185] 李伯生：《行动学习——教师专业发展的途径》，《天津市教科院学报》2011 年第 1 期。

[186] 李德华：《新手教师实践性知识的建构——从教师生活史分析》，《当代教育科学》2005 年第 12 期。

[187] 李锋盈、姚静静、李伟健：《教师实践性知识的理论来源：微观学与教理论》，《宁波大学学报》（教育科学版）2010 年第 4 期。

[188] 李宏伟：《技术的价值观》，《自然辩证法通讯》2005 年第 5 期。

[189] 李莉春：《“信奉理论”与“使用理论”之辨及其对教育实践的意义》，《外国教育研究》2010 年第 1 期。

[190] 李芒：《关于教育技术的哲学思考》，《教育研究》1998 年第 7 期。

[191] 李天：《行动学习及其意义》，《管理工程师》2009 年第 5 期。

[192] 李远航、秦丹：《利用 Web2.0 技术实现网络课程资源再生研究》，《中国电化教育》2011 年第 4 期。

[193] 李子建、丁道勇：《课例研究及其对我国校本教研的启发》，《全球教育展望》2009 年第 4 期。

[194] 梁林梅、郑旭东：《美国教育技术领域的先驱、智者和引路人——詹姆斯·芬恩研究》，《电化教育研究》2008 年第 10 期。

[195] 梁文鑫、余胜泉：《基于设计的研究的过程与特征》，《电化教育研究》2006 年第 7 期。

[196] 林崇德、申继亮、辛涛：《教师素质的构成及其培养途径》，《中国教育学刊》1996 年第 6 期。

[197] 林闽钢：《论社会学危机的内涵：社会学中的库恩主义思想述

评》,《学海》2000 年第 2 期。

[198] 林秀钦、黄荣怀、张宝辉:《技术支持的国际教师教育项目对我国教师教育发展与变革的启示》,《中国电化教育》2008 年第 5 期。

[199] 刘穿石:《“名师工作室”的解读与理性反思》,《江苏教育研究》2010 年第 10C 期。

[200] 刘电光、王前:《埃吕尔的技术环境观探析》,《自然辩证法研究》2009 年第 9 期。

[201] 刘峰、杨彦军:《从“英特尔·未来教育”项目的发展审视教师信息化教学能力培养模式的历史转型》,《电化教育研究》2012 年第 11 期。

[202] 刘加霞、申继亮:《国外教学反思内涵研究述评》,《比较教育研究》2003 年第 10 期。

[203] 刘家春:《国外教师教育中视频案例教学的特点及其启示》,《外国中小学教育》2011 年第 10 期。

[204] 刘旭东、吴银银:《我国教师实践性知识研究十年:回顾与反思》,《教师教育研究》2011 年第 5 期。

[205] 刘莹、罗生全:《论教师专业发展的生态取向》,《教育导刊》2012 年第 8 期。

[206] 刘宇:《美国教师专业发展的范式转换及其启示》,《比较教育研究》2003 年第 4 期。

[207] 刘运华、衷克定、赵国庆:《新加坡微型课程研究项目的实践与启示》,《中国电化教育》2005 年第 11 期。

[208] 露丝·海霍:《“行动教育”与中国认识论的血与脉》,《教育家》2008 年第 4 期。

[209] 卢乃桂、钟亚妮:《教师专业发展理论基础的探讨》,《教育研究》2007 年第 3 期。

[210] 吕敏霞:《美国教师“同伴互助”与“同伴指导”辨析》,《外国中小学教育》2007 年第 11 期。

[211] 罗华玲、周雪梅:《美国教师专业发展学校(PDS)成功经验对

我国教师教育改革的启示》，《继续教育研究》2007 年第 5 期。
［212］马路平、刘娟娟、王后雄：《德国 CHEMOL 教师教育项目探析及启示》，《外国中小学教育》2011 年第 9 期。
［213］麦克尔·康内利·F、琼·柯兰迪宁·D：《专业知识场景中的教师个人实践知识》，何敏芳译，《华东师范大学学报》（教育科学版）1996 年第 2 期。
［214］毛荐其、刘娜：《基于技术生态的技术协同演化机制研究》，《自然辩证法研究》2010 年第 11 期。
［215］毛牧然、陈凡：《论技术本身价值负荷的演化模式》，《科技进步与对策》2012 年第 19 期。
［216］毛齐明、蔡宏武：《教师学习机制的社会建构主义诠释视角》，《华东师范大学学报》（教育科学版）2012 年第 2 期。
［217］毛齐明：《国外“教学学习”研究领域的兴起与发展》，《全球教育展望》2010 年第 1 期。
［218］毛齐明：《教师学习——从日常话语到研究领域》，《华东师范大学学报》（教学科学版）2010 年第 1 期。
［219］牟焕森：《技术哲学的历史及其逻辑结构》，《探求》2005 年第 1 期。
［220］宁虹：《重新理解教育——建设教师发展学校的思考》，《教育研究》2001 年第 11 期。
［221］秦旭芳、庞丽娟：《行动学习法与行动研究辨析》，《比较教育研究》2006 年第 9 期。
［222］秦旭芳：《行动学习法与行动研究之比较》，《师资培训研究》2004 年第 2 期。
［223］秦旭芳：《行动学习法在教师培训中的价值与作用》，《学前教育研究》2004 年第 11 期。
［224］秦旭芳：《行动学习法中促进者的身份和作用》，《内蒙古师范大学学报》（教育科学版）2004 年第 9 期。
［225］秦旭芳：《以体验式学习循环建立幼儿教师培训新模式》，《辽宁育研究》2004 年第 11 期。

[226] 秦旭芳:《在教师培训中如何运用行动学习方法》,《学前教育研究》2004 年第 1 期。

[227] 青浦实验研究所:《青浦实验: 新世纪教师“行动教育”》,《上海教育科研》2011 年第 5 期。

[228] 饶见维:《教师教育的理念取向与典范之评析》, 《教育集刊》1997 年第 22 期。

[229] 任立梅:《我国 TDS 教师教育模式现状、问题及改进——基于美国 PDS 发展学校的启示》,《教育与教学研究》2011 年第 9 期。

[230] 孙福海:《“教师学习” 与教师专业发展》,《新西部(下半月)》2008 年第 16 期。

[231] 孙绵涛:《西方范式方法论的反思与重构》, 《华中师范大学学报》(人文社会科学版) 2003 年第 11 期。

[232] 孙洋洋:《教育教师专业发展的教师学习研究》, 《基础教育》2010 年第 3 期。

[233] 孙耀永:《教师知识之概念分析》,《教师之友》2001 年第 4 期。

[234] 滕珺:《价值理性与工具理性的抉择——联合国教科文组织教育政策的话语演变》,《教育研究》2011 年第 5 期。

[235] 田鹏颖:《从技术的思想到技术的伦理学转向》, 《哲学动态》2005 年第 4 期。

[236] 田秋华:《微型课程及其开发策略》,《课程・教材・教法》2009 年第 5 期。

[237] 童慧、杨彦军:《基于“课例研究” 的教师教学反思能力成长之研究》,《中国电化教育》2013 年第 3 期。

[238] 汪贤泽:《论教师的实践性知识》, 《全球教育展望》2009 年第 3 期。

[239] 王栋、常留英:《行动学习视角下外语教师实践性知识构建研究》,《宁波大学学报》(教育科学版) 2011 年第 6 期。

[240] 王栋、常留英:《英语教师行动学习的理论基础与实施途径》,《基础英语教育》2011 年第 6 期。

[241] 王栋:《行动学习视角下外语教师实践性知识构建研究》,《教学

与管理》2011 年第 16 期。

［242］王峰、殷正坤：《社会科学范式与自然学科范式特征的比较研究》，《科学技术与辩证法》1996 年第 3 期。

［243］王华英：《从话轮转换角度看许戈辉的电视访谈技巧》，《现代语文》（语言研究版）2011 年第 2 期。

［244］王洁：《课例研究：理论转化为实践的中介》，《教育发展研究》2006 年第 12A 期。

［245］王凯：《教师学习：专业发展的替代性概念》，《教育发展研究》2011 年第 2 期。

［246］王凯：《教师学习的生态转向及其特征》，《教育研究》2010 年第 11 期。

［247］王丽、夏保华：《从技术知识视角论技术情境》，《科学技术哲学研究》2011 年第 5 期。

［248］王旎：《试论约哈瑞窗口的移动》，《国际新闻界》2008 年第 10 期。

［249］王文静：《基于设计的研究：教育研究范式的创新》，《教育理论与实践》2010 年第 8 期。

［250］王文君、王卫军：《教师信息化教学能力实践分析》，《现代远距离教育》2012 年第 3 期。

［251］文茂伟：《发展型经历框架下的指导（导师制）及其启示》，《成人教育》2012 年第 10 期。

［252］吴国盛：《技术释义》，《哲学动态》2010 年第 4 期。

［253］吴国盛：《现代中国人的“科学”概念及其由来》，《人民论坛》2012 年第 2 期。

［254］吴清山：《教师教育的理念与实践》，《教育研究与发展期刊》2006 年第 1 期。

［255］吴支奎：《课例研究与教师实践智慧的生长》，《教育与职业》2009 年第 23 期。

［256］伍红林：《中小学教师的理论学习与实践转换》，《教育发展研究》2010 年第 22 期。

[257] 线玲玲：《行动学习的理论发展及应用要点探讨》，《现代商贸工业》2011 年第 12 期。

[258] 肖正德、张素琪：《近年来国内教师学习研究：盘点与梳理》，《全球教育展望》2011 年第 7 期。

[259] 邢怀滨、孔明安：《技术的社会建构与新技术社会学的形成》，《河北学刊》2004 年第 4 期。

[260] 徐晓东、宁艳、李散散、卢丹：《教师学习和学习方法研究进展与课题》，《远程教育杂志》2011 年第 5 期。

[261] 薛斌瑞、臧伟、朱文静：《免费师范生教师教育学习资源建设个案研究》，《中国教育信息化》2011 年第 18 期。

[262] 闫寒冰、祝智庭、蒋敦杰：《教师培训课程资源库运营模式的动力机制设计》，《中国电化教育》2012 年第 11 期。

[263] 杨蓓玉等：《为了理解的教/学——哈佛教育研究生院 WIDE World 项目研究》，《教师教育研究》2008 年第 1 期。

[264] 杨翠蓉、胡谊、吴庆麟：《教师知识的研究综述》，《心理科学》2005 年第 5 期。

[265] 杨全明：《反思型教师：教师形象演变的新取向》，《外国教育研究》2002 年第 9 期。

[266] 杨彦军、郭绍青、童慧：《城乡教师的网络学习共同体互动特征研究》，《中国电化教育》2011 年第 11 期。

[267] 杨玉石：《课例研究的国际动向与启示》，《全球教育展望》2007 年第 3 期。

[268] 叶芬斌、盛晓明：《生态位视域中的技术进化的经验研究》，《自然辩证法研究》2011 年第 12 期。

[269] 叶芬斌、许为民：《技术生态位与技术范式变迁》，《科学学研究》2012 年第 3 期。

[270] 余进利、张雪：《关于教师教育范式的思考》，《浙江师范大学学报》（社会科学版）2009 年第 3 期。

[271] 俞树煜：《从单一媒体观到环境资源观：一个信息化教育隐含前提的变化》，《电化教育研究》2006 年第 4 期。

[272] 禹智潭、陈文化：《技术：实践性的知识体系》，《科学技术与辩证法》1998 年第 6 期。

[273] 喻浩：《教育人种志探析》，《教育科学论坛》2008 年第 10 期。

[274] 袁姿姜：《依托网络：建设区域性教师学习与资源中心》，《中小学教师培训》2007 年第 7 期。

[275] 远德玉：《技术是一个过程——略谈技术与技术史的研究》，《东北大学学报》（社会科学版）2008 年第 3 期。

[276] 岳定权：《微格教学：历史演变与当代诉求》，《现代教育技术》2011 年第 5 期。

[277] 曾兰芳、王艳、黄荣怀：《行动学习法在教师教育技术培训中的应用》，《中国电化教育》2007 年第 2 期。

[278] 曾鹰、乔瑞金：《技术的文化解释学：对人类“自身”的一种理解》，《社会科学战线》2009 年第 3 期。

[279] 张成岗：《理解“技术实践”——基于科学、技术的划界》，《安徽大学学报》（哲学社会科学版）2009 年第 6 期。

[280] 张登山：《教师实践性知识的价值和生成途径》，《当代教育论坛》2010 年第 9 期。

[281] 张弘政：《从技术的二重性看技术异化的必然性与可控性》，《科学技术辩证法》2005 年第 5 期。

[282] 张红霞：《全球化背景下教师教育研究范式转变带来的挑战》，《北京大学教育评论》2011 年第 3 期。

[283] 张华夏、张志林：《从科学与技术的划界来看技术哲学的研究纲领》，《自然辩证法研究》2001 年第 2 期。

[284] 张辉：《磨课“磨”出了什么——从一线教师的视角看“磨课”之利》，《中小学教师培训》2010 年第 6 期。

[285] 张金磊、王颖、张宝辉：《翻转课堂教学模式研究》，《远程教育杂志》2012 年第 4 期。

[286] 张晶：《HPS 教育的历史考察：科学元勘融入科学教育的历程》，《科技管理研究》2011 年第 20 期。

[287] 张丽萍、吕乃基：《生态学视野下的技术》，《科学技术与辩证

法》2002 年第 1 期。
[288] 张敏:《教师学习策略结构研究》,《教育研究》2008 年第 6 期。
[289] 张平、朱鹏:《教师实践共同体:教师专业发展的新视角》,《教师教育研究》2009 年第 2 期。
[290] 张世义、袁芳芳:《幼儿教师问题关注的类型与特点》,《学前教育研究》2011 年第 4 期。
[291] 张廷国:《话轮及话轮转换的交际技巧》,《外语教学》2003 年第 7 期。
[292] 张文兰、刘俊生:《基于设计的研究——教育技术学研究的一种新范式》,《电化教育研究》2007 年第 10 期。
[293] 张屹、寇洪丽:《免费师范生远程学习资源的需求调查与分析》,《中国电化教育》2008 年第 12 期。
[294] 张勇:《论教师学习的内涵与特点》,《天津市教科院学报》2011 年第 11 期。
[295] 赵明仁、黄显华:《建构主义视野中教师学习解析》,《教育研究》2011 年第 2 期。
[296] 赵中建:《美国 80 年代以来教师教育发展政策述评》,《全球教育展望》2001 年第 9 期。
[297] 郑彩国:《实践性知识:教师专业化发展的逻辑起点》,《新课程研究》(下旬刊)2006 年第 1 期。
[298] 郑金洲:《行动研究:一种日益受到关注的研究方法》,《上海高教研究》1997 年第 1 期。
[299] 郑兰琴、杨开城、黄荣怀:《基于信息流的协作学习交互分析方法的研究》,《中国电化教育》2010 年第 5 期。
[300] 郑晓梅、吴娟、黄晓赟:《关于教师反映实践能力的思考——行动学习的视角》,《继续教育》2010 年第 10 期。
[301] 郑晓梅:《基于行动学习的教师自主发展研究》,《中小学教师培训》2010 年第 7 期。
[302] 郑旭东:《技术是答案,但问题是什么——解读伊利的教育技术观》,《电化教育研究》2007 年第 1 期。

［303］钟启泉、王艳玲：《教师知识研究的进展与启示》，《大学·研究与评价》2008 年第 1 期。
［304］钟智：《教师专业发展学校的构建》，《教师教育研究》2005 年第 4 期。
［305］周冬祥、陈佑清：《论教师的研修学习方式》，《教育研究与实验》2009 年第 4 期。
［306］周晶晶、张霞珍：《美国教师专业发展学校探究及对我国教师专业发展的启示》，《教育与教学研究》2010 年第 6 期。
［307］周钧：《美国教师专业发展范式的变迁》，《比较教育研究》2010 年第 2 期。
［308］周晓虹：《社会学理论的基本范式及整合的可能性》，《社会学研究》2002 年第 5 期。
［309］朱春艳：《技术批判理论的理论基础和发展趋势——安德鲁·费恩伯格教授访谈录》，《哲学动态》2008 年第 6 期。
［310］朱桂琴：《教师培训中实践性知识的缺失及其对策》，《中小学教师培训》2007 年第 1 期。
［311］朱向明：《让名师工作室“名”副其实》，《中小学教师培训》2011 年第 2 期。
［312］朱小蔓、笪佐领：《走向综合发展之路——培养自主成长型教师》，《课程·教材·教法》2002 年第 1 期。
［313］朱仲敏：《论中学教师的学习方式及其实现途径》，《教育探索》2008 年第 5 期。
［314］祝成林、张宝臣：《教师专业发展：基于课例研究的视角》，《教育导刊》2010 年第 1 期。
［315］陈昌曙：《技术哲学引论》，科学出版社 1999 年版。
［316］陈昌曙：《自然辩证法概论新编（修订版）》，东北大学出版社 2000 年版。
［317］陈静静：《教师实践性知识论：中日比较研究》，华东师范大学出版社 2011 年版。
［318］陈永明：《现代教师论》，上海教育出版社 1991 年版。

［319］单中惠：《教师专业发展的国际比较》，教育科学出版社 2010 年版。
［320］丁钢：《全球化背景下的教师专业发展创新计划：新理念及其变革实践》，北京师范大学出版社 2009 年版。
［321］范良火：《教师教学知识发展研究》，华东师范大学出版社 2003 年版。
［322］风笑天：《社会学研究方法（第三版）》，中国人民大学出版社 2010 年版。
［323］高守清：《体育教学策略理论与实践》，甘肃民族出版社 2009 年版。
［324］顾明远主编：《教育大辞典》，上海教育出版社 1989 年版。
［325］郭丁荧：《教师进修教育的理论与实践》，载中华民国师范教育学会主编《教师专业成长：理论与实际》，台北师大书苑 1998 年版。
［326］郭庆光：《传播学教程》，中国人民大学出版社 1999 年版。
［327］国际技术教育协会：《美国国家技术教育标准：技术学习的内容》，黄军英译，科学出版社 2003 年版。
［328］何菊玲：《教师教育范式研究》，教育科学出版社 2009 年版。
［329］何自然、冉永平：《新编语用学概论》，北京大学出版社 2009 年版。
［330］胡德海：《教育学原理》，甘肃教育出版社 2008 年版。
［331］姜美玲：《教师实践性知识研究》，华东师范大学出版社 2008 年版。
［332］金慧：《基于问题解决的学习支持》，吉林大学出版社 2011 年版。
［333］瞿葆奎主编，雷尧珠、余光、黄荣昌编：《中国教育改革》，人民教育出版社 1991 年版。
［334］乐国安、汪新建：《社会心理学理论与体系》，北京师范大学出版社 2011 年版。
［335］联合国教科文组织：《教育——财富蕴藏其中》，教育科学出版

社 1996 年版。

[336] 联合国教科文组织国际教育发展委员会:《学会生存——教育世界的今天和明天》，教育科学出版社 1996 年版。

[337] 林文刚:《媒介环境学：思想沿革与多维视野》，何道宽译，北京大学出版社 2007 年版。

[338] 刘美凤:《教育技术学学科定位问题研究》，教育科学出版社 2006 年版。

[339] 孟宪乐:《教师专业化发展与策略》，中国文史出版社 2005 年版。

[340] 潘海燕、易祥:《教师十大素养专业素养（六)》，天津教育出版社 2008 年版。

[341] 申继亮:《教学反思与行动研究》，北京师范大学出版社 2006 年版。

[342] 石中英:《知识转型与教育改革》，教育科学出版社 2001 年版。

[343] 史平、秦旭芳:《行动导向教学探索与创新》，大连理工大学出版社 2010 年版。

[344] 王洁、顾泠沅:《行动教育——教师在职学习的范式革新》，华东师范大学出版社 2007 年版。

[345] 王秋绒:《我国国中教师教育学程之建构》，台北师大书苑 1997 年版。

[346] 王治河:《后现代哲学思潮研究（增补本)》，北京大学出版社 2006 年版。

[347] 吴国盛:《技术哲学经典读本》，上海交通大学出版社 2008 年版。

[348] 吴遵民:《现代国际终身教育论》，中国人民大学出版社 2007 年版。

[349] 许威汉、陈秋祥:《汉字古今义合解字典》，上海教育出版社 2002 年版。

[350] 杨红萍:《课例研究：数学教师教育实践模式》，《全国高等师范院校数学教育研究会 2008 年学术年会论文集》，2008 年。

[351] 杨深坑：《当代师资培育理论的发展》，载黄政杰《当代师资培育的发展与趋势》，台北汉文 1997 年版。
[352] 叶澜、白益民：《教育角色与教师发展新探》，教育科学出版社 1996 年版。
[353] 叶澜：《教师角色与教师发展新探》，教育科学出版社 2000 年版。
[354] 张鼎昆：《行动学习——再造企业优势的秘密武器》，机械工业出版社 2005 年版。
[355] 张兆芹、卢乃桂、彭新强：《学习型学校的创建——教师组织学习力新视角》，教育科学出版社 2011 年版。
[356] 赵才欣、韩艳梅：《如何备课》，华东师范大学出版社 2009 年版。
[357] 郑金洲：《案例教学指南》，华东师范大学出版社 2000 年版。
[358] 中国教育技术协会编：《李龙教育技术文选》，中央广播电视大学出版社 2009 年版。
[359] 周跃良等：《信息化环境中的教师专业发展》，科学出版社 2008 年版。
[360] 马梅、孙静：《媒介融合语境下的新媒体与公民社会构建》，《新闻学论集（第 24 辑）》，2010 年版。
[361] 陈静静：《教师实践性知识及其生成机制研究》，博士学位论文，华东师范大学，2009 年。
[362] 陈喜乐：《网络时代知识创新中的信息传播模式与机制》，博士学位论文，厦门大学，2006 年。
[363] 陈玉枝：《国小实习教师体育教学反省之研究》，台湾国立台湾师范大学，2003 年。
[364] 崔惠萍：《基于网络的教师教育学习资源的设计》，硕士学位论文，陕西师范大学，2007 年。
[365] 顾小清：《面向信息化的教师专业发展研究》，博士学位论文，华东师范大学，2004 年。
[366] 胡惠闵：《指向教师专业发展的学校管理改革：上海市打虎山路

第一小学个案研究》，博士学位论文，华东师范大学，2003 年。
[367] 赖志超：《农村中小学教师专业发展途径研究》，硕士学位论文，广州大学，2010 年。
[368] 李永红：《技术认识论探究——关于技术的现代反思》，博士学位论文，复旦大学，2006 年。
[369] 李正义：《国小初任教师实务知识之发展研究》，台湾国立台东大学，2005 年。
[370] 李志厚：《教师校本学习研究》，博士学位论文，西北师范大学，2005 年。
[371] 刘汉霞：《论教师的实践知识及其生成》，硕士学位论文，华中师范大学，2004 年。
[372] 刘黄玲子：《基于交互分析的协同知识建构过程研究》，博士学位论文，北京师范大学，2006 年。
[373] 刘清华：《教师知识的模型建构研究》，博士学位论文，西南师范大学，2004 年。
[374] 马红芝：《教育实习微型课程的设计与开发》，《上海师范大学》2012 年版。
[375] 马敏：《PCK 论——中美科学教师学科教学知识比较研究》，博士学位论文，华东师范大学，2012 年。
[376] 毛齐明：《教师有效学习的机制研究》，博士学位论文，华东师范大学，2010 年。
[377] 钱钱：《米切姆技术哲学思想初探》，硕士学位论文，大连理工大学，2004 年。
[378] 秦旭芳：《行动学习法与幼儿教师专业发展关系研究》，博士学位论文，北京师范大学，2005 年。
[379] 邱仁宗：《论科学的合理性》，中国社会科学研究院研究生院，2001 年。
[380] 沈莉萍：《教育人种志：概念与历史》，硕士学位论文，华东师范大学，2004 年。
[381] 石中和：《对行动学习的研究》，硕士学位论文，北京交通大学，

2007 年。
[382] 孙传远：《教师学习：期望与现实》，博士学位论文，上海师范大学，2010 年。
[383] 汪基德：《中国教育技术学科的发展与反思》，博士学位论文，西北师范大学，2007 年。
[384] 王树松：《论技术合理性》，博士学位论文，东北大学，2005 年。
[385] 王卫军：《教师信息化教学能力发展研究》，博士学位论文，西北师范大学，2009 年。
[386] 王旭卿：《信息技术中介的教育实习环境创设研究》，博士学位论文，华东师范大学，2005 年。
[387] 王绪红：《行动学习及其在校本培训中的应用》，硕士学位论文，上海师范大学，2007 年。
[388] 吴秋慧：《国小教师体育教学反省、反省信念与有效体育教学之个案研究》，台湾国立台东大学，2005 年。
[389] 吴致远：《技术的后现代诠释》，东北大学，2006 年。
[390] 杨慧文：《变革中的教师教育范式：海峡两岸之比较研究》，博士学位论文，华东师范大学，2003 年。
[391] 杨彦军：《面向区域在职教师协同成长的虚拟学习社区建设研究》，西北师范大学，2010 年。
[392] 弋文武：《农村教师学习问题研究》，硕士学位论文，西北师范大学，2008 年。
[393] 张莉：《库恩范式理论的方法论意义》，硕士学位论文，西北大学，2004 年。
[394] 张立新：《教师实践性知识形成机制研究——基于教师生活史的角度》，博士学位论文，上海师范大学，2008 年。
[395] 张立忠：《课堂教学视域下的教师实践性知识研究》，博士学位论文，东北师范大学，2011 年。
[396] 张敏：《教师自主学习调节模式及其机制》，博士学位论文，浙江大学，2008 年。
[397] 周成海：《客观主义—主观主义连续统观点下的教师教育范式：

理论基础与结构特征》，博士学位论文，东北师范大学，2007 年。

[398] 郭绍青、李瑾瑜、杨彦军等：《“灾区教师培训项目”基线调研报告》，中央电化教育馆—联合国儿童基金会，2010 年。

[399] 教育部教育信息化技术标准委员会：《教育资源建设技术规范》，2002 年。

[400] 教育部现代远程教育资源建设委员会：《现代远程教育资源建设技术规范（试行）》，2000 年。

[401] 陈亦冰、沈祖芸：《寻找中间地带——走近顾泠沅》，《中国教育报》2004 年第 24 期。

[402] 顾雪林：《可汗学院：一个人的网络教学震动了世界》，《中国教育报》2013 年第 26 期。

[403] 朱永新：《基础教育：静悄悄的革命》，《光明日报》2012 年第 2 期。